Programmieren von Ziffernrechenanlagen

Von

Dr. phil. Walter Knödel

Professor der Mathematik
an der Technischen Hochschule Wien

Mit 18 Textabbildungen

Wien

Springer-Verlag

1961

ISBN-13:978-3-211-80583-1   e-ISBN-13:978-3-7091-7904-8
DOI: 10.1007/978-3-7091-7904-8

R. Inzinger,
dem Gründer des Mathematischen Labors
an der Technischen Hochschule Wien
gewidmet

Vorwort

Die Absicht, ein Buch über Programmieren von Ziffernrechenanlagen zu schreiben, entstand auf Grund einer Vorlesung gleichen Titels, die ich seit nunmehr sieben Jahren an der Technischen Hochschule Wien halte. Ich hatte dabei bemerkt, daß das Interesse für die Programmierung von Ziffernrechnern immer weitere Kreise zieht und daß es möglich ist, dieses Interesse aus einem einheitlichen Gesichtswinkel zu befriedigen. Der Zugang zur Kenntnis des Programmierens erfolgt heute üblicherweise mit Hilfe der Mathematischen Verfahrenstechnik oder von seiten der Administrativen Automation, oder schließlich über die mit technischen Einzelheiten vermengte Beschreibung spezieller Maschinen. Ich bin nun der Meinung, daß man ein Buch über Programmieren schreiben kann, ohne auf Einzelheiten der Mathematischen Verfahrenstechnik und der Büroautomation oder auf technische Eigenschaften spezieller Maschinen eingehen zu müssen, und ohne damit jeweils einem Teil der Leser das Verständnis zu erschweren. Was nach Fortlassung der genannten Gebiete bleibt, ist nicht ein trockener, unverständlicher Rest, sondern der Inbegriff aller für das Programmieren wesentlichen Prinzipien. Sowohl der Naturwissenschaftler als auch der Verwaltungsfachmann, der diese Prinzipien erfaßt hat, wird jederzeit in der Lage sein, sie seinen besonderen Aufgaben dienstbar zu machen.

Kapitel A soll zeigen, welchen Platz der Rechenautomat unter den technischen Errungenschaften einnimmt und wie er dorthin gelangt ist. Besonderes Anliegen ist mir hier der geschichtliche Überblick, weil einerseits die deutschsprachigen Bücher auf diesem Gebiet kaum historische Angaben enthalten und andererseits die anglo-amerikanische Literatur die kontinentaleuropäische Entwicklung übergeht. — Kapitel B enthält die Beschreibung einer gedachten Maschine TEICO in allen Einzelheiten. Diese Beschreibung erfolgt aber nicht vom Technischen her, sondern vom Standpunkt des Benützers. So wird bei der Ein- und Ausgabe nicht der Informations t r ä g e r in den Vordergrund gestellt, sondern Art (Alphabet) und Format der Information, und bei der Beschreibung der Speicher dominieren nicht Begriffe wie Magnettrommel und Magnetkern, sondern es wird die Anordnung des Speicherinhalts in adressierbare Worte zugrunde gelegt usw. Der Grundgedanke ist naheliegend, scheint aber in dieser Konsequenz noch nicht durchgeführt zu sein. — Kapitel C ist dem Programmieren im Maschinencode gewidmet und bietet Maschinenprogramme für einfache Rechenaufgaben, deren Ablauf auch ohne Anwendung eines Rechenautomaten klar überschaubar ist. So kann der Leser seine Aufmerksamkeit auf das Programm konzentrieren und wird nicht durch mathematische, betriebswirtschaftliche oder technische Fragen abgelenkt. — Kapitel D behandelt im wesentlichen Adressenmodifikationen und Indexregister und bewegt sich in vorgezeichneten Bahnen. — Kapitel E dient der Erläuterung von Unterprogrammen und beschränkt sich trotz aller Ausführlichkeit auf das Grundsätzliche. — Kapitel F schließlich bringt interpretierende und kompilierende Programmierverfahren. Zum ersten Male wird in einem deutschsprachigen Buch das Algol-Projekt beschrieben. Der im Text besprochene Formelübersetzer stellt zwar nur eine Vorstufe zu Algol dar, der Leser wird aber über die Prinzipien ins Bild gesetzt und kann die schwer verständlichen Originalarbeiten bezüglich der Einzelheiten zu Rate ziehen.

Mein Dank gilt vor allem Herrn Prof. Dr. R. INZINGER. Er hat an seinem Institut die Möglichkeit hergestellt, sich mit elektronischen Rechenanlagen zu befassen, und er hat auch jene Arbeitsbedingungen geschaffen, die mir die Abfassung eines Buches möglich erscheinen ließen. Schließlich haben er und Herr Prof. Dr. E. BUKOVICS mich in meinem Vorhaben bestärkt und ermutigt. Herr Prof. Dr. K. PRACHAR hat besondere Mühe darauf verwendet, das Manuskript vom Standpunkt des unbefangenen Lesers zu begutachten und Verbesserungsvorschläge anzubringen. Den Herren Dr. H. KREMSER, Dr. V. SCHEIBER, Dipl.-Ing. Dr. P. MEISSL, H. HANDLER, A. FLEISCHMANN und F. SKACEL danke ich für die mühevolle Arbeit der Überprüfung des Manuskripts, die sie mit großer Gewissenhaftigkeit durchgeführt haben. Herr Dr. H. SCHOLZ und Frau K. REINGRUBER unterstützten mich beim Lesen der Korrekturen und Frl. H. DUB schrieb wesentliche Teile des Manuskripts. Der Verlag war stets bemüht, meinen Wünschen entgegenzukommen.

Wien, im Oktober 1961.

W. Knödel

Inhaltsverzeichnis

A. Grundlagen   1

  1. Die Idee der programmgesteuerten Ziffernrechenanlage und
ihre Auswirkungen; der Begriff Programmieren   1

  2. Geschichtlicher Überblick   7

  3. Technischer Überblick 16

  4. Aufgaben für Rechenanlagen 17

  5. Die zukünftige Entwicklung 26

B. Beschreibung einer hypothetischen, aber typischen Maschine . 33

  1. Ein- und Ausgabe 35

  2. Speicher 44

  3. Rechenwerk 48

  4. Kommandowerk und Befehlsliste 50

C. Programmieren im Maschinencode 59

  1. Flußdiagramm und Speicherplan 59

  2. Eine Addition 63

  3. Rechenkomma, negative Zahlen 72

  4. Entscheidungen 78

  5. Quadratwurzel als Beispiel für ein zyklisches Programm . . 91

  6. Programmieren und Rechenzeit 101

    a) Operationszeiten 102

    b) Die Laufzeit eines Programms 105

    c) Bestzeitprogrammieren für Magnettrommelanlagen . . . 107

D. Das Rechnen mit Befehlen 118

  1. Speicheroperationen 118

  2. Arithmetische Operationen 122

    a) Arithmetische Operationen mit dem Adreßteil 122

    b) Arithmetische Operationen mit dem Operationsteil . . . 127

  3. Indexregister 127

E. Unterprogramme 132

   1. Offene Unterprogramme 134

   2. Offene Unterprogramme II 138

   3. Geschlossene Unterprogramme 144

   4. Geschlossene Unterprogramme II 150

   5. Geschlossene Unterprogramme unter Verwendung von Index-
      registern 153

   6. Gleitkommaoperationen und andere spezielle Unterpro-
      gramme 156

F. Programmieren in Pseudocodes 165

   1. Interpretierende Verfahren 167

   2. Kompilierende Verfahren 175
      a) Symbolische Programme 179
      b) Formelübersetzer 184

Literaturverzeichnis 194

Zeitschriften 198

Namen- und Sachverzeichnis 199

Berichtigungen

der Tabelle 1, Seite 18 ff.

Unter Nr. 7 (1620):

In Spalte „Erste Auslieferung" setze ein: 1960.

In Spalte „Ausgeliefert insgesamt":

Nr. 7 (1620) setze ein: über 100 in Europa.
Nr. 8 (1401) setze ein: 2000 in Europa.
Nr. 9 (1410) lies: 56 in Europa statt: 0.
Nr. 12 (7070) lies: 68 in Europa statt: 5.
Nr. 15 (7030) ist zu streichen.

Unter Nr. 24 (LGP 30):

In Spalte „Erzeuger" lies: Schoppe & Faeser
statt: Royal McBee.
In Spalte „Streifen aus" lies: 25 statt: 20.
In Spalte „Zugriffszeit" lies: 7.500 statt: 8.500.
In Spalte „Additionszeit" lies: 2.230 statt: 2.260.
In Spalte „Ausgeliefert insgesamt" lies: über 500
statt: 425

Unter Nr. 36 (Z 31):

In Spalte „Additionszeit" lies: 600 statt: 420.

Knödel, Programmieren

A. Grundlagen

1. Die Idee der programmgesteuerten Ziffernrechenanlage und ihre Auswirkungen; der Begriff Programmieren

Wir unterscheiden zwei Gruppen von Rechenanlagen, die Ziffernrechner und die Analogrechner. Eine typische Vertreterin der ersten Gruppe ist die aus dem Abakus hervorgegangene Kugelrechenmaschine, die aus einigen Drähten mit darauf gleitenden Kugeln besteht, während der am weitesten verbreitete Repräsentant der zweiten Gruppe der Rechenschieber ist.

Die Ziffern- oder Digitalrechner arbeiten in letzten Einheiten, während die Analogrechner kontinuierlich funktionieren. Bei der Kugelrechenmaschine können wir eine Kugel von links nach rechts schieben oder an ihrem Platz belassen. Irgendwelche Zwischenstellungen der Kugel auf diesem Weg von links nach rechts sind zwar möglich, aber beim Rechnen sinnlos. Zum Unterschied davon kann die Zunge des Rechenschiebers zwischen unterer und oberer Endstellung kontinuierlich alle Zwischenstellungen durchlaufen, und diese Zwischenstellungen werden zu sinnvollen Rechenoperationen benützt. — Darüber hinaus führt man als namengebendes Merkmal an, daß die Analogrechenmaschinen eine physikalische Analogie benützen, um Rechenoperationen auszuführen, während dies bei Ziffernrechenmaschinen nicht der Fall ist. Der Rechenschieber benützt die Addition von Strecken mit Hilfe von Stäben, die Kugelrechenmaschine hingegen ist eine ad hoc zum Rechnen konstruierte Maschine.

Wir werden uns im folgenden mit einer besonderen Klasse von Ziffernrechenanlagen, den sogenannten Rechenautomaten, beschäftigen.

Das Alter der Kugelrechenmaschine ist nicht genau festzustellen, sie stand jedenfalls im 12. Jh. bei den Chinesen in Verwendung. B. PASCAL baute 1641 für seinen Vater, einen Steuereinnehmer, eine Addier- und Subtrahiermaschine, also eine Zweispezies-Rechenmaschine, die bereits unseren heutigen Tischrechenmaschinen ähnelt. Von LEIBNIZ, dem Erfinder der Integralrechnung, stammt aus dem Jahr 1674 eine Vierspezies-Rechenmaschine, deren Prinzipien noch heute Anwendung finden. So standen schon am Beginn dieser technischen Entwicklung Wirtschaft und Mathematik Pate, eine Erscheinung, die sich beim jüngsten Kind dieser Serie, dem Rechenautomaten, wiederholt.

Die Vierspeziesmaschine herkömmlicher Bauart kann jeweils *eine* Rechenoperation ausführen, dann erfordert sie das Eingreifen eines Bedienungsmannes. Um große Aufgaben, etwa die Auflösung eines Gleichungssystems oder die Lohnabrechnung eines Beschäftigten durchzuführen, können Hunderte oder Tausende solcher Einzelschritte notwendig werden. Dabei ist der menschliche Rechner zwischen den Einzelschritten keineswegs in seinen Entschlüssen frei. Er ist beim Auflösen eines Gleichungssystems an das gewählte Verfahren und bei der Lohnabrechnung an vertragliche Bestimmungen gebunden. Meist sind die Vorschriften für den Rechner in einprägsamer Weise in einem Formelblatt oder in einem Abrechnungsbogen zusammengefaßt, um Hantierungs- oder Gedächtnisfehler auf ein Minimum herabzudrücken. Schematisch läßt sich die geschilderte Tätigkeit in folgender Weise darstellen (Abb. 1).

Der menschliche Rechner hat Angaben vorliegen, die in die Rechenmaschine einzubringen sind. Auf Grund des befohlenen Rechenprogramms erzeugt er Zwischen- und Endresultate, wobei er unter Umständen noch Tafelwerke (Lohnsteuer, Winkelfunktionen) zu benützen hat. Der Mensch im Zentrum des Geschehens ist dabei Kuli im schlechten Sinne des Wortes, der lediglich die Befehle der Rechenvorschrift auszuführen hat. Jede irrtümliche oder absichtliche Abweichung bedeutet einen Rechenfehler, der das Endergebnis wertlos macht, und solche Fehler sind im reichen Maße möglich, selbst wenn die eigentliche Rechnung dank der Rechenmaschine fehlerfrei abläuft: Der Mensch liest die Zahlen der Angabe falsch; er bringt irrtümlich andere Zahlen in die Rechenmaschine, als er gelesen hat; er irrt sich beim Ablesen der Ergebnisse und bei ihrem Niederschreiben noch einmal. Immer wieder durchgeführte Kontrollen müssen diese Fehler in erträglichen Grenzen halten, und so wird Zeit und menschliche Arbeitskraft verschwendet.

Seit langer Zeit versuchten daher Mathematiker und Ingenieure, diesen so unmenschlich beschäftigten Menschen im Zentrum der Abb. 1 durch eine Maschine zu ersetzen. Als bescheidene Vorstufen dieses Konzepts, etwa bei den Buchungsautomaten und den Lochkartenmaschinen, verwirklicht werden konnten, war die Konstruktion eines Maschinenrechners nur mehr eine Frage der Zeit. Wie aus der geschichtlichen Übersicht im nächsten Abschnitt hervorgeht, war es vor nicht einmal zwei Jahrzehnten soweit; der Mensch war im Ablauf der Abb. 1 durch eine Maschine ersetzt, und das Schema präsentiert sich nunmehr in folgender Weise (Abb. 2).

An die Stelle des menschlichen Rechners ist das Kommandowerk getreten, das die anderen Teile des Gesamtmechanismus betätigt. Die Angaben werden durch die Eingabe bereitgestellt, die Ergebnisse durch die Ausgabe konserviert. Die Rechenmaschine wurde durch ein Rechenwerk ersetzt, das im wesentlichen deren Funktionen übernommen hat, und zur Aufnahme von Zwischenergebnissen und Tafelwerken ist ein Speicher vorhanden. Das Kommandowerk selbst wird geleitet und beaufsichtigt durch die Programmsteuerung, die nunmehr die Funktionen der Rechenvorschrift übernommen hat.

Ein Apparat, der alle Funktionen der Abb. 2 ausführen kann, wird Ziffernrechenautomat genannt. Die Beschreibung eines Ziffernrechenautomaten muß daher in der Beschreibung der Komponenten der Abb. 2 und ihres Zusammenwirkens bestehen und wird in Kapitel 2 durchgeführt.

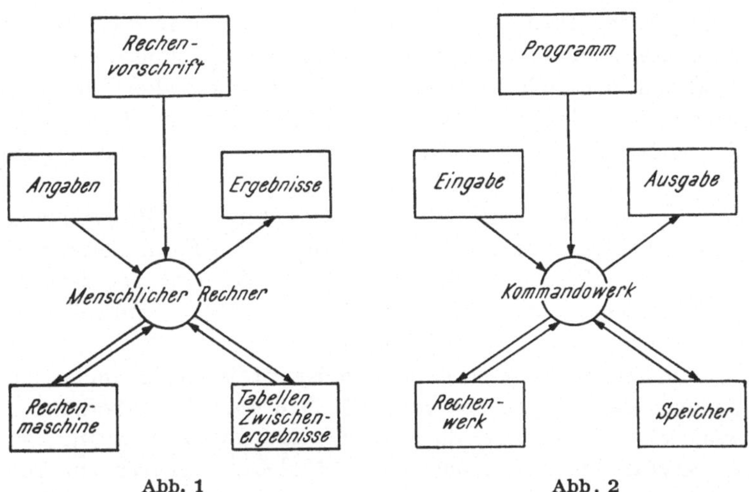

Abb. 1   Abb. 2

Jetzt wollen wir zum eigentlichen Zweck dieses Buches zurückkehren und den Ziffernrechenautomaten nicht vom Standpunkt des Konstrukteurs, sondern von der Warte des Benützers betrachten. Das Einwirken des Menschen auf den Rechenvorgang, das früher noch zwischen menschlichem Rechner und Rechenmaschine stattfand, ist nun auf die Programmsteuerung beschränkt. Der Mensch muß sich um den Ablauf der Rechnung im einzelnen nicht mehr kümmern, er muß aber nach wie vor eine Rechenvorschrift festlegen, die den Ablauf der Rechnung in allen ihren Teilen bestimmt (vgl. aber die Ausführungen über spielende und lernende Automaten in A 5) und die man als Programm bezeichnet. Das Abfassen einer solchen Rechenvorschrift, die für die Programmsteuerung der Maschine erkennbar und ausführbar ist, nennt man Programmieren.

Das Neue und Schwierige des Programmierens besteht darin, daß ein menschlicher Rechner auf Grund seiner Erfahrung und Vorbildung etwas vage Anweisungen verstehen und mitunter auch richtig befolgen kann. Von einem maschinellen Kommandowerk läßt sich dies billigerweise nicht verlangen. Alle Vorschriften sind nun in großer Ausführlichkeit und Klarheit zu geben — was auch bei Anweisungen an einen menschlichen Rechner wünschenswert wäre — und müssen in einer Form erfolgen, die der Maschine verständlich ist. Wir gelangen hier zu einer Arbeitsweise, die der Tätigkeit des Dolmetschers vergleichbar ist. Sobald eine Aufgabe in einer Sprache, die die Formelsprache des Mathematikers oder die Fachsprache des Kaufmannes oder auch die Umgangssprache sein kann, formuliert wurde, müssen wir sie in eine andere Sprache, nämlich die *Maschinen*sprache, übersetzen, bevor sie durch den Rechenautomaten ausgeführt werden kann. Als Programmieren bezeichnen wir beide Tätigkeiten, das klare und einwandfreie Formulieren einer Aufgabe, das mit der Angabe von einzelnen Befehlen für ihre Durchführung gleichbedeutend ist, und die anschließende Übersetzung dieser Befehle in die Maschinensprache. Der zweite Teil dieser Tätigkeit, nämlich das Übersetzen einer bereits vorliegenden Befehlsliste in die Maschinensprache, soll Programmieren im engeren Sinne oder *Codieren* genannt werden.

Dieses Buch befaßt sich mit der Erstellung von Programmen für Ziffernrechenautomaten und behandelt daher das Formulieren und das Codieren von Aufgaben in gleicher Weise. Bald wird sich zeigen, daß die erste der genannten Tätigkeiten die schwierigere und höher qualifizierte, aber auch die interessantere ist.

Codieren läßt sich so erlernen, wie die Kenntnis einer fremden Sprache mit einigem Geschick zu erwerben ist. Daß auch beim Codieren noch Unterschiede zwischen einzelnen Rechenautomaten auftreten können, die sich so stark bemerkbar machen wie Dialekte einer fremden Sprache, soll uns erst später beschäftigen. Alles in allem haben wir im Codieren eine handwerkliche Tätigkeit zu erblicken, die allerdings große Sorgfalt und Gewissenhaftigkeit erfordert und goldenen Boden besitzt, aber grundsätzlich erlernbar ist.

Nicht so einfach liegen die Verhältnisse beim Formulieren einer Aufgabe. Eine gute Formulierung erfordert nicht nur tiefgreifendes Wissen auf dem Gebiet, dem die Aufgabe entnommen ist, sondern auch weitgehende Fachkenntnisse über den Rechenautomaten, der zur Behandlung der Aufgabe eingesetzt werden soll. Damit müssen wir gleich einer weitverbreiteten irrigen Meinung entgegentreten. Die Rechenautomaten haben uns nicht die Arbeit des Denkens in dem Sinn abgenommen, daß sie selbst wissen, wie sie vorgelegte Aufgaben zu lösen haben. Sie müssen in jedem Fall ein — mitunter sehr scharfsinniges — Programm erhalten, wie schon das oft verwendete Beiwort „programmgesteuerter" Rechenautomat anzeigt. Wenn man heute von Elektronen*gehirnen* liest oder spricht, so hat das seinen Grund in Entwicklungen, auf die wir in A 5 zurückkommen und die in volkstümlichen Darstellungen des Sachgebietes mißverstanden wurden. Wie hoch auch immer die Leistungen von Rechenautomaten zu bewerten sind und wie sehr sie auch dem menschlichen Denken und Lernen vergleichbar sind, eines läßt sich doch ohne jede Einschränkung sagen: Alle Versuche, die Programmierung von Rechenautomaten minder qualifiziertem Personal zu übertragen, sind bisher restlos fehlgeschlagen. In jedem einzelnen Fall mußten die Programmierer mindestens ebenso gut oder meist sogar noch besser qualifiziert sein als jene Kräfte, die eine Aufgabe vor ihrer Behandlung auf einem Rechenautomaten mit traditionellen Hilfsmitteln zu bewältigen hatten. Ein Rechenautomat ist also vielleicht eine Maschine, die denkt, aber sicher keine Maschine, die *uns* das Denken erspart.

Wenn wir schon beim Zerstören von Mythen sind und den Ausdruck Elektronengehirn unter die Lupe genommen haben, soweit das Wort Gehirn betroffen ist, wollen wir uns nunmehr dem *Elektronen*gehirn zuwenden. „Elektronengehirn" klingt sehr gut, vielleicht sogar wissenschaftlich, ist aber nichts anderes als ein reißerischer Titel, mit dem Unwissende angesprochen werden sollen. Es fällt heute niemandem ein, „elektronische" Radioapparate anzupreisen, weil ein Radioapparat heute ein Gebrauchsgegenstand ist, von dem man voraussetzt, daß er ordnungsgemäß funktioniert, und von dem man sich nicht einbildet, ein geheimnisvolles Wunderwerk erstanden zu haben, in dem die Elektronen eine magische Rolle spielen. Die Elektronik eines Radioapparates interessiert ein paar Fachleute, der Benützer will nichts von ihr hören. Genau das gleiche wird bald von Rechenautomaten gelten. Die Elektronik wird nur mehr die Techniker interessieren, die Benützer werden lediglich an einem ordnungsgemäß arbeitenden „programmgesteuerten Rechenautomaten" interessiert sein und nicht an einem „Elektronengehirn". Der Vergleich mit dem Radioapparat ist dabei nicht nur ein äußerlicher, da die Elektronik des Radioapparats dieselben Bauelemente aufweist wie die Elektronik des Rechenautomaten, so daß wir den Namen Elektronengehirn in Zukunft vermeiden wollen.

Die Rechenautomaten sind keine Gehirne, die Elektronik hat sich als nicht entscheidend herausgestellt. Was rechtfertigt dann das Aufsehen, das die Rechenautomaten seit ihrer Erfindung erregt haben? Es ist die Verwirklichung der Programmsteuerung, also die Möglichkeit, lange Rechenabläufe ohne jedes menschliche Zutun auszuführen, die eine wissenschaftliche Tat ersten Ranges darstellt; alles andere ist zweitrangig und wird im geschichtlichen Abschnitt ins rechte Licht gerückt werden. Es ist hier wie bei der Konstruktion des Automobils. Die entscheidende Idee war die Schöpfung der Verbrennungskraftmaschine. Ob diese nun mit Magnetzündung oder Induktionszündung ausgerüstet werden kann, ist von sekundärer Bedeutung, wenn auch vom wirtschaftlichen Standpunkt das heutige Automobil mit allen seinen Veränderungen sekundärer Bedeutung einem Modell aus dem Jahre 1900 vorzuziehen ist. Auch bei den Rechenautomaten werden wir Einzelheiten, wie Steigerung der Geschwindigkeit, Speichern der Programme, Schnellspeicher und anderes mehr kennenlernen, die den Siegeszug der Rechenautomaten erst möglich gemacht haben. Bestehen bleibt aber die Verwirklichung der Programmsteuerung als die entscheidende Tat.

Die Auswirkungen dieser Tat waren auf wirtschaftlichem Gebiet so nachhaltig, daß man heute von einer zweiten industriellen Revolution spricht. So wie bei der ersten industriellen Revolution der Mensch durch Maschinen von körperlicher Arbeit entlastet wurde, haben ihn bei der zweiten industriellen Revolution die Automaten von geistiger Routinearbeit befreit.

Auf dem Gebiet der Mathematik waren die Auswirkungen nicht weniger nachhaltig. Sie betreffen weniger die Fragestellungen als vielmehr die Methoden zu ihrer Beantwortung. Stets haben die zur Verfügung stehenden Rechenhilfsmittel die mathematischen Verfahren beeinflußt, und bei den Rechenautomaten ist dies von neuem der Fall. Manche Sätze der ebenen Trigonometrie z. B. sind für den Benützer einer Logarithmentafel wegen ihrer logarithmisch brauchbaren Form wie geschaffen (Tangenssatz, Halbwinkelsatz), bei nichtlogarithmischer Rechnung spielen sie eine verhältnismäßg bescheidene Rolle. Genau so zeigt sich beim Einsatz von Rechenautomaten, daß die klassischen Taylorreihen an Bedeutung einbüßen und Approximationen der Typen Tschebyscheff, Padé, Maehli an Interesse gewinnen. Bei der schrittweisen Lösung von Differentialgleichungen ist auf die numerische Stabilität des verwendeten Verfahrens zu achten, da auf einem Rechenautomaten mitunter tausende Integrationsschritte ausgeführt werden und instabile Verfahren dabei die Fehler aufschaukeln. Diese Beispiele ließen sich beliebig fortsetzen, denn unser ganzer Bestand an mathematischen Verfahren muß in ähnlicher Weise auf seine Zweckmäßigkeit und Brauchbarkeit aus dem Blickwinkel der Rechenautomaten überprüft werden, eine Arbeit, die wahrscheinlich noch eine Generation in Anspruch nehmen wird. Andererseits sind neue und den Automaten adäquate Verfahren zu entwickeln, wie dies beispielsweise bei den Monte Carlo Methoden der Fall war.

In den Naturwissenschaften endlich wurde eine ganze Reihe von Problemen angreifbar, die zwar fertig formuliert vorlagen, deren Durchführung aber bisher am notwendigen Rechenaufwand gescheitert war. Auch von dieser Seite dürfen wir nachhaltige Rückwirkungen auf unseren Alltag erwarten, so daß ein Mathematiker, der ein Rechenzentrum an einem Kernforschungsinstitut leitet, kürzlich sagte: Von den großen Erfindungen des 20. Jahrhunderts hat der Rechenautomat alle Aussichten, unser Alltagsleben stärker zu beeinflussen als der Kernreaktor.

2. Geschichtlicher Überblick

CHARLES BABBAGE, ein Schwiegersohn von Lord BYRON, war der erste, der um 1830 vergeblich versucht hat, die Idee einer programmgesteuerten Rechenmaschine in die Tat umzusetzen. Er hat dabei Ideen entwickelt, die zum Teil noch heute beim Bau von Rechenanlagen verwendet werden, ist aber letztlich am Stand der damaligen Technik gescheitert. Ein Rechenautomat, bei dem handgearbeitete Holzzahnräder und ähnliche Bestandteile verwendet werden, hat kaum Aussicht, klaglos zu arbeiten.

Eine Einzelheit der Planung von BABBAGE soll besonders hervorgehoben werden. Die Steuerung der auszuführenden Rechenoperationen sollte durch ein langes Papierband, einen „Lochstreifen", vorgenommen werden, wie er bei manchen Maschinen auch heute in Verwendung steht. Die Art der Operation sollte durch den Abstand einer Lochung vom Rand des Streifens gegeben sein, während die zeitliche Aufeinanderfolge der Operationen durch die örtliche Folge der Lochungen im Streifen bestimmt war. Diese — zweifellos geniale — Idee war BABBAGE nicht aus dem Nichts heraus gekommen. Bereits seit 1795 standen vollautomatische Webstühle, benannt nach ihrem Erfinder JACQUARD, in Verwendung, die imstande waren, Webmuster ohne menschliches Zutun herzustellen. Die Steuerung dieser Webstühle wurde durch Lochstreifen der beschriebenen Art bewerkstelligt, eine Tatsache, die BABBAGE zu seiner Planung der Programmsteuerung angeregt hat.

Nach dem Mißerfolg von BABBAGE war durch ein Jahrhundert jeder Konstruktionsversuch eines programmgesteuerten Rechenautomaten als wenig erfolgversprechend unterblieben. Als die Idee in den dreißiger Jahren dieses Jahrhunderts wieder aufgegriffen wurde, hatte sich der Stand unserer Technik grundlegend geändert und Serienfertigung war in der Automobil- und Radioindustrie längst bekannt. Ähnlich wie zu Zeiten von BABBAGE durch den Jacquardwebstuhl kam aber auch diesmal ein entscheidender Anstoß von außen und betraf diesmal die Bauelemente, aus denen das Rechenwerk für einen Rechenautomaten gefertigt werden konnte.

Die Automatisierung des Telephonverkehrs in den Städten und die Ablösung des Fräuleins vom Amt durch die Wahlscheibe hatte gezeigt, daß das elektromagnetische Relais, wie es in den Fernsprechzentralen in Verwendung stand, geeignet war, einfache logische Entscheidungen zu steuern. Mit Hilfe elektrischer Impulse konnte ohne menschliches Zutun eine Schaltverbindung zu einem gewünschten Teilnehmer hergestellt werden. Wenn dies möglich war, mußte es mit Hilfe dieser Relais auch möglich sein, Rechenoperationen durchzuführen. Es lag daher nahe, die Konstruktion eines Rechenautomaten mit Relais als

Bauelementen zu versuchen, da dann die rein mechanische Steuerung des Rechenwerks mit ihrer Störanfälligkeit durch eine elektromagnetische Steuerung für Relais ersetzt werden konnte, was den Schwachstromingenieuren erfolgversprechend schien.

Dieser Gedanke war bei zwei Männern bis zur Ausführungsreife gediehen, bei K. ZUSE in Deutschland und bei H. AIKEN in den Vereinigten Staaten. Beide suchten sich für den Bau ihres geplanten Rechenautomaten fremder Hilfe für die zu erwartenden mechanischen und schwachstromtechnischen Arbeiten zu versichern. ZUSE, ein Techniker mit dem Ingenieurdiplom, legte seine Pläne dem damaligen Oberkommando der Deutschen Wehrmacht vor und wurde abgewiesen. Er begann den Bau auf eigene Faust und mußte bei Kriegsende mit einer halbfertigen Maschine aus Berlin flüchten. Wir werden uns mit seinem weiteren Schicksal im Laufe dieses Abschnitts noch einmal beschäftigen.

H. AIKEN, ein Mitglied der Harvard-University in Cambridge, Mass., wandte sich an die Internationale Büromaschinen-Gesellschaft (IBM) und fand ihre volle Unterstützung. Der Bau eines Rechenautomaten mit dem Namen Automatic Sequence Controlled Calculator und dem Kosenamen MARK I wurde erfolgreich zu Ende geführt. Nach Absolvierung einiger Probeläufe fand die feierliche Übergabe der Maschine an die Harvard-University statt. Das war am 20. August 1944.

Dieser erste Rechenautomat, der noch heute funktionsfähig in der Harvard-Universität steht, was nicht unglaublich klingt, wenn man bedenkt, daß eine Vierspeziesmaschine von LEIBNIZ noch funktioniert, besaß als Rechen- und Steuerelemente Relais. MARK I, der erste programmgesteuerte Rechenautomat, ist also *keine* elektronische Rechenmaschine. Die Zeiten, die von ihm für die einzelnen Rechenoperationen benötigt werden, sind nicht um Größenordnungen geringer als jene, die von Tischrechenmaschinen gebraucht werden. Längere Rechnungen laufen aber deshalb wesentlich rascher ab, als dies ein menschlicher Rechner mit einer Tischrechenmaschine zuwege bringt, weil Operation auf Operation folgt, ohne daß Denkpausen eingeschaltet werden müssen. Die Geschwindigkeit einer Relaismaschine läßt sich deshalb nicht allzuweit über jene einer Tischrechenmaschine steigern, weil die Relaismaschine bewegte Teile enthält, die, vergleichbar mit den mechanisch bewegten Rädern oder Hebeln der Tischrechenmaschine, zu ihrer Beschleunigung und Verzögerung erhebliche Zeit benötigen.

Der nächste Versuch ging daher dahin, die Relais durch Elektronenröhren zu ersetzen, wie sie in jedem Radioapparat Verwendung fanden. Eine gittergesteuerte Triode ist ebenso wie ein Relais als Schalter verwendbar und besitzt als einzige bewegliche Teile Elektronen. Die Schaltzeiten werden dadurch wesentlich herabgesetzt, was eine enorme Erhöhung der Rechengeschwindigkeit zur Folge hat. Dieser Gedanke wurde erstmals 1946 durch J. P. Eckert und J. W. Mauchly an der Thomas Moore School of Electrical Engineering der University of Pennsylvania in Philadelphia in die Tat umgesetzt. Das Ergebnis war der *E*lectronic *N*umerical *I*ntegrator *A*nd *C*omputer ENIAC. Dieser Automat bringt für den Benützer keine prinzipiellen, sondern nur graduelle Unterschiede gegenüber einer Relaismaschine. Durch die Verwendung neuer Bauelemente wurde die Geschwindigkeit gesteigert.

Eine solche Geschwindigkeitssteigerung konnte nur ausgenützt werden, wenn es möglich war, die Geschwindigkeit der Ein- und Ausgabe mit der Rechenmaschine in Einklang zu bringen. Bei den Tischrechenmaschinen lag Eingabe von Hand aus vor, die sich wegen ihrer Langsamkeit von selbst verbot. Hier wurden die bereits bei Büromaschinen in Verwendung stehenden Lochkarten und Lochstreifen übernommen, deren Eigenschaften bei der Beschreibung einer Maschine in Kapitel B näher ausgeführt sind. Dort finden sich auch Zahlenangaben zu jenen Gegenständen, die wir vorläufig qualitativ kennenlernen wollen. Die Verwendung gerade dieser Eingabemittel, die sich bis heute als zweckmäßig erwiesen haben, rührt daher, daß die Büromaschinenindustrie schon bei der Konstruktion von MARK I Pate gestanden ist und ihre bereits bestehenden Hilfseinrichtungen zum Speichern von Daten und ihrer Ein- und Ausgabe bei Büromaschinen nach Tunlichkeit verwendet hat. Eine unmittelbare Ausgabe von Rechenergebnissen in Klarschrift war mit Hilfe von elektrischen Schreibmaschinen möglich. Auch die bei Hollerithanlagen verwendeten Tabelliermaschinen wurden an Rechenautomaten angeschlossen. Ihre Schreibgeschwindigkeit, die stets erheblich über jener der elektrischen Schreibmaschine lag ,wurde weiter gesteigert, und auf diese Weise entstanden die heute verwendeten Onlinedrucker.

Erst später wurde diese Möglichkeit durch die Verwendung von Magnetbändern ergänzt. Derartige Bänder sind ebenfalls schon vor ihrer Verwendung bei Rechenautomaten vom Magnetophon her bekannt gewesen. Magnetbänder stellen die rascheste, aber auch die kostspieligste und am wenigsten verbreitete Ein- und Ausgabemöglichkeit dar. Der Grund liegt darin, daß Magnetbandeinheiten Geräte sind, die eigens für diesen Zweck entwickelt wurden. Sie vereinen daher mit ihrer guten Eignung für die Aufgabe, für die sie geschaffen wurden, den Nachteil, daß sie außerhalb der Rechenanlagen keinem anderen Zweck dienen. Die Lochkartenein- und -ausgabe bei einer Bull-Rechenanlage vom Typ GAMMA 3 z. B. erfolgt mittels eines Gerätes, das in jeder BULL-Lochkartenanlage als Blocksummenstanzer in Verwendung steht. Ähnliches gilt auch für die Herstellung und Abfühlung von Lochstreifen, für die in jedem größeren Postamt Geräte vorhanden sind, da der Fernschreiber auf dem Lochstreifenprinzip beruht. Nur Magnetbänder dienen — wie schon gesagt — keiner anderen Funktion als der Ein- und Ausgabe in programmgesteuerten Rechenautomaten. Die landläufigen Magnetophongeräte unterscheiden sich nämlich sehr wesentlich von Bandgeräten für Rechenautomaten. Die Hauptschwierigkeit besteht bei diesen darin, daß das Band innerhalb von kürzester Zeit aus der Ruhelage auf Lesegeschwindigkeit kommen muß, ein Problem, das bei einem Magnetophon nicht auftritt.

Der erste Automat, der von Magnetbändern Gebrauch machte, war 1951 der UNIVAC I der Sperry-Rand Division der Firma Remington Rand. Diese Maschine, die, wie die ganze spätere UNIVAC-Serie, eine sehr bemerkenswerte Schöpfung darstellt, wird uns später noch einige Male begegnen. Alles in allem ist zur Ein- und Ausgabe zu sagen, daß sie noch heute bei den meisten kaufmännischen Problemen, bei denen große Mengen an Daten zu bewältigen sind, mit denen nur verhältnismäßig einfache Rechnungen vorgenommen werden, zu langsam ist. Die Rechengeschwindigkeit der Rechenautomaten kann nicht mehr ausgenützt werden, da die Ein- und Ausgabe von Daten nicht mehr nachkommt. Das liegt nicht nur an der Geschwindigkeit der Ein- und Ausgabe, denn 50.000 Zeichen Ein- und Ausgabegeschwindigkeit in der Sekunde sind heute keine Seltenheit, sondern auch an dem immer höher und höher gezüchteten Rechengeschwindigkeiten, die bereits die Größenordung von 1 Million Additionen je Sekunde erreichen.

Zurückkehrend zu unserer geschichtlichen Entwicklung bemerken wir, daß erhöhte Rechengeschwindigkeit noch ein anderes Problem nach sich gezogen hat, nämlich jenes der inneren Speicher einer Maschine. Es sollten Speichermöglichkeiten geschaffen werden, die nicht zu teuer waren und in denen die Zahlen in etwa ebenso rascher Folge verfügbar wurden, als sie vom Rechenwerk verarbeitet werden konnten. Damit verbot sich Lochkarte und Lochstreifen von selbst für das Speichern von Zwischenergebnissen, und auch Magnetbänder wurden unbrauchbar, wenn es nicht möglich war, die Zahlen in jener Reihenfolge auf Band zu bringen, in der sie nachher gebraucht wurden. Für Zwischenresultate mußten daher rasch zugängliche innere Speicher geschaffen werden. Bei den ersten Maschinen hatte man Relais oder Röhren verwendet, die aber so aufwendig waren, daß die Speicher nur für wenige Zahlen (bis zu 100) ausgelegt werden konnten. Nunmehr wurde eine bessere Möglichkeit entwickelt, von der wir heute allerdings wissen, daß sie nur eine Zwischenlösung darstellte: die Speicherung von Impulsen in Ultraschallstrecken (Quecksilber-Tanks). Wieder vollbrachte die Thomas-Moore-Schule in Philadelphia durch die Planung des *E*lectronic *D*iscrete *V*ariable *A*utomatic *C*omputer (EDVAC) eine Pionierleistung. Freilich wurde es 1952, bis diese Maschine tatsächlich arbeitete, und zu diesem Zeitpunkt war, wie wir unten sehen werden, bereits eine englische Maschine der gleichen Kategorie in Betrieb. Später mußten die Ultraschallstrecken der ebenso leistungsfähigen Magnettrommel weichen, die den Vorteil besitzt, daß magnetisch gespeicherte Information auch bei Stromausfall nicht zerstört wird, während Ultraschallwellen rasch unbrauchbar werden, wenn man sie nicht laufend regeneriert. Das Verdienst, den ersten Rechenautomaten mit einer Magnettrommel erbaut zu haben, darf abermals die Harvard-Universität mit ihrem MARK III für sich in Anspruch nehmen.

Die Magnettrommel ist ein billiger Speicher, der noch heute bei Maschinen, die nicht zu kostspielig sein sollen, mitunter ausschließliche Verwendung findet. Für die Spitzengruppe wurden mittlere Zugriffszeiten von 0,002 Sekunden, unter die man bei Magnettrommeln nicht weit herunterkommt, bald zu lang.

Als Ausweg bot sich elektrostatische Speicherung mittels sogenannter Williamsröhren, die später wieder durch eine magnetische Einrichtung, den Kernspeicher, abgelöst wurde. Williams war an der Universität Manchester in England tätig, und die erste Maschine, die mit Williamsröhren ausgerüstet wurde, war eine Rechenanlage der Firma Ferranti. Magnetkernspeicher wurden erstmals am Massachusets-Institut of Technology bei der WHIRLWIND I verwendet. Sie werden heute so gut wie ausschließlich als Schnellspeicher benützt und stellen eine kostspielige Speichermöglichkeit dar, die aber noch immer die beste derzeit bekannte ist.

Ähnliche Überlegungen wie für das Datenmaterial müssen für das Speichern des Programms angestellt werden. Bei den ersten Maschinen MARK I und ENIAC war das Programm entweder in Lochstreifen enthalten, die in die Maschine eingegeben wurden, oder die Programmsteuerung erfolgte durch das Stecken von Schaltverbindungen; später trat dazu noch eine Programmsteuerung durch Lochkarten (CPC-Anlage von IBM). Alle diese Möglichkeiten waren mit empfindlichen Nachteilen behaftet. Bei Lochstreifen und Lochkarten machte die mechanische Eingabegeschwindigkeit die Rechengeschwindigkeiten der Maschinen illusorisch. Auf Schalttafeln gesteckte Programme laufen zwar rasch, doch sind sie schwer aufzubewahren. Jedes Programm belegt eine eigene Schalttafel, für die erhebliche Mittel gebunden werden müssen. Außerdem können wegen der physikalischen Begrenztheit einer Schalttafel zu lange oder zu komplizierte Programme nicht untergebracht werden. Vor allem Programmwiederholungen, sogenannte Schleifen, deren fundamentale Bedeutung sich in C 3 erweisen wird, sind nur unter großem Zeitverlust möglich, da z. B. bei in Lochstreifen gespeicherten Programmen nicht leicht auf Befehle zurückgegriffen werden kann, die bereits die Lesestation passiert haben.

Den Ausweg aus dieser Lage hat J. VON NEUMANN bereits 1945 aufgezeigt, indem er vorschlug, das Programm in den internen Speichern der Maschine unterzubringen, wo es wegen der kleinen Zugriffszeiten rascher aufgerufen werden kann. Die Programme für solche Maschinen können nun in Lochkarten, Lochstreifen oder Magnetbändern leicht und billig aufbewahrt werden. Soll das Programm zur Durchführung kommen, dann wird es zuerst von einem der genannten Informationsträger in die Maschine übertragen und kann anschließend mit großer Geschwindigkeit ablaufen. Rechenautomaten, die nach diesem Prinzip arbeiten, nennt man „speicherprogrammiert". Dieses Buch soll ausschließlich von speicherprogrammierten Rechenanlagen handeln, da heute alle Maschinen mit Ausnahme der allerkleinsten (Remington Rand 60, 120; IBM 604, 628; Bull Gamma 3; Burroughs E 101) auf diesem Prinzip beruhen.

Unter den mittleren und großen Maschinen macht nur der File-Computer von Remington Rand sehr speziellen Gebrauch von Schalttafeln für die Speicherung von rasch laufenden Unterprogrammen, da der größte Teil seiner internen Speicher verhältnismäßig lange Zugriffszeiten besitzt.

Der erste speicherprogrammierte Rechenautomat war der bereits zitierte EDVAC in Philadelphia.

Bei dieser Maschine wurde noch ein anderes Prinzip verwirklicht, das seine Stärke bis heute erwiesen hat. Zum ersten Mal wurde eine Maschine gebaut, die nicht im Dezimalsystem operiert, sondern ein Zahlensystem mit der Basis 2 benützt. Die Verwendung des Binärsystems vereinfacht die Konstruktion einer Maschine und erhöht ihre Geschwindigkeit. Dies ist leicht verständlich, wenn man bedenkt, daß alle bisher erwähnten Bauelemente genau zwei Zustände annehmen können und daher zur Verwirklichung eines Zweiersystems besonders geeignet sind: eine Röhre kann Strom führen oder nicht; ein Magnetkern kann in einer oder der entgegengesetzten Richtung magnetisch sein; ein Lochstreifen kann an einer bestimmten Stelle gelocht sein oder nicht; ein Film kann an einer bestimmten Stelle geschwärzt sein oder nicht usw. Diese Tatsache im Verein mit der einfachen Arithmetik des Binärsystems lassen es für die Verwendung im Rechenautomaten sehr handlich erscheinen. Unangenehm ist dagegen die Tatsache, daß für den Benützer der Maschine das Zweiersystem nicht in Erscheinung treten soll und deshalb ein komplizierter Verschlüsselungsapparat notwendig wird, um automatisch alle dezimal eingegebenen Zahlen binär zu verschlüsseln und nach Beendigung der Rechnung die binären Ergebnisse wieder dezimal ausgeben zu können. Diese Tatsache hat dazu geführt, daß für umfangreiche *Rechnungen* mit wenig Ein- und Ausgabe besser Binärmaschinen verwendet werden, während man für *Datenverarbeitung*, wo mit vielen Zahlen wenig gerechnet wird, Maschinen bevorzugt, bei denen der dezimale Aufbau der Zahlen gewahrt und nur jede einzelne Dezimalziffer in irgendeiner Form binär verschlüsselt ist (siehe KNÖDEL). Seit jener Zeit datiert die Unterscheidung zwischen „wissenschaftlichen“ und „kaufmännischen“ Maschinen, die sich kaum rechtfertigen läßt und über die später noch einiges zu sagen sein wird.

Wie wir im voranstehenden gesehen haben, wurde zunächst die Idee des programmgesteuerten Rechenautomaten verwirklicht, anschließend aber die Ausführung dieser Idee laufend verbessert. Nach außen wurde dabei der Haupteffekt in einer fortlaufenden Steigerung der Geschwindigkeit erzielt, und dieser Trend hält noch an. Wie schon einmal, als die Relais durch Röhren ersetzt wurden, findet derzeit eine Umschichtung in den verwendeten Bauelementen der Arithmetik und Logik der Maschine statt. Die Röhren werden durch Kristalldioden bzw. Transistoren abgelöst. Es werden derzeit noch immer Röhrenmaschinen gebaut, dabei handelt es sich aber um erprobte Typen. Alle letzthin fertiggestellten oder neuentwickelten Maschinen sind mit Transistoren bestückt (UCT und UNIVAC III von Remington Rand, GAMMA 60 von Bull, 7000er- und 1400er-Serie sowie 1620 von IBM, 2002 von Siemens).

Neben der Geschwindigkeitssteigerung haben transistorisierte Maschinen den Vorteil geringerer Wärmeentwicklung. Die Wärmeentwicklung einer Maschine ist zwar prinzipiell völlig unwesentlich, aber die 18.000 Röhren der UNIVAC I z.B. verbrauchen Ströme, die mit Schwachstromtechnik kaum mehr vereinbar sind. Die Notwendigkeit der Einrichtung kostspieliger Kühlanlagen bei der Aufstellung solcher Maschinen ist die Folge. Der Fortfall der Wärmeentwicklung ist daher gleichbedeutend mit einer Verbilligung der Maschine.

Wir haben nunmehr die Idee des programmgesteuerten Rechenautomaten und ihre Verwirklichung vom ersten Auftauchen bis in die letzten Jahre und Monate verfolgt. Wir müssen jetzt einige Züge dieses Bildes ergänzen, die sich auf Einzelheiten beziehen. Einzelheiten, die für die Idee als solche völlig unwesentlich, für den Benützer einer Rechenmaschine aber sehr schwerwiegend sind: das Einsetzen der Serienfertigung von Rechenautomaten und die Wirtschaftlichkeit und Zuverlässigkeit ihres Einsatzes.

Die ersten Maschinen waren lauter Einzelfertigungen, bei denen jeweils eine Fülle neuer Ideen in die Tat umgesetzt wurde. Den Erbauern war es dabei wichtig, die Durchführbarkeit ihrer Ideen zu zeigen; ob sich hin und wieder z. B. wegen schadhafter Relais oder defekter Röhren falsche Lösungen ergaben, war ihnen belanglos. Es nimmt daher nicht wunder, wenn als Faustregel für einige dieser frühen Maschinen angegeben wurde, daß besonders bei längeren Rechnungen mit 30% richtigen und 70% falschen Resultaten zu rechnen sei.

Solche Maschinen sind für den Konstrukteur sehr interessant, kaum aber für den Benützer, zumindest dann nicht, wenn er auf den Ruhm verzichtet, Pionierarbeit bei der Benützung von Rechenautomaten geleistet zu haben. Vor allem aber lassen sich derartige Maschinen nicht verkaufen, und gerade das wollte die Büromaschinenindustrie, die die Entwicklung finanzierte, tun. Sie sah sich daher gezwungen, bevor sie an die Serienfertigung von Rechenautomaten denken konnte, die Zuverlässigkeit ins Unvorstellbare zu steigern. Dabei ist es mit einer Fehlerquote von einem Fehler auf eine Million Operationen bei weitem nicht getan, da die rascheste Maschine diese Anzahl von Operationen in zwei Sekunden ausführt und daher jede zweite Sekunde einen Fehler begehen würde. Selbst wenn man aber einen Fehler je Tag oder gar je Woche als Grenze des technisch Möglichen ansieht, muß man dafür Sorge tragen, daß die Maschine diesen Fehler selbst entdeckt, da es für menschliche Arbeitskräfte undenkbar ist, *einen* Fehler in der Wochenproduktion eines Rechenautomaten aufzufinden.

Wie dieses Problem gelöst wurde, gehört in ein technisches Werk. Daß es gelöst wurde, kommt heute allen Benützern zugute und hat zum Siegeszug der Rechenautomaten wesentlich beigetragen. Für die erzeugende Industrie andererseits hat sich diese Entwicklung durch die damit verbundenen enormen Verkaufsziffern amortisiert.

In Europa war die in diesem Abschnitt geschilderte Entwicklung durch die Folgen des Krieges behindert und verlief weit weniger stürmisch als in den Vereinigten Staaten.

Verfolgen wir zunächst die Tätigkeit des eingangs erwähnten K. ZUSE weiter. Sein Relaisrechner Z 4 gelangte an der Eidgenössischen Technischen Hochschule Zürich zur Aufstellung und arbeitete dort zur Zufriedenheit, bis er durch die ERMETH — eine Eigenfertigung der Hochschule — abgelöst wurde. Eine weitere Relaismaschine von ZUSE, die Z 11, wurde serienmäßig gefertigt und fand vor allem in Vermessungsämtern und in der optischen Industrie Eingang. Sie findet sich in einigen Exemplaren auch in Österreich, stellt aber ein Mittelding zwischen Tischrechenmaschine und programmgesteuertem Rechenautomaten dar, so daß sie aus dem Rahmen unserer Betrachtungen fällt. Die Herstellung elektronischer Rechenautomaten begann ZUSE mit seiner Z 22, einem Magnettrommelrechner, der in Deutschland in zahlreichen Exemplaren aufgestellt wurde und von dem auch in Österreich ein Stück vorhanden ist.

Die weitere deutsche Entwicklung ist gekennzeichnet durch den Bau von drei Einzelfertigungen G 1 bis G 3 an der Universität Göttingen. Die PERM in München und die DERA in Darmstadt markieren jenen Zeitabschnitt, in welchem Einzelfertigungen an Hochschulen ausliefen und die Industrie begann, Geräte serienweise herzustellen. Die meisten der mit instrumenteller Mathematik befaßten Institute an deutschsprachigen Hochschulen verfügen heute über serienmäßig hergestellte Rechenautomaten, was aber nicht ausschließt, daß sich die Schwachstromtechniker der gleichen Hochschulen mit dem Bau von Einzel-fertigungen beschäftigen. Die Herstellung des volltransistorisierten Automaten „MAILÜFTERL" an der Technischen Hochschule Wien bietet hierfür ein Beispiel.

Mit Serienfertigungen sind im deutschen Raum in den letzten Jahren — abgesehen von der schon erwähnten Tätigkeit der Zuse KG die Firmen STANDARD ELECTRIC (ER 56), SIEMENS (2002), TELEFUNKEN (TR 4) hervorgetreten. Sie lagen und liegen damit in schwerer Konkurrenz gegen ausländische Firmen, denen es in der zweiten Hälfte des vergangenen Jahrzehnts in immer steigendem Maße gelungen ist, ihre Erzeugnisse zu exportieren. Es handelt sich dabei vor allem um die Konzerne IBM, Remington Rand und Bull; in zweiter Linie sind Ferranti und Burroughs zu nennen.

In den übrigen europäischen Ländern setzte die Entwicklung von Rechenautomaten am frühesten in England ein. Hier ist M. V. WILKES mit EDSAC, einer Schwestermaschine der schon erwähnten EDVAC, zu nennen, die sogar noch vor dieser, nämlich 1949, fertiggestellt wurde. In der Folge hat England, das auf dem Kontinent vor allem durch die Firma Ferranti vertreten ist, eine eigenständige und von der übrigen Welt abgetrennte Entwicklung durchgemacht. In Frankreich war es die Compagnie des Machines Bull, die 1950 ihren GAMMA 3 herausgebracht hat, der später durch eine Magnettrommel (GAMMA ET) ergänzt wurde, und bei der die Produktion der großen Rechenanlage GAMMA 60 im An-laufen begriffen ist. Es ist dies die einzige Gesellschaft, die im gesamt-europäischen Raum den amerikanischen Konzernen IBM und Reming-ton Rand nennenswerte Konkurrenz bereiten konnte.

Von allen übrigen westeuropäischen Staaten sind noch Schweden und Italien als Hersteller von Rechenautomaten zu nennen. In Schweden entstand in der ersten Hälfte dieses Jahrzehnts die weit über die Grenzen des Landes bekannt gewordene BESK als Einzelfertigung, die zu ihrer Zeit eine der raschesten Maschinen der Welt war. Heute stellt die FACIT Gesellschaft serienmäßig Rechenautomaten her. In Italien ist es die Firma OLIVETTI, die mit ihren ELEA-Maschinentypen schöne Erfolge zu verzeichnen hatte. In beiden Ländern werden die erwähnten Erzeug-nisse aber nur im eigenen Land abgesetzt. Der Grund liegt darin, daß jeder Rechenautomat eine eingespielte und daher kostspielige Wartungs-organisation erfordert, die sich für ein oder zwei in einem Staat ver-kaufte Geräte kaum lohnt.

Unter den Entwicklungen der Ostblockstaaten ist zunächst die Zwillingsmaschine OPREMA der ZEISS-Werke Jena (im Westen zur Führung des Namens ABBE-Werke verhalten) zu erwähnen. Es handelt sich um eine einzelgefertigte Relaismaschine, die 2 unabhängige, ur-sprünglich zu Kontrollzwecken so entworfene Rechenwerke besitzt.

Elektronische Rechenautomaten werden in der UdSSR in mehreren leistungsfähigen Typen gefertigt, jedoch sind die Serien verhältnismäßig klein, und die Verbreitung mittlerer und großer Maschinen ist daher beschränkt.

3. Technischer Überblick

Im folgenden geben wir eine tabellarische Übersicht über einige heute in Gebrauch stehende Rechenanlagen. Sie zeigt besser als viele Worte, wie weit wir von jeder Vereinheitlichung entfernt sind und welche Auswirkungen die Entwicklungen eines einzigen Jahrzehnts gezeitigt haben.

Die einzelnen Maschinen scheinen in der Liste alphabetisch nach Erzeugerfirmen geordnet auf. Mehrere Fabrikate einer Firma sind etwa nach steigender Leistungsfähigkeit angeführt. Die Liste stellt dabei eine subjektive Auswahl aus den angebotenen Erzeugnissen dar, bei der ich mich von folgenden Erwägungen leiten ließ: Einzelfertigungen blieben ausgeschlossen. Von den serienmäßig hergestellten Maschinen älterer Bauart wurden jene berücksichtigt, die einen Markstein in der Entwicklung darstellen oder sich aus anderen Gründen einen Namen gemacht haben (z. B. UNIVAC I). Von den neuen Maschinen fanden jene Aufnahme, die auf dem europäischen Festland aufgestellt wurden oder voraussichtlich bald dort aufgestellt werden. Andere, teilweise ausgezeichnete Erzeugnisse, von denen dies nicht abzusehen ist, bleiben unberücksichtigt. Schließlich wurde noch der eine oder andere Rechenautomat genannt, der heute zur absoluten Spitzengruppe zählt, wie etwa die Stretch (die übrigens in einem Exemplar nach England geliefert wird).

In den auf die Erzeugerfirma folgenden Spalten sind technische Angaben zusammengefaßt, deren Bedeutung in Kapitel 2 herausgestellt wird. Es ist nun so, daß so gut wie alle Maschinentypen aus einer Grundausstattung bestehen, die durch Zusatzgeräte (Magnetbänder, Kernspeicher usw.) erweitert werden kann. In der Liste ist meist die mögliche Höchstausstattung angegeben, lediglich dort, wo mehrere Rechenautomaten gemeinsam arbeiten können (wie z. B. 7000er- und 1400er-Serie von IBM), die beide einzeln in der Liste aufscheinen, wurde darauf verzichtet, diese Möglichkeit auszuweisen. Die Zahlen beruhen dabei zum Teil auf Firmenangaben, zum Teil stammen sie aus Veröffentlichungen von Beratungsfirmen.

Unter den Spalten, die der Ein- und Ausgabe gewidmet sind, bedarf nur der Ausdruck „gepuffert" einer Erklärung. Die Buchstaben „L", „R", „S" bedeuten Lesen bzw. Rechnen bzw. Schreiben. Jede dieser drei Tätigkeiten, die gleichzeitig ablaufen können — eine Arbeitsweise, die man als „Pufferbetrieb" bezeichnet —, ist durch Angabe der betreffenden Buchstaben angeführt. Ein vorgesetztes „V" bedeutet, daß von mehreren Bändern gleichzeitig gelesen oder auf mehrere Bänder gleichzeitig geschrieben werden kann.

In der Spalte „Speichermedium" finden folgende Abkürzungen Anwendung: „K" für Kernspeicher, „T" für Magnettrommel, „V" für Verzögerungsstrecke (Ultraschallstrecke), „P" für Plattenspeicher.

In der Spalte „Code" steht „b" für binär, „d" für dezimal und „a" für alphanumerisch[1].

Daß für die Rechengeschwindigkeit eine „Mittlere Additionszeit" angegeben wurde, ist so zu verstehen, daß z. B. bei Maschinen mit veränderlicher Wortlänge (in der Tafel als Wortlänge 1 angegeben) die Additionszeit von der Wortlänge abhängt. Hier wurde die Additionszeit für eine willkürliche Wortlänge (5) zugrunde gelegt.

In der Adressenspalte bedeutet „1" Einadreßbefehle, „2" Zweiadreßbefehle, „3" Dreiadreßbefehle, während „1+1" die modifizierten Einadreßmaschinen kennzeichnet. (Eine Erklärung aller auftretenden Termini ist wieder in Kapitel B zu finden.)

Mit der allergrößten Vorsicht ist die Spalte „Mittlere Monatsmiete" (bzw. „Kaufpreis") zu benützen. Die Ansätze stammen aus den angegebenen Quellen und beziehen sich auf eine mittlere Ausstattung der Maschine, also in den meisten Fällen *nicht* auf die in den technischen Spalten angegebene Höchstausstattung. Die Preisansätze sollen dazu dienen, Größenordnungen für die Kosten festzulegen. Auf keinen Fall dürfen sie als Kriterium für die Anschaffungswürdigkeit in Konkurrenz befindlicher Maschinen herhalten.

Das von den Preisen Gesagte gilt vice versa von der ganzen Tabelle. Ihr Wert besteht darin, eine erste Orientierung zu ermöglichen. Als Grundlage einer Entscheidung zwischen Maschinentypen ist sie völlig ungeeignet.

Der Zahl der insgesamt ausgelieferten Maschinen liegt — soweit überhaupt Angaben verfügbar waren — der Sommer 1960 zugrunde. Die Zahlen dagegen, die sich auf Österreich beziehen, spiegeln den Stand vom Sommer 1961 wider.

4. Aufgaben für Rechenanlagen

Tüchtige Verkäufer von Rechenautomaten suchen den Eindruck zu erwecken, daß ihren Geräten die Zukunft gehört — was sicher stimmt — und daß die großen und schnellen, mit Magnetbändern ausgestatteten Rechenautomaten alle anderen Rechenhilfsmittel, insbesondere die Loch-

---

[1] Manchmal spricht man dort, wo zwei Ziffern zur Darstellung eines Buchstaben verwendet werden (IBM 650), von einem „alphamerischen" Code, während man die Bezeichnung „alphanumerisch" nur dort benützt, wo ein eigener Alphabetcode vorliegt (IBM 1401). Hier wurde auf diese Unterscheidung verzichtet.

| Fortl. Nummer | Name | Erzeuger | Ein- und Ausgabe | | | | | | | | | |
| | | | Bänder | | | | Karten je Minute | | Streifen Zeichen je Sek. | | Drucker Zeilen je Minute |
			Anzahl	Lese- u. Schreibgeschwindgk. in 1000 Zeich. je Sek.	Kanäle	Gepuffert	ein	aus	ein	aus	
1	GAMMA ET	Bull	8	22,5			300	300	—	—	
2	GAMMA 60	Bull	48	22,5	10	VLSR	300	300	300	25	
3	205	Burroughs	10	6	1	—	300	100	540	60	150
4	X 1	Electrologica	16	57 dezimal		VLSR	700	120	1000	300	600
5	EDB	Facit	16	50			120	120	500	150	
6	Pegasus	Ferranti	16				200	100	300	300	
7	1620	IBM					250	125	500	300	Schreibmasch.
8	1401	IBM	10	62	1	—	800	250	500	—	600
9	1410	IBM	20	62	2	LRSR	800	250	500	—	600
10	305	IBM	4	15	1	LR, SR	125	200	60		150
11	650	IBM	6	15	1	LR, SR	250	250	60		150
12	7070	IBM	40	62	4	VLSR	500	250			150
13	704	IBM	10	15	1	LR, SR	250	100			500 offline
14	7090	IBM	80	62	8	VLSR	250	100			150
15	7030 Stretch	IBM	256	62	32	VLSR	1000	250			
16	803	Elliot					100	100	400	100	
17	NCR 315	National	16	90			2000	250	1000	120	900
18	UCT	Remington	10	25	1	LR, SR	450	150			600

Speicher					Arithmetik u.Kommandowerk				Transistorisiert	Monatsmiete in ö. S	Ausgeliefert			
Kapazität in Worten	Medium	Wortlänge	Code	Mittlere Zugriffszeit in μs	Mittlere Additionszeit in μs	Indexregister	Eingebaute Gleitkomma-Operationen	Adressen im Befehl			Insgesamt	In Österreich	Bestellt in Österreich	1. Auslieferung
128 16.000	V T	12	d	300 11.000	1.360		nein	1	nein	300.000	110	0	0	1950
33.000 102.000	K T	4 6 24	a d b	10 10.000	50		ja	1	ja	1,200.000	12	0	0	1960
80 4.000	T T	10	d	850 8.500	1.700	1	ja	1	nein	210.000	125	1	0	1954
32.800 400.000	K T	27	b	8 16.000	64	ja		1	ja	100.000 ohne Bänder	14	0	0	1958
2.000 8.000	K T	40	b							2,400.000 Kaufpreis	3	0	0	
180 9.000	V T	6 39	d b	315						7,200.000 Kaufpreis	23	0	0	1955
20.000	K	1	d	20	560	0	nein	2	ja	42.000		0	0	
16.000	K	1	a	11,5	230	3	nein	2	ja	190.000		3	22	1960
40.000	K	1	a	4,5	110	15	nein	2	ja	340.000	0	0	1	1961
100 2.000 0,000.000	K T P	1	a	10.000 250.000	30.000	0	nein	2	nein	94.000	700	1	0	1957
60 4.000	K T	10	d	100 2.400	700	3	ja	1+1	nein	230.000	1250	5	1	1954
10.000	K	10	d	6	60	99	ja	1	ja	620.000	5	0	0	1960
32.000 8.000	K T	36	b	12	24	3	ja	1	nein	830.000	95	0	0	1955
32.000	K	36	b	2,2	4,4	3	ja	1	ja	1,650.000	10	0	0	1959
262.000	K	63	b	1	2		ja	1	ja	5,600.000		0	0	
8.200 Magnetfilm	K	39	b		580			1		80.000	46 einschl. Bestellungen			
40.000 0,000.000 Magnetkarten	K	3 2	d a	6 200.000	48	64	nein	1	ja	240.000	8 bestellt	0	0	1962
1.000 4.000	T T	10	d	425 1.700	85	3	nein	1+1	ja	230.000	110	4	1	1958

| Fortl. Nummer | Name | Erzeuger | Bänder | | | | Karten je Minute | | Streifen Zeichen je Sek. | | Drucker Zeilen je Minute |
			Anzahl	Lese- u. Schreibgeschwindgk. in 1000 Zeich. je Sek.	Kanäle	Gepuffert	ein	aus	ein	aus	
19	UNIVAC File Computer	Remington	31	10,4	10	LSR	240 offline	150	200	60	600
20	UNIVAC 1105	Remington	20	25	2	LSR	300 offline	120	200 offline	60	600 offline
21	UNIVAC I	Remington	ja				ja				
22	UNIVAC III	Remington	32	133 200	5	VLSR	700	300			700
23	UNIVAC LARK	Remington	60	200	10	VLSR					Film- drucker
24	LGP 30	Royal McBee	—	—	—	—	—		200	20	Schreibr
25	2002	Siemens	60	46	6	VLSR	650	250	400	60	2000?
26	ER 56	Standard Electric		70			300	250	530	300	1000
27	TR 4	Telefunken	64	37	8	ja	800	250	1000	300	1200
28	M 3	UdSSR							ja		
29	URAL II	UdSSR		40 binär			300	100	ja		1200
30	SETUN	UdSSR							400		Schreib- maschir
31	KIJEV	UdSSR							ja		100
32	BESM II	UdSSR		16 binär					ja		900
33	M 20	UdSSR					ja				
34	Z 22	Zuse	ja						200	25	Schreib- maschir
35	Z 23	Zuse					300	150	300	50	60
36	Z 31	Zuse					300	150	300	50	60

Speicher					Arithmetik u. Kommandowerk				Transistorisiert	Monatsmiete in ö. S	Ausgeliefert			1. Auslieferung
Kapazität in Worten	Medium	Wortlänge	Code	Mittlere Zugriffszeit in μs	Mittlere Additionszeit in μs	Indexregister	Eingebaute Gleitkomma-Operationen	Adressen im Befehl			Insgesamt	In Österreich	Bestellt in Österreich	
20 1.000 15.000	K T T	1 2	a	900 3.100 17.600	8.600	0	nein	3	nein	310.000	110	0	0	1956
12.000 32.000	K T	36	b	8 17.000	44	0	ja	2	nein	1,120.000	45 alle Typen 1101 bis 1105 zus.	0	0	1959
1.000	V	12	d	40,4				2	nein	670.000	48	0	0	1951
32.000	K	4 6 27	a d b	4,5	9	15	nein	1+1	ja	520.000		0	1	1962
97.000 6,000.000	K T	12	d	4	4	99	ja	1	ja	3,500.000		0	0	
4.000	T	31	b	8.500	2.260	0	nein	1	nein	29.000	425	0	0	1956
100.000 10.000 2,000.000	K T T	12 1	d a	5 19.000 290.000	90	4	ja	1	ja	350.000	14	0	0	1958
6.000 1.200	T K	14	d	10.000 10	300	8		1	ja	9,000.000 Kaufpreis		0	0	
33.000	K	8 11 46	a d b	2	5	ja	ja	1	ja		0	0	0	
möglich 2.000	K T	31	b		<670			2	nein		200	0	0	1957
2.000 8.000	K T	40	b	5.000	<200		ja	1	nein	1,500.000 Rubel Kaufpreis	350 I+II	0	0	1959
160	K T	9	ter- när		180		nein		teilw.			0	0	1959
1.000 24.000	K T	41	b		<170		nein	3	nein			0	0	1959
2.000 10.000	K T	39	b	20.000	70 Gleitkomma!		nur	3	nein			0	0	1958
	K	45	b		< 50			3				0	0	1960
25 8.200	K T	38	b	5.000	600	0	nein	1	nein	2,200.000 Kaufpreis ohne Bänder		1	0	1956
240 8.000	K T	40	b	5.000	300	ja			ja			0	0	
10.000	K T	10	d		420				ja			0	0	

kartenanlagen, vom Markt verdrängen werden — was ebenso sicher
falsch ist. Die Einführung neuer Rechenhilfsmittel hat immer wieder die
bereits bestehenden in ihrer Bedeutung verschoben. Es war aber nie
möglich, sämtliche Aufgaben, die mit den alten Mitteln behandelt
worden waren, besser und wirtschaftlicher mit den neuen Hilfsmitteln
in Angriff zu nehmen. Zum Beispiel sind durch die Einführung der
Tischrechenmaschinen die Logarithmentafeln stark in ihrer Bedeutung
zurückgedrängt worden. Es gibt aber Probleme, z. B. die Lösung von
Exponentialgleichungen, wo Logarithmen nach wie vor ein unentbehr-
liches Hilfsmittel darstellen. Genau das gleiche gilt für Rechenautomaten. Ich kenne kein Institut, das trotz eines vorzüglichen Rechenautomaten nicht auch Tischrechenmaschinen besitzt und benützt. Genauso ist mir keine große kommerziell eingesetzte Rechenanlage bekannt,
die nicht in irgendeiner Form Gebrauch von Lochkarten macht.

Wir wollen uns daher überlegen, von welchen Problemen wir erwarten
dürfen, daß sie in Zukunft zur Gänze von Rechenautomaten übernommen
werden und bei welchen Aufgaben dies voraussichtlich nicht der Fall
sein wird. Grundsätzlich läßt sich eine Schwierigkeit bei der Verwendung
von Rechenautomaten aufzeigen, die ihre Einsatzmöglichkeit begrenzt.
Das Programmieren ist eine zeitraubende Beschäftigung, und jedes
Programm muß durch ein Zahlenbeispiel geprüft werden, das mit herkömmlichen Mitteln durchgerechnet wurde. Das hat zur Folge, daß
Aufgaben, die nur ein einziges Mal auftreten, für Rechenautomaten
nicht geeignet sind, denn sie müssen vorher probeweise von Hand aus
bewältigt werden. Das gleiche gilt für jene Probleme, die nur einige
wenige Male durchzuführen sind. Bei ihnen amortisiert sich nicht die
langwierige Programmier- und Prüfzeit. Wollten wir z. B. unsere Schul-
kinder mit Rechenautomaten ausrüsten, um ihnen die Erledigung ihrer
Hausübungen zu erleichtern, so wäre den Sprößlingen damit kein Dienst
erwiesen. Um bei einem schiefwinkeligen Dreieck aus den Seiten
die Winkel zu bestimmen, wird wahrscheinlich ein Tag Programmier-
und Prüfzeit notwendig sein. Dann könnten durch einen Rechenautomaten 1000 oder mehr derartige Dreiecke in der Stunde aufgelöst
werden, was aber bei der Kürze heutiger Hausübungen unnötig ist. —
Ganz anders würde der Fall in einem Vermessungsamt liegen, wo die Auflösung eines Dreiecks zu den Standardaufgaben gehört, die jahraus, jahrein wiederkehren.

Gegen die Verwendung eines Rechenautomaten für die Lösung von
Hausübungen spricht noch eine grundsätzliche Erwägung, die aber
schon im Abschnitt 2 aufgerollt wurde: die Aufgabe wird durch den
Rechenautomaten nicht erleichtert, da der Rechenautomat dem Schüler
nicht das Denken abnimmt. Im Gegenteil, der Schüler müßte das mathematische Problem aus dem Effeff beherrschen, vielleicht sogar mehrere

Lösungswege überblicken (Kosinussatz, Halbwinkelsatz), um den für den zur Verfügung stehenden Automaten geeignetsten herauszusuchen. Neben die Beherrschung der Aufgabe müßte noch die Beherrschung des Rechenautomaten treten; die Aufgabe ist also nicht erleichtert, sondern erschwert worden. — Daß alle diese Ausführungen nicht nur für Schüler, sondern für jede Bedienungsmannschaft von Rechenautomaten gelten, leuchtet ein. Daher sind — wie schon erwähnt — alle Versuche, zur Programmierung von Rechenautomaten minderqualifiziertes Personal einzusetzen, gescheitert und haben allmählich ihr Ende gefunden. Wo eine Aufgabe von der bisherigen Durchführungsart auf Rechenautomaten umgelegt wird, muß das neue Personal mindestens ebenso hoch qualifiziert sein wie das alte. Wenn eine Einsparung eintritt, so wird das möglicherweise bei der Anzahl der benötigten Leute der Fall sein, sobald die Arbeit am Rechenautomaten eingespielt ist.

Wir wissen nun, daß Rechenautomaten dort einsetzbar sind, wo derselbe Rechenablauf genügend oft wiederkehrt. Dies ist vor allem bei kaufmännischen Problemen der Fall, wo mehr oder weniger einfache Rechnungen nach demselben Schema viele Male jahraus, jahrein ablaufen. Ich denke hier an Lagerhaltung und Materialverrechnung, Gehälter und Pensionen, Betriebsabrechnung und anderes mehr. Selbst auf diesem Gebiet gibt es aber Grenzen; ein Betrieb mit zehn Angestellten kann seine Gehaltsverrechnung besser und billiger ohne Rechenautomaten durchführen, während bei 1000 oder mehr Bediensteten ein solcher vorteilhaft eingesetzt werden kann. Man hat versucht, durch Austausch von Programmen zwischen den Benützern der Rechenautomaten die Programmierungskosten auf viele Interessenten zu verteilen und die Vorteile der Rechenautomaten auch kleinen und mittleren Betrieben zugänglich zu machen. Wir kommen auf diese Bestrebungen, denen nur ein beschränkter Erfolg beschieden war, nochmals zurück.

Da Rechenautomaten nach dem oben Gesagten für Probleme, die nur ein einziges Mal auftreten, ungeeignet sind, ist zunächst unverständlich, wieso sie bei wissenschaftlichen Berechnungen, die meist von derartiger Beschaffenheit sind, mit solchem Erfolg eingesetzt wurden. Dieser Sachverhalt wird verständlich, wenn man bedenkt, daß mathematische Verfahren einen großen Grad von Vereinheitlichung erreicht haben, so daß es genügt, *ein* Programm zum Auflösen linearer Gleichungssysteme oder zur Lösung von Differentialgleichungen zu entwickeln und es dann sämtlichen Benützern eines Automaten zur Verfügung zu stellen. Darüber hinaus bestehen die mathematischen Verfahren an sich oft aus der Wiederholung einer Anzahl immer gleicher Schritte, von denen nur ein einziger programmiert und geprüft zu werden braucht, während seine oftmalige Wiederholung dem Automaten überlassen bleibt. Ich denke hier

an Iterationsverfahren, wie das in C 5 behandelte Verfahren zum Wurzelziehen, Eliminationsverfahren zur Auflösung linearer Gleichungen, Einzel-
schrittverfahren für Differentialgleichungen, wie Runge-Kutta u. a. m.

Nachdem wir so die Durchführung einer Reihe von Aufgaben als
möglich für Rechenautomaten erkannt haben, drängt sich die Frage
auf, ob nicht trotzdem das Streben nach hohen Rechen-, Ein- und Aus-
gabegeschwindigkeiten zu einem Sport ausgeartet ist, der keinerlei
praktischen Wert besitzt. Wir werden gleich sehen, daß es tatsächlich
Probleme gibt, bei denen die Durchführung von Tausenden Rechenoperationen und Zehntausenden Lese- und Schreibvorgängen je Sekunde
eine Notwendigkeit wird.

Zunächst sind bei den kaufmännischen Problemen derartige *Rechen-*
geschwindigkeiten selten ausgenützt. Die Arbeitsgeschwindigkeit ist hier
durch die Ein- und Ausgabe begrenzt. Wenn z. B. ein großes Sozial-
versicherungsinstitut mit mehr als 100.000 Versicherten die täglich ein-
gehenden Prämienzahlungen evident halten und dabei Mahnwesen, Vor-
schreibung von Verzugszinsen, Einleitung der Exekution und alle damit
zusammenhängenden Teilbereiche vollautomatisch von einem Rechenautomaten erledigen lassen will, dann muß der gesamte Versichertenstock
mit allen wesentlichen Daten entweder im Rechenautomaten gespeichert
sein oder täglich den Automaten passieren. Im zweiten Fall, der der
häufiger eingeschlagene ist, sind Startzeiten von 10 ms für den Beginn
des Einlesens von Daten gerade noch ausreichend und anschließende
Lesegeschwindigkeiten von einigen Zehntausend Zeichen je Sekunde nicht
zu hoch.

Versucht man dagegen, alle notwendigen Daten zu speichern, dann
sieht man sofort, wie gerechtfertigt das Streben der Konstrukteure nach
billigen Speichern großer Kapazität und kleiner Zugriffszeit ist.

Bei mathematischen Fragestellungen tritt oft der umgekehrte Sachverhalt ein. Die Auflösung eines Gleichungssystems von 50 linearen
Gleichungen mit ebenso vielen Unbekannten mag auf einer Maschine
mittlerer Größe mehrere Viertelstunden erfordern. Das Resultat der
Rechnung besteht schließlich in 50 Zahlen, so daß die Ausgabezeit auf
jeden Fall — verglichen mit der Rechenzeit — klein ist.

Umfangreiche Gleichungssysteme treten in der angewandten Mathematik bei den verschiedensten Problemstellungen auf. Statische Berechnungen
für Staumauern gehören ebenso hierher, wie Festigkeitsuntersuchungen in
Betonfundamenten oder die Normalgleichungen zur Ausgleichung ein-
ander widersprechender Beobachtungen in der Geodäsie. Aber auch wirt-
schaftswissenschaftliche Aufgaben der linearen Planungsrechnung geben
zu umfangreichen Gleichungssystemen Anlaß, woraus erhellt, wie frag-
würdig die Unterscheidung zwischen „wissenschaftlichen" und „kaufmännischen" Aufgaben ist.

Ein anderer Problemkreis — der unter Umständen wieder auf Gleichungssysteme zurückgeführt wird — ist die Behandlung von Differentialgleichungen. Über seine Bedeutung braucht dem Naturwissenschafler nichts gesagt werden. Hier wurde durch den Einsatz von Rechenautomaten nicht nur die Behandlung umfangreicherer Systeme möglich als früher, was es gestattet, die den Problemen zugrunde gelegten Modelle zu verbessern; die Durchführung der Rechnung war auch in kürzerer Zeit möglich. Dies scheint zunächst ein unwesentlicher Vorteil, er wird aber entscheidend, wenn es, wie z. B. bei Wettervorhersagen, gilt, die Rechenergebnisse in verhältnismäßig kurzer Zeit zur Verfügung zu haben. Aus Beobachtungen eine 24stündige Wettervorhersage herzustellen, ist jedenfalls nur sinnvoll, wenn die Rechnung noch wesentlich vor Ablauf des Vorhersagezeitraumes beendet werden kann. Eine Vorstellung von dem notwendigen Arbeitsaufwand macht man sich durch folgende Überlegung. Die Näherungslösung für die partiellen Differentialgleichungen des Luftdruckverlaufs wird durch Zurückführen der Differentialgleichung auf eine Differenzengleichung erreicht, wobei das Vorhersagegebiet mit einem Netz von Gitterpunkten überdeckt wird. Die Genauigkeit der Rechnung wird besser, wenn dieses Netz engmaschig gewählt wird. Der Arbeitsaufwand steigt aber mit der dritten Potenz der Anzahl der Gitterpunkte. Man versuche einmal, zwei lineare Gleichungen mit zwei Unbekannten aufzulösen, deren Koeffizienten zehnstellige Zahlen sind und die keine ganzzahlige Lösung besitzen. 200 Gleichungen, wie sie bei der Wettervorhersage ohne weiteres auftreten können, erfordern den einmillionenfachen Arbeitsaufwand, 100.000 Additionen in der Sekunde sind hier keine übertriebene Forderung.

Von den zahlreichen statistischen Problemen, die für Rechenautomaten geeignet sind, ist vor allem die Einflußgrößenrechnung zu nennen. Ob es sich um die Abhängigkeit der Güte einer Stahlsorte von Beimengungen handelt oder die Beeinflußung der Milchleistung von Kühen durch die Witterung, immer kommt der gleiche mathematische Formalismus zum Einsatz.

Ein Aufgabenkreis, der in der letzten Zeit immer mehr an Bedeutung gewinnt, ist der der Reaktorprobleme. Es handelt sich hier um Fragestellungen, die meist sehr umfangreiche Rechenarbeit auslösen.

Die Anzahl derartiger Standardaufgaben ließe sich beliebig weit fortsetzen. Statt dessen möchte ich erwähnen, daß die Beschreibung der Bibliotheksprogramme für einen Rechenautomaten mittlerer Größe einen 400 Seiten starken Band einnimmt. Wohlgemerkt, es handelt sich bloß um eine Beschreibung der Programme, nicht um die Aufzeichnung der Programme selbst.

Neben den geschilderten Standardaufgaben wird an die Arbeitsgruppen, die zur Betreuung von Rechenautomaten eingesetzt sind, eine

Fülle von Wünschen zur Durchführung mehr oder weniger aus dem Rahmen fallender Aufgaben herangetragen, die für den Auftraggeber doch von entscheidender Bedeutung sind. Hier ist von Verkehrsprognosen in Großstädten bis zur Berechnung von Kenngrößen für Trägerfrequenzkabel so ziemlich alles vertreten, was überhaupt durch Maß und Zahl beschreibbar ist.

5. Die zukünftige Entwicklung

Vorhersagen über die zukünftige Entwicklung auf dem Gebiet der programmgesteuerten Rechenanlagen müssen mit einiger Vorsicht aufgestellt werden, da wir uns erst am Anfang einer Entwicklung befinden, die sich noch nicht in ausgefahrenen Bahnen bewegt. Sicher läßt sich aber eine quantitative Verbesserung aller Merkmale von Rechenautomaten vorhersagen: die kommerziell eingesetzten Maschinen werden rascher werden und jene Geschwindigkeit erreichen, die heute der Spitzengruppe vorbehalten ist. Die Ein- und Ausgabegeschwindigkeit wird steigen. Die Speicherkapazitäten werden zu- und die Zugriffszeiten abnehmen. Das klingt banal, kann aber fast eine Revolution bedeuten, wenn es gelingt, wirklich billige Speicher mit extrem kleinen Zugriffszeiten herzustellen[1].

Darüber hinaus wird auf dem kaufmännischen Sektor der Ein- und Ausgabe sowie der Übertragung von Daten besonderes Augenmerk zugewendet werden. Die Informationen, die für menschliche Arbeitskräfte unmittelbar verwertbar sind, unterscheiden sich heute von jenen Informationen, die ein Rechenautomat braucht. Weniger kompliziert ausgedrückt: Ein Mensch kann Schriftzüge lesen, nicht aber ein Rechenautomat, und mit Magnetbändern geht es leider umgekehrt. Hier hat bereits eine Entwicklung eingesetzt, die das Ziel hat, diese Schranken der Kommunikation zwischen Mensch und Maschine zu beseitigen. Ein Anfang wurde mit dem Bau von Geräten gemacht, die eine Information bei ihrer Herstellung in beiden Formen, der für den Menschen und der für die Maschine geeigneten, herstellen. Es gibt Schreibmaschinen, die gleichzeitig Lochkarten oder Lochstreifen herstellen, und Fernschreiber können so ausgerüstet werden, daß sie beim Empfang einer Botschaft nicht nur einen maschinell weiter verwertbaren Lochstreifen ausgeben, sondern auch Klarschrift erzeugen. Die schönen Möglichkeiten, die durch derartige Geräte geschaffen werden, sind heute noch lange nicht ausgeschöpft. Auf Beispiele wollen wir hier verzichten, um uns nicht vom Thema des Buches zu weit zu entfernen.

---

[1] Die Firma Remington kündigt soeben (Januar 1961) Speicher aus dünnen magnetischen Schichten mit Zugriffszeiten von 0,0000003 Sekunden an. Ein Rechenautomat mit diesem Speichermedium soll innerhalb von zwei Jahren erhältlich sein.

Eine noch wichtigere Möglichkeit besteht darin, die Maschinen unmittelbar zum Erkennen von Schriftzeichen zu befähigen. Hier ist ein enges Teilproblem bereits gelöst: Es ist möglich, Ziffern eines genormten Buchstabensatzes, die mit magnetischer Tinte gedruckt wurden, maschinell zu lesen, wovon z. B. bei der Verarbeitung von Schecks bereits praktisch Gebrauch gemacht wird.

Ein ähnliches Verfahren, das statt auf magnetischer Abfühlung auf photoelektrischer Abtastung beruht, wurde in FOSDIC (*F*ilm *O*ptical *S*ensing *D*evice for *I*nput to *C*omputers) entwickelt und wird erstmals bei der laufenden Volkszählung in den USA eingesetzt[1].

Diese geschilderten Erfolge dürfen aber nicht darüber hinwegtäuschen, daß die allgemeine Lösung des Problems, Zeichen zu erkennen, noch weit entfernt ist. In beiden geschilderten Fällen handelt es sich um einen streng genormten Satz von Zeichen, während Dokumente, die dieser Norm nicht unterliegen, nach wie vor unerkennbar bleiben. Für das Erkennen beliebiger Schreibmaschinenschrift z. B. sind heute hoffnungsvolle Ansätze vorhanden, aber auch nur diese. Einer befriedigenden Lösung stehen nicht nur die etwa 1100 gängigen Schriftsätze für Schreibmaschinen entgegen, sondern auch die Probleme, die sich aus verschieden stark angeschlagenen Typen derselben Schrift ergeben, ganz zu schweigen von Veränderungen der Zeichen durch abgenützte Farbbänder oder verschmutzte Typen. Die Erkennung von Handschriften, bei denen der Schreiber für denselben Buchstaben nie völlig gleiche Zeichen verwendet, liegt gänzlich im argen. Noch hoffnungsloser als das Erkennen von Zeichen ist die Identifizierung von Lauten. Es ist nicht möglich, einer Rechenmaschine ihre Befehle mündlich zu erteilen. Dabei sind bereits schöne Ansätze für Sprachübersetzung durch Rechenautomaten vorhanden, wobei gerade die schwierigen Kombinationen, wie englisch—japanisch oder französisch—russisch, die interessanten sind. Vollständig gelöst ist dieses Problem erst für den sehr speziellen Fall der Übertragung vom Text einer Sprache in Blindenschrift derselben Sprache. Aber auch das allgemeine Sprachübersetzungsproblem wird voraussichtlich schon in naher Zukunft einer brauchbaren Lösung zugeführt werden. Hier wäre es nun besonders wichtig, eine Übersetzungsmaschine wie einen Simultandolmetsch arbeiten zu lassen, was aber an der Fähigkeit der Maschinen scheitert, gesprochene Laute zu erkennen.

Die Pflege der Ein- und Ausgabe ist ein Hauptanliegen des kommerziellen Einsatzes von Rechenautomaten, sie ist aber nicht darauf beschränkt. Gerade eine sehr interessante Möglichkeit wurde vor kurzem durch den Ramo-Woolridge Computer eröffnet, der Analog-

---

[1] Inzwischen wurde auch ein "Optical Character Reader" von IBM entwickelt.

eingabe mit automatischer Analog-Digital-Umwandlung und ebenso
Analogausgabe mit automatischer Digital-Analog-Umwandlung besitzt.

Erläutern wir seine Anwendung an einem einfachen Beispiel der
chemischen Praxis: Ein (diskontinuierlicher) Prozeß soll so geführt
werden, daß die Ausbeute an
einem bestimmten Endprodukt
ein Maximum wird. Wir wissen,
daß das dann eintritt, wenn die
Zusammensetzung in Abhängigkeit von der Zeit vorgeschriebene Werte annimmt, wie dies
in Abb. 3 durch die ausgezo-
gene Kurve dargestellt ist. Wir
nehmen weiter an, daß wir die
Änderung der Zusammensetzung
selbst durch die Temperatur
beeinflussen können. Damit hat
das Problem zunächst nichts

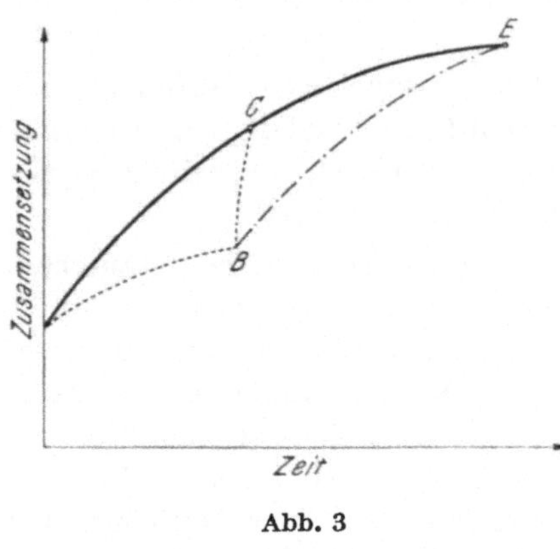

Abb. 3

mit Rechenautomaten zu tun, wir benötigen lediglich einen Regler, der
die Temperatur in den gewünschten Grenzen hält. Nun entstammt aber
unser Wissen über die Beziehung zwischen Temperatur und Änderung
der Zusammensetzung einer Modellvorstellung, die die Wirklichkeit nur
mehr oder weniger gut widerspiegelt. Der Effekt eines solchen „fehler-
haften“ Modells wird sein, daß trotz Einhaltung der vorgeschriebenen
Temperatur die Zusammensetzung nach B auszuwandern beginnt (punk-
tierte Linie). Derselbe Effekt kann eintreten, wenn zwar unser Modell
stimmt, aber z. B. die Zusammensetzung der Ausgangsstoffe anders als vor
geschrieben war. Wir wollen nun von B nach E gelangen. Wir könnten
trachten, den Punkt C zu erreichen und dann auf der optimalen Kurve
CE fortzuschreiten. Der Gesamtweg BCE wird aber keineswegs mehr
der bestmögliche sein. Besser wäre die strichpunktierte Kurve BE ein-
zuhalten, für die wir aber leider im allgemeinen nicht mehr wissen
werden, wie die Temperatur geführt werden muß. Hier kommt nun der
Rechenautomat ins Spiel, denn mit seiner Hilfe läßt sich der Sollverlauf
der Temperatur in genügend kurzer Zeit ermitteln. Auf diese Weise läßt
sich auch mit einem verhältnismäßig rohen Modell oder mit sehr fehler-
haften Ausgangsdaten eine nahezu optimale Prozeßführung erreichen.

Als Angabe für die Ermittlung der Temperatur in Abhängigkeit von
der Zeit braucht der Rechenautomat die Koordinaten des Punktes B,
auf den der Prozeß augenblicklich ausgewandert ist. Besonders gut
verwendbar wird ein solcher Automat dann, wenn es möglich ist,
die Koordinaten von B analog, etwa in Form von Spannungen, wie sie
aus den Meßgeräten für Zeit und Zusammensetzung kommen können,

einzugeben und mit ihnen digital weiterzurechnen. Diese Möglichkeit zeichnet den genannten Automaten von Ramo Woolridge aus.

Befassen wir uns nun mit der Bedienung der Rechenautomaten. Hier darf man erwarten, daß in Zukunft angestrebt wird, diese zu vereinfachen. Soweit hiervon das Programmieren betroffen ist, werden wir in Kapitel F ausführlich sehen, welcher Krücken man sich derzeit bedienen muß.

Jedoch auch bei den Daten wäre Standardisierung zu wünschen und zu erwarten. Es sollten Angaben nicht nur auf verschiedenen Anlagen verwendbar werden, sondern auch Ergebnisse einer Maschine sofort als Eingabe für einen anderen Rechenautomaten verwendet werden können. Bei Ein- und Ausgabe durch Lochkarten ist dies der Fall, seit Remington Rand neben seinen 90spaltigen auch 80spaltige Karten verwendet. Bei Magnetbändern dagegen gibt die Unverträglichkeit der einzelnen Systeme untereinander Anlaß zu Schwierigkeiten. In einzelnen Fällen, wo Geschäftspartner zufällig gleiche Anlagen besaßen, wurden durch den Austausch von Bändern schöne Erfolge erzielt. So nimmt in den Vereinigten Staaten die Social Security Angaben über Versicherte von ihren Dienstgebern in Form von Magnetbändern entgegen. Für österreichische Verhältnisse entspricht dies etwa folgendem Vorgang: Die Kankenkasse ist bereit, mit Betrieben, die Rechenanlagen besitzen, ihren gesamten Geschäftsverkehr, der sich auf die Versicherten bezieht, durch den Austausch von Lochkarten abzuwickeln.

Ein von uns bereits aufgezeigter Übelstand bei der Ausnützung von Rechenanlagen besteht darin, daß bei kaufmännischen Aufgaben die Arbeitsgeschwindigkeit meist durch die Ein- und Ausgabe begrenzt ist, während bei wissenschaftlichen Arbeiten die Rechengeschwindigkeit den Ausschlag gibt und Ein- und Ausgabe über lange Zeiten untätig verbleiben. Als Abhilfe kommt hier für große Anlagen eine Einrichtung in Frage, die als Time-sharing bezeichnet wird und bereits in einigen Maschinen eingebaut ist (X 1, eine holländische Fertigung; GAMMA 60 von Bull; G 20 von Bendix; 7000er Serie von IBM). Bei Time-sharing sind die einzelnen Einheiten einer Maschine, wie Ein- oder Ausgabe und Arithmetik, voneinander unabhängig und suchen sich ihre Aufgaben selbst auf Grund einer vorgegebenen Prioritätsskala aus, so daß mehrere Programme gleichzeitig abgewickelt werden können. Nehmen wir als Beispiel an, auf einer Anlage soll ein kaufmännisches und ein wissenschaftliches Problem durchgeführt werden, wobei die kaufmännische Arbeit dringender ist. Dann ordnen wir der kaufmännischen Arbeit die Priorität 1, der wissenschaftlichen die Priorität 2 zu und laden beide Programme. Nun beginnt die kaufmännische Arbeit abzulaufen. Bald wird der Fall eintreten, daß die Arithmetik durch die Ein- und Ausgabe blokkiert ist. Die Arithmetik bleibt aber deshalb nicht untätig, sondern rechnet inzwischen am wissenschaftlichen Programm weiter. Sobald das kaufmännische Programm wieder Rechnung erfordert, wird das wissenschaftliche unterbrochen, da es die geringere Priorität besitzt, um der kaufmännischen Rechnung Platz zu machen und im geeigneten Augenblick dort fortgesetzt zu werden, wo es unterbrochen wurde. Auf diese Weise werden alle Teile des Rechenautomaten besser ausgenützt, und zwei oder mehr Programme können mit geringerem Zeitaufwand abgewickelt werden, als wenn man sie nacheinander laufen ließe. Natürlich gilt das Gesagte nur von Programmen, die sich ergänzen. Zwei kaufmännische Programme, die beide in ihrer Laufzeit durch die Geschwindigkeit der Ein- und Ausgabe bestimmt sind, können auch auf einer Maschine mit Time-sharing nicht kombiniert werden.

Als letztes kommen wir nochmals auf die Frage zurück, ob Maschinen denken können, erinnern uns aber an unsere Ablehnung des Namens „Elektronengehirn". Die hitzigen Debatten, die zu diesem Thema oft ausgefochten werden, haben alle ihren Ursprung darin, daß die Streitpartner nicht übereinkommen, was sie unter „Denken" verstehen wollen. Wenn man das festsetzt, dann ist auch die Frage, ob Maschinen denken, ohne weitere Debatte entscheidbar.

Da eine Definition von „Denken" hier nicht möglich ist, wollen wir uns darauf beschränken, einige Dinge aufzuzählen, die man üblicherweise nicht von einem Rechenautomaten erwartet, die er aber trotzdem bewältigt. Da sind die bereits gestreiften Themenkreise der Zeichenerkennung und Sprachübersetzung zu nennen, aber auch die Fähigkeit, Spiele wie Dame oder Schach gegen menschliche Partner durchzuführen, gehört hierher. Die besten Maschinen der Gegenwart sind vorzügliche Damespieler, während sie bei Schach nicht über die Spielstärke eines Anfängers hinauskommen, zumindest soweit das Mittelspiel betroffen ist. Der Grund hierfür ist wahrscheinlich darin zu suchen, daß erstens die Anzahl der Speicherzellen bei den großen Maschinen noch immer viele Größenordnungen hinter der Anzahl der menschlichen Gehirnzellen zurückbleibt, aber auch darin, daß sich der menschliche Spieler Gefühlswerte, wie den Begriff der „Position", schafft, die bisher noch nicht in adäquater Weise programmiert werden konnten.

Mit der letzten Bemerkung scheint die Frage ad absurdum geführt zu sein, da nun der Einwand herausgefordert wird: Jede Maschine ist so klug wie der Mann, der sie programmiert, und die Debatte über „Denken" oder „Nichtdenken" ist hinfällig. Dieser Einwand ist aber deshalb nicht stichhältig, weil sich — gerade am Beispiel des Damespiels — gezeigt hat, daß Maschinen lernen können. Es wurde ein Programm entwickelt, das die Maschine behalten läßt, welche Zugfolgen im Spiel zu Verlust geführt haben. Solche Zugfolgen werden nun durch die Maschine durch andere, besser scheinende ersetzt. Bei einem Turnier, das Dameexperten in Paris gegen einen Rechenautomaten spielten, waren die menschlichen Teilnehmer überrascht über die guten Fortschritte der Maschine, die dazu führten, daß sich ihre Spielstärke während des Turniers wesentlich erhöhte.

Mit dieser Fähigkeit tut sich die Möglichkeit auf, die Maschine gegen sich selbst spielen zu lassen und dadurch ihre Spielweise zu verbessern. Das heißt, ursprünglich genügt es, die Spielregel und eine verhältnismäßig schwache Strategie zu programmieren, die Maschine wird dann lernen, ihr eigenes Programm zu verbessern. Ob sich diese Technik so weit ausbauen läßt, daß auch bei kaufmännischen und wissenschaftlichen Problemen wesentliche Teile der Programmierarbeit dem Rechenautomaten übertragen werden können, wird die Zukunft weisen.

Jetzt bleibt noch die Frage offen, wie weit schöpferische Tätigkeit von Maschinen ausgeführt werden kann, wobei wir einer Definition des Begriffs „schöpferisch" wieder aus dem Weg gehen.

Man hat z. B. Rechenautomaten komponieren lassen. Die bisher erreichte musische Leistung verschiedener Rechenautomaten ist aber nur als Kuriosum und nicht als schöpferische Tat zu werten (womit nicht behauptet ist, daß von menschlichen Komponisten stets bessere Leistungen gesetzt werden).

Rechenmaschinen können keine freien Willensäußerungen von sich geben, zumindest nicht, solange sie ordnungsgemäß funktionieren. Auch hier handelt es sich aber um ein weltanschauliches Problem, denn wer etwa als Materialist Freiheit des Willens überhaupt bestreitet, der wird sich auch nicht wundern, daß Maschinen über keinen freien Willen verfügen. Übrigens kann man durch Einbau von physikalischen „Zufallsgeneratoren" die Maschinen zu Leistungen bringen, die einer Willensäußerung zumindest sehr ähnlich sehen. Allerdings bleiben zwei wesentliche Einschränkungen beim Vergleich der Tätigkeit einer Maschine mit menschlicher Denktätigkeit in jedem Fall bestehen: Eine Maschine ist nicht imstande, meta-theoretische Sätze zu beweisen. Darüber hinaus ist sie — da sie über keine selbständigen Auswahlgesichtspunkte im Verkehr mit der Außenwelt verfügt — darauf beschränkt, sich mit jenen Sachgebieten zu befassen, die ihr von außen vorgeschrieben werden.

Wenn wir von schöpferischer Tätigkeit sprechen, so müssen wir sagen, daß diese von einigen Kritikern nicht nur den Maschinen, sondern auch ihren Konstrukteuren und Benützern abgesprochen wird. Abgesehen vom unzulässigen Umfang einer solchen Kritik läßt sich ihren Urhebern, soweit sie sich als Verfechter der reinen Mathematik fühlen, etwa auch entgegenhalten, daß kürzlich ein Rechenautomat die Sätze in den ersten Kapiteln der Principia Mathematica von Russel und Whitehead in einigen Minuten aufgestellt und bewiesen hat. Es soll damit nicht

gesagt werden, daß die Zukunft der Rechenautomaten im Erstellen von
Beweisen liegt. Es sollte nur gezeigt werden, daß auch das möglich ist.
Es bleibt nun dem persönlichen Geschmack überlassen, ob man diesen
Erfolg den Erbauern oder den Programmierern der Rechenanlage zugute
halten will oder beiden.

B. Beschreibung einer hypothetischen, aber typischen Maschine

Wir haben in Kapitel A das Programmieren mit der Tätigkeit eines Dolmetschers verglichen, der aus der Formelsprache des Mathematikers oder der Fachsprache des Kaufmanns in die Maschinensprache übersetzen muß. Dies ist an sich schon ein bedauerlicher Tatbestand. Es wäre schön, wenn Rechenautomaten die Formelsprache des Mathematikers oder die Fachsprache des Kaufmanns unmittelbar verstünden, was jedoch nicht der Fall ist. Darüber hinaus gibt es praktisch nicht zwei Rechenautomaten, die dieselbe Maschinensprache besitzen. Die Tätigkeit des Programmierers als Dolmetsch erstreckt sich also nicht nur darauf, in eine Maschinensprache zu übersetzen, sondern er muß — will er eine ganz bestimmte Maschine bedienen — gewissermaßen einen speziellen Dialekt der Maschinensprache kennen und anwenden.

Dieser Sachverhalt ist darin begründet, daß wir am Anfang einer Entwicklung stehen, in der jeder Konstrukteur seine guten Gedanken zu einer Maschinensprache zusammengefaßt hat. Es fehlt jener jahrhundertealte Prozeß des Abschleifens aller Ungleichheiten durch den gemeinsamen Gebrauch, der bei der mathematischen Formelsprache heute vollzogen ist. Erfolgversprechende Ansätze auf diesem Gebiet sind bereits vorhanden, und wir werden uns später mit ihnen auseinanderzusetzen haben. In diesem Kapitel sehen wir uns aber vor die Tatsache gestellt, daß wir nicht Programmieren für Rechenautomaten schlechthin, sondern nur Programmieren einer bestimmten Maschine lernen können. Als Trost soll gesagt sein, daß die Rechenmaschinen gewisse gemeinsame Grundzüge aufweisen, so daß man die Sprache einer neuen Maschine sehr rasch erlernen kann, wenn man einmal eine Maschinensprache fließend beherrscht. Darüber hinaus wird es uns aus der Kenntnis des Programmierens einer Maschine später möglich sein, Programme zu entwickeln, die — wenn nicht für alle — so doch für sehr viele Maschinen Gültigkeit besitzen. Bis dorthin ist aber noch ein weiter Weg zurückzulegen, und wir haben uns hier zunächst mit einer speziellen Maschine auseinanderzusetzen.

Als nächstes erhebt sich die Frage, welche Maschine wir als Prototyp heranziehen sollen. Wenn wir irgendein augenblicklich auf dem Markt befindliches Gerät auswählen, so bevorzugen wir damit das Erzeugnis einer bestimmten Firma und setzen die Erzeugnisse anderer Gesellschaften hintan. Nun gibt es aber nicht eine beste Maschine, die man auswählen könnte, sondern für verschiedene Aufgaben werden verschiedene Maschinen das bestgeeignete Mittel darstellen. Die Auswahl eines Fabrikats enthält daher stets einen Faktor von Willkür oder persönlichem Geschmack, was wir womöglich vermeiden wollen. Aus dieser Schwierigkeit gibt es einen Ausweg: Wir wollen selbst eine Maschine entwerfen und wollen das laufende Kapitel der Beschreibung dieser Maschine widmen. Dabei soll die Beschreibung hauptsächlich jene Dinge enthalten, die den Programmierer interessieren, und nicht technische Einzelheiten, die einen Amateur befähigen, die Maschine wirklich zu bauen. Es wird sich auch nicht um eine neue Maschine handeln, die anders ist als alles Dagewesene, denn das hieße die Verwirrung auf diesem Gebiet zu vermehren. Unsere Maschine soll vielmehr typisch in dem Sinne sein, daß sie einige gute und erprobte Eigenschaften von Maschinen aller Fabrikate in sich vereint, denn wir brauchen zum Glück keinerlei Rücksicht auf bestehende Patente zu nehmen. Darüber hinaus soll unsere Maschine eine pädagogische Maschine sein, die besonders leicht und durchsichtig zu programmieren ist, denn wir brauchen auch keine Rücksicht auf den Techniker zu nehmen, der gewisse Eigenschaften nur schwer und unter hohen Kosten oder unter Beeinträchtigung der wirtschaftlichen Arbeitsweise der Maschine verwirklichen könnte. Das soll aber nicht so weit führen, daß wir uns von technisch verwirklichten Maschinen zu sehr entfernen. Wir wollen lediglich des besseren Verständnisses wegen einige Eigenschaften rein herausschälen, die in bestehenden Maschinen aus technischen oder wirtschaftlichen Gründen verwischt und mit unwesentlichen Details versehen sind. Um stets auf dem Boden der Tatsachen zu bleiben, wollen wir bei der Beschreibung jeder Einzelheit unserer Maschine auf derzeit auf dem Markt befindliche Erzeugnisse hinweisen, die die gleichen Eigenschaften besitzen ohne dabei Vollständigkeit anzustreben. Auch mögliche Abarten der behandelten Eigenschaften wollen wir unter Nennung des Fabrikats, bei dem diese Variante auftritt, würdigen.

Um von unserer Maschine leichter sprechen zu können, wollen wir ihr einen Namen geben, wobei dieser Name möglichst typisch sein soll. Wir zählen daher zuerst die Namen einiger bestehender Rechenautomaten auf, wobei wir drei Gruppen unterscheiden können. In die erste Gruppe gehören streng sachliche Bezeichnungen durch Buchstaben oder Zahlen, z. B.:

<pre>
650   von IBM
1105   von Remington
2002   von Siemens
Z 22   von Zuse
</pre>

G 20   von Bendix
305   von Borroughs

die zweite Gruppe enthält phantasievolle Namen:

Whirlwind
Mailüfterl
Stretch
Mark
Lark

und die dritte Gruppe beinhaltet Kompromisse aus beiden. Zuerst wird ein Name erfunden, dann aber nur eine abgekürzte Bezeichnung, die meist aus den Anfangsbuchstaben des Namens besteht, verwendet:

SEAC	National Buro of *S*tandard *E*astern *A*utomatic *C*omputer
NORC	*N*aval *O*rdnance *R*esearch *C*alculator
ENIAC	*E*lectronic *N*umerical *I*ntegrator *A*nd *C*omputer
EDVAC	*E*lectronic *D*iscrete *V*ariable *A*utomatic *C*omputer

Wir wollen uns der dritten Gruppe anschließen und für unsere Maschine die Bezeichnung

TEICO   *T*ypischer *EI*nadreß *CO*mputer

wählen. Dabei ist Computer die englische Bezeichnung für Rechenautomat und die Bedeutung des Begriffes Einadreßmaschine wird in B 4 erklärt. Im folgenden beschreiben wir alle wesentlichen Merkmale von TEICO, insbesondere Ein- und Ausgabe, Speicher, Rechenwerk, Kommandowerk und Befehlsliste, wobei wir gleichzeitig einen Überblick über wesentliche Merkmale bestehender Rechenmaschinen geben.

1. Ein- und Ausgabe

Die Ein- und Ausgabe ist logisch der unwesentlichste Teil der Maschine. Es ist aber jener einzige Teil, durch den sie mit der Außenwelt in Verbindung tritt, und deshalb wollen wir Ein- und Ausgabe an die Spitze stellen.

Die meisten Tischrechenmaschinen besitzen eine Eingabe mittels eines Tastenfeldes oder einer Hebelreihe. Als Ausgabe dient ein Schaufenster, in dem das Resultat abgelesen werden kann. Bei den meisten programmgesteuerten Rechenautomaten ist Eingabe über ein Tastenfeld und Ausgabe durch Ablesen der Zahlen ebenfalls möglich. Gebrauch gemacht wird von dieser Möglichkeit aber nur in Ausnahmefällen, z. B. beim Programmprüfen. Das hat seinen Grund darin, daß diese Ein- und Ausgabe viel zu langsam ist. Es wäre sinnlos, Maschinen zu bauen, die Tausende Additionen in der Sekunde ausführen können, die zu addierenden Zahlen aber von Hand mit einer Geschwindigkeit von einer Zahl in 10 Sekunden einzugeben. Genau das gleiche gilt für die Ausgabe durch Ablesen. Hierzu kommt, daß die Ausgabe oft bei einem anderen Rechenprozeß als Eingabe dient und Fehler beim Ablesen, Niederschreiben und neuerlichem Eintasten von Daten nur zu oft auftreten. Wir brauchen daher andere, rascher und möglichst fehlerfrei arbeitende Möglichkeiten zur Ein- und Ausgabe. So gut wie alle Maschinen benützen dazu eines der folgenden Hilfsmittel: Lochstreifen, Lochkarte und Magnetband.

Für die Eingabe mittels Lochstreifens werden die einzugebenden Zahlen oder Informationen manuell mit einer Art Schreibmaschine in einen Papierstreifen gelocht. Welche Kombinationen von Lochungen man den einzelnen Zahlen zuordnen kann, ist in KNÖDEL geschildert. Die Verschlüsselung erfolgt dabei selbsttätig durch die Schreibmaschine. Wird z. B. die Taste „E" angeschlagen, so wird im Streifen die dem E entsprechende Lochkombination angebracht und der Streifen um eine Stelle weitertransportiert, um zur Aufnahme des nächsten Zeichens bereit zu sein. Jeder Postfernschreiber leistet diese Aufgabe, da auch im Fernschreibdienst Lochstreifen Verwendung finden. Die Eingabe in den Rechenautomaten erfolgt so, daß der Streifen mechanisch oder photoelektrisch abgetastet wird und die abgefühlten Zeichen in der Rechenmaschine gespeichert werden, wobei über die eigentlichen Rechenvorgänge noch zu berichten sein wird.

Ähnliches gilt für die Eingabe mittels Lochkarten, nur daß an die Stelle des Papierstreifens Kartonkarten treten, deren jede bis zu 80 (IBM, Bull, Remington Rand) bzw. 90 (Remington Rand) Zeichen aufnehmen kann. Eine ganze Industrie beschäftigt sich seit Jahrzehnten und völlig unabhängig von der Verwendung der Lochkarten bei Rechenautomaten mit der Herstellung von Geräten zum Einlochen von Zeichen in solche Karten.

Auf dem Magnetband sind Zeichen, ähnlich wie bei einem handelsüblichen Magnetophon Sprache oder Musik, in Form unsichtbarer magnetischer Zeichen festgehalten. Zur unmittelbaren Beschriftung des Bandes von Hand aus steht ein Gerät von Remington Rand, der Unityper, zur Verfügung.

Nach der manuellen Eintragung der Informationen auf Lochstreifen, Lochkarten oder Magnetbänder muß eine Prüfung der eingetragenen Informationen die unvermeidlichen menschlichen Fehler auf ein Minimum herabdrücken. Eine Reihe sinnreicher Geräte wurde dazu konstruiert.

Sicher ist vielen Lesern bereits aufgefallen, daß durch die Eingabe mittels Lochstreifens, Lochkarte oder Magnetbandes keineswegs eine Arbeitsersparnis gegenüber der Eingabe mittels Drucktasten eintritt. Es liegt im Gegenteil ein Umweg vor. Zuerst werden die Daten statt in die Maschine auf ein Eingabemedium geschrieben und dann werden sie von diesem Medium in die Maschine gelesen.

Wenn sich trotzdem die drei genannten Informationsträger durchgesetzt haben, so liegt dies daran, daß die manuelle Arbeit nun unabhängig von der Maschine erfolgt. Das Eingabemedium kann vorbereitet werden, während die Maschine an anderen Aufgaben rechnet. Die Vorbereitung des Eingabemediums erfolgt „off line", wie der entsprechende Fachausdruck lautet, und erst nach Beendigung dieser Arbeit, deren Geschwindigkeit durch das menschliche Tempo bestimmt ist, wird das Medium in die Maschine eingebracht, jetzt aber mit höherer Geschwindigkeit, als dies bei unmittelbarer Eingabe möglich wäre, wie die Tabelle 2 zeigt. Bei allen Tätigkeiten, die die Maschine unmittelbar betreffen, also beim Einlesen der Information bzw. bei der eigentlichen Rechnung, spricht man von „on line"-Tätigkeiten.

Es versteht sich, daß im allgemeinen mehrere oder viele menschliche Arbeitskräfte damit beschäftigt sind, das Datenmaterial für eine einzige Maschine bereitzustellen.

Tabelle 2

	Eingabe-geschwindigkeit (Zeichen/Sekunde)	Ausgabe-geschwindigkeit (Zeichen/Sekunde)
Lochstreifen	1.000	150
Lochkarte	500	250
Magnetband	50.000	50.000
Drucker	—	1.200

Die Ausgabe der Resultate kann wieder auf Lochstreifen, Lochkarten oder Magnetband erfolgen und erfüllt daher unsere Forderung, unmittelbar und ohne menschliche Zwischenbearbeitung als Eingabe für weitere Rechnungen dienen zu können.

Ferner sind Geräte erhältlich, die den Austausch der drei genannten Medien untereinander ohne menschliches Zutun gestatten. Man kann z. B. aus Lochkarten automatisch Lochstreifen herstellen und umgekehrt.

Das Magnetband, das weitaus an erster Stelle steht, was Geschwindigkeit anbelangt, benötigt aber auch wesentlich kostspieligere Abfühleinrichtungen, so daß es nur bei großen Maschinen verwendet wird. Nur dort ist die eingesparte Zeit so wertvoll, daß sie die Installation von Magnetbändern rechtfertigt.

Der in Tabelle 2 ebenfalls genannte Drucker kommt zu den drei erwähnten Möglichkeiten noch hinzu, soweit die Ausgabe betroffen ist. Eine Eingabe gedruckten Materials ist — wie schon in Kapitel A erwähnt — ohne menschliches Zutun derzeit noch nicht möglich. Diesem Nachteil steht der Vorteil der unmittelbaren Lesbarkeit bei der Ausgabe gegenüber. Ein angeschlossener Drucker (online printer) wird daher bei kleinen und mittleren Maschinen oft verwendet, bei großen dagegen selten. Hier macht man sich die rasche Magnetbandausgabe zur Regel und druckt anschließend offline — während die Maschine andere Rechnungen ausführt — vom Magnetband weg. Übrigens ist auch das Drucken aus Lochkarten bzw. Lochstreifen möglich, nur sinkt dabei die Druckgeschwindigkeit stark ab, nämlich auf etwa 250 bzw. 10 Zeichen je Sekunde.

Zusätzlich zum bisher über Ein- und Ausgabe Gesagten finden in letzter Zeit eine Reihe interessanter technischer Möglichkeiten Anwendung, so die Ausgabe von Zahlenwerten als Kurve (Punktmosaik) auf einem Fernsehschirm (Siemens 2002) oder die automatische Registrierung ausgegebener Daten auf Mikrofilm.

Wir haben im vorhergehenden einen allgemeinen Überblick über Ein- und Ausgabe erhalten und müssen uns nunmehr mit unserer Maschine TEICO beschäftigen. Wir müssen aber keineswegs — wie man zunächst erwarten könnte — angeben, welche der aufgezählten Möglichkeiten zur Ein- und Ausgabe TEICO tatsächlich besitzt. Es wird vielmehr genügen, zu wissen, daß TEICO die Fähigkeit hat, Daten aufzunehmen, und ebenso die Fähigkeit, Daten wieder auszugeben. In welcher der angegebenen Formen diese Daten speziell für TEICO vorhanden sein müssen, wird sich zunächst als belanglos für das Programm herausstellen. Es wird erst später, wenn wir uns mit den notwendigen Zeiten für den Ablauf von Programmen beschäftigen, von Wichtigkeit sein, und das ist einleuchtend, wenn wir uns die Tabelle 2 mit ihren verschiedenen Zeiten vor Augen halten. TEICO könnte sogar — wie das bei großen Maschinen der Fall ist — mehrere der angeführten Einrichtungen zur Ein- und Ausgabe besitzen. Um das Folgende nicht zu erschweren, wollen wir aber annehmen, daß TEICO sowohl für die Ein- als auch für die Ausgabe nur eine einzige der angeführten Möglichkeiten besitzt. Wer gern gegenständlich denkt, kann sich am besten vorstellen, daß sowohl Ein- als auch Ausgabe bei TEICO über Magnetbänder erfolgt.

Während das Festlegen der Ein- und Ausgabe vom Technischen her keine Schwierigkeiten bereitet hat, wird sich bezüglich des Formats der Ein- und Ausgabe die Notwendigkeit ergeben, unsere aus dem Alltag übernommenen Denkgewohnheiten zu ändern. Ein Briefschreiber, ob er nun Handschrift oder Schreibmaschine benützt, hat weitgehende Freiheit in der Länge und Gliederung der Information, die er mit dem Brief zu übermitteln gedenkt. Er ist zwar an die Verwendung einer sehr beschränkten Anzahl von Zeichen — Buchstaben, Ziffern, Zwischenräumen und Satzzeichen — gebunden, aber bereits die Wörter, die er aus diesen

Zeichen formt, besitzen verschiedene Länge, und noch viel mehr gilt das von der Länge seiner Sätze. Das Aussehen eines Briefes schließlich ist durch das Papierformat nur sehr grob bestimmt. Der Schreiber kann Teile des Papiers freilassen oder aber sehr eng unter Ausnützung des ganzen Blattes schreiben und anderes mehr. Das alles gilt aber nicht für Rechenautomaten. Hier sind wir in der Aufmachung der Information an sehr einschneidende Regeln gebunden, die ihren Ursprung hauptsächlich in der starren Einteilung des Speicherraumes haben, den wir in B 2 besprechen wollen.

Im folgenden führen wir solche Regeln für TEICO an, die den Gebrauch von

1. Zeichen
2. Wörtern
3. Sätzen

erläutern. Diese Regeln klingen zunächst sehr abstrakt und konstruiert. Wir werden sie daher durch Beispiele beleben und später im Text zu begründen suchen.

TEICO kann insgesamt 51 verschiedene *Zeichen* unterscheiden, nämlich 0 1 2 3 4 5 6 7 8 9 A B C D E F G H I J K L M N O P Q R S T U V W X Y Z , . „ " ! ? ( ) / $=$ $+$ $-$ $\times$: z. TEICO unterscheidet also insbesondere nicht zwischen Klein- und Großbuchstaben. Das Zeichen z für „Zwischenraum" ist nicht sehr bequem, das Freilassen des Platzes wie im Druck wäre naheliegender und übersichtlicher. Es bringt aber den Nachteil mit sich, daß sich dann ein Zwischenraum nicht mehr von „gar nichts" unterscheiden ließe, also von einem freien Platz, der irrtümlich leer geblieben ist. Als Beispiel wählen wir die Zeichenfolge

LANDzINzSICHT

Wenn wir diese Zeichenfolge z. B. mit dem Unityper auf Magnetband schreiben wollen, müssen wir der Reihe nach folgende Tasten betätigen:

„L", „A", „N", „D", „ZWISCHENRAUM", „I", „N" usw.

An den tatsächlich auszuführenden Handgriffen hat sich also nichts geändert. Bei Betätigen der Taste „Zwischenraum" wird aber auf dem Band nicht ein leerer Platz angebracht, sondern das Zeichen z geschrieben. Wenn wir nun den Inhalt des Bandes hier in diesem Buch in Druck wiedergeben wollen, verwenden wir das gleiche Zeichen und schreiben

LANDzIN usw.

Diese Zeichenfolge wird von der Maschine angenommen, dagegen nicht die Folge

LAND IN usw.

wo der Zwischenraum diesmal für „gar nichts" steht. Hier würde die Maschine unter gleichzeitiger Anzeige eines Eingabefehlers stoppen.

Das Vorstehende scheint unnötig umständlich, es schließt aber, soweit die Maschine betroffen ist, eine wertvolle Kontrollmöglichkeit ein. Nehmen wir z. B. an, der Text sollte

LANDEIN . . . usw.

lauten und das „E" ist fälschlich ausgeblieben. Auf dem Band steht jetzt

LAND IN

und das nimmt die Maschine, weil das z fehlt, nicht an, obwohl es vernünftig klingt.

Wir nehmen zur Kenntnis, daß dieses Zeichen z sinnvoll ist und daher im Eingabemedium angebracht werden muß. Wir werden deshalb, wenn wir den in die Maschine eingelesenen Text im Druck wiedergeben, ebenfalls dieses Zeichen verwenden, und die Ausgabe der Maschine enthält in gleicher Weise statt Zwischenräumen das Zeichen z.

Die Maschine schreibt also z. B. auf das Ausgabeband

HEUTEzISTzSONNTAG

Wir wollen von diesem Band weg vielleicht später auf einem offline-Drucker die ausgegebenen Zeichen drucken, legen dabei aber Wert darauf, daß der Text so aussieht, wie wir es seit der Schule gewohnt sind. Das ist leicht zu erreichen, wenn nur unser Drucker so eingerichtet wird, daß er statt des Zeichens z „gar nichts" druckt. (Wir berauben uns dabei selbstverständlich der Kontrollmöglichkeit, ob nun wirklich z oder „gar nichts" auf dem Band gestanden ist; das läßt sich umgehen, wenn der Drucker bei „gar nichts" steckenbleibt.)

Ich hoffe, daß diese Ausführungen nicht zuviel Verwirrung angerichtet haben, und fahre fort, die Ein- und Ausgabe von TEICO zu beschreiben. Die zugelassenen Zeichen dürfen nämlich nur in gewissen Anordnungen verwendet werden, die wir als nächstes besprechen wollen.

Je elf Zeichen werden zu einem *Wort* zusammengefaßt. Dieser Begriff „Wort" wird im allgemeinen mit den Gebilden, die wir in der Umgangssprache als Wort bezeichnen, nichts zu tun haben. Die Zeichen eines Wortes werden von links nach rechts gezählt und erstes, zweites, . . ., elftes Zeichen genannt.

Ein Wort, das in den Stellen 1 bis 10 nur die Zeichen 0, 1, . . ., 9 und in der elften Stelle + oder — aufweist, heißt numerisches Wort.

Ein Wort, das aus beliebigen Zeichen zusammengesetzt ist, trägt die Bezeichnung alphanumerisches Wort.

Ein numerisches Wort ist bei TEICO daher eine zehnstellige Zahl einschließlich des Vorzeichens in der elften Stelle.

Im folgenden wird sich zeigen, daß die Maschine grundsätzlich so aufgebaut ist, daß sie immer mit ganzen Wörtern und nie mit einzelnen Zeichen oder Ziffern operiert. Insbesondere Rechenoperationen werden stets mit ganzen Wörtern ausgeführt (die einzigen Ausnahmen stehen in D 3, wo Teile eines Wortes Verwendung finden), wobei die Wörter bei Rechnungen im allgemeinen Zahlen sind.

Einige Beispiele sollen das Gesagte verdeutlichen. Wörter sind:

    V A T E R S T A D T ?
    V A T E R S T A D T +
    V A T E R S T A D T −
    A L L E E z z z z z z
    9 8 7 6 5 4 3 2 1 0 −
    1 7 z K U E H E z z z   usw.

dagegen nicht:

    VATERSTADT   (das elfte Zeichen fehlt)
    MUTTERSPRACHE   (zu lang)
    ALLEE   (zu kurz)
    17zKÜHEzzzz   (unzulässiges Zeichen „Ü“)

Beispiele für numerische Wörter sind das bereits angeführte Wort 9876543210− oder auch 0000000012+. Rechenoperationen werden im allgemeinen nur dann sinnvolle Resultate liefern, wenn sie mit numerischen Wörtern, also mit Zahlen, ausgeführt werden.

Als nächstes fassen wir je acht Wörter zu einem *Satz* zusammen. Ein solcher Satz besteht also aus 88 Zeichen und stimmt im allgemeinen nicht mit den Gebilden überein, die wir in der Umgangssprache als Sätze bezeichnen. Ein Beispiel für einen Satz ist:

        Wort 1   Wort 2   Wort 3   Wort 4
    MEINzVATERz|ISTzKRANKzz|zzzzzzzzzzz|zzzzzzzzzzz|
        Wort 5   Wort 6   Wort 7   Wort 8
    zzzzzzzzzzz|zzzzzzzzzzz|zzzzzzzzzzz|zzzzzzzzzzz|

Die Wörter wurden hier durch senkrechte Striche getrennt. Ein anderes Beispiel lautet:

    0000000012+|0000000007+|0000000000−|0000000000−|
    0000000000−|0000000000−|0000000000−|0000000000−|

oder ohne die Striche, die im Eingabemedium nicht enthalten sind,

(1)
    0000000012+0000000007+0000000000−0000000000−
    0000000000−0000000000−0000000000−0000000000−

Kein Satz ist dagegen

    MEINzVATERzISTzKRANK   (zu kurz)

Die Wörter eines Satzes bezeichnen wir von links nach rechts als Wort eins, Wort zwei, ..., Wort acht.

Nun kommen wir zur wesentlichsten Feststellung dieses Abschnittes:

Die Ein- und Ausgabe erfolgt bei TEICO stets in ganzen Sätzen.

Das bedeutet folgendes: Wenn wir den Inhalt eines Briefes eingeben wollen, dessen Länge 88 Zeichen übersteigt, müssen wir den Brief in Gruppen zu je 88 Zeichen zerlegen und jede dieser Gruppen für sich eingeben. Bleibt am Schluß eine Gruppe von weniger als 88 Zeichen übrig, dann müssen wir diese Gruppe durch Anbringen irgendwelcher Zeichen, etwa z, zu einem vollen Satz ergänzen.

Nun eine einfache Aufgabe. Wir wollen die Zahl +12 und die Zahl +7 in die Maschine bringen, um später mit diesen beiden Zahlen Rechnungen auszuführen. Wie müssen wir zu diesem Zweck das Eingabemedium präparieren? Eine mögliche Lösung dieser Aufgabe ist folgende: Wir schreiben jede Zahl zehnstellig, um sie in einem Wort unterzubringen: 0000000012+ und 0000000007+. Dann legen wir fest, welche Wörter des Satzes wir für diese beiden Zahlen verwenden wollen, und entschließen uns z. B. für Wort eins und Wort zwei, alle anderen Wörter füllen wir mit irgendwelchen Zeichen, etwa mit zzzzzzzzzz oder mit 0000000000— aus. Dann bekommt unser Satz die bereits als Beispiel angeführte Form (1).

Auf diese Weise lassen sich die beiden Zahlen in TEICO eingeben. Es wäre aber genauso möglich gewesen, die beiden Zahlen in Wort drei und Wort sieben unterzubringen und alle anderen Wörter mit irgendwelchen Zeichen auszufüllen. Die Konsequenz, die die Auswahl der Wörter nach sich zieht, wird sich erst in B 2 zeigen.

In den vorangehenden Absätzen haben wir uns mit der Ein- und Ausgabe unserer typischen Maschine befaßt und wollen nun schildern, wieweit sich andere Maschinen anderer Möglichkeiten bedienen. Beginnen wir mit den Zeichen. So gut wie alle Maschinen können in der Ein- und Ausgabe die Ziffern 0 bis 9 und die Vorzeichen + und — unterscheiden. Es wäre zwar möglich, eine Maschine zu bauen und zu betreiben, die nur zwei Zeichen, etwa 0 und 1, erkennt, und tatsächlich gibt es, wie schon in 13 erwähnt, eine Reihe solcher Binärmaschinen (z. B. LGP 30, IBM 7090). Sie alle lassen aber in irgendeiner Form die Möglichkeit offen, Dezimalzahlen einzugeben, die dann erst in der Maschine in Dualzahlen verschlüsselt werden. Sinngemäß gleiches gilt für die Ausgabe, da Maschinen, bei denen auch Ein- und Ausgabe rein binär erfolgt, praktisch unbrauchbar wären. Ferner existiert eine ganze Reihe von Maschinen, die nur Ziffern und Vorzeichen unterscheiden, dagegen nicht die Möglichkeit der Verwendung von Alphabet besitzen (z. B. IBM 650 Standard). Zwischen diesen und den Maschinen mit Alphabeteinrichtung ist noch insofern eine Zwischenstufe möglich, als bei manchen Rechenautomaten — besonders jenen, bei denen die Alphabeteinrichtung nachträglich eingebaut wurde — jedes Zeichen des Alphabets mit Hilfe von zwei Ziffern verschlüsselt wird (IBM 650). Eine Maschine dieser Bauart, deren Wortlänge zehn numerische Zeichen beträgt, hat daher für alphanumerische Zeichen eine Wortlänge von nur 5 Zeichen, da in solchen Fällen die Vorzeichenstelle nicht zur Speicherung von alphabetischen Zeichen Verwendung findet.

Wir sind durch die letzten Bemerkungen bereits zur Diskussion der Wortlänge bei verschiedenen Maschinen übergegangen. Hier ist die von uns gewählte Wortlänge von 11 Zeichen der Durchschnitt. Extreme sind Mark I mit 24 Dezimalstellen und Whirlwind I mit 16 Binärstellen, wobei etwa 3,3 Binärstellen einer Dezimalstelle entsprechen.

Darüber hinaus gibt es eine ganze Reihe von Maschinen, die keine feste Wortlänge besitzen und bei denen man daher durch Setzen von Wortmarken Wörter weitgehend beliebiger Länge schaffen kann (IBM 1400er-Serie, IBM 1620). Der Vorteil liegt hier in der größeren Wendigkeit und der besseren Ausnützung des vorhandenen Speicherraumes (siehe B 2). Ein Nachteil ist darin zu sehen, daß das Setzen von Wortmarken zusätzliche Mühe und Aufmerksamkeit erfordert.

Maschinen mit starrer Wortlänge besitzen meist die Möglichkeit, mit Zahlen zu rechnen, die kürzer sind als die Wortlänge. Es ist z. B. nicht nötig, dreistellige Zahlen für die Eingabe stets auf 10 Stellen zu ergänzen. Die Maschine füllt die ersten Stellen automatisch mit Nullen auf (IBM 650).

Die starre Satzlänge hat TEICO mit einer einzigen Anlage, nämlich der Serie 300 von BULL, gemeinsam. Alle anderen Maschinen gestatten es, Sätze veränderlicher Länge ein- und auszugeben. Der Grund liegt auf der Hand, wenn wir unser Beispiel der Eingabe von 12 und 7 betrachten. Es ist in der Praxis Verschwendung des Eingabemediums und der Eingabezeit, für die Eingabe von zwei wesentlichen Wörtern sechs weitere unwesentliche voll schreiben und in die Maschine bringen zu müssen. Dagegen bietet dieser Weg den Vorteil, daß man sich nicht mit nebensächlichen Schwierigkeiten abgeben muß und für das Format der Ein- und Ausgabe starre und einfache Regeln besitzt.

Das allgemeine Bestreben geht dahin, die Ein- und Ausgabe einer Maschine um so wendiger zu gestalten, je mehr sie zur Datenverarbeitung in größtem Maßstab bestimmt ist und je weniger sie eigentliche Rechenarbeit leisten soll. Es versteht sich allerdings von selbst, daß aus physikalischen Gründen die Satzlänge jeder Maschine nach oben beschränkt ist. Die tatsächliche Satzlänge ist besonders bei Ein- und Ausgabe durch Magnetband von Bedeutung. Die in Tabelle 2 angegebene Geschwindigkeit von 50.000 Zeichen pro Sekunde gilt nämlich

nur für Lesen oder Schreiben während eines Satzes. Wird ein Lese-
oder Schreibbefehl gegeben, dann muß das Band zuerst auf die richtige
Geschwindigkeit gebracht werden und das dauert etwa 10 ms (Millisekunden), das heißt also, die Lesezeit für einen Satz von 100 Zeichen
beträgt 10 ms Startzeit $+$ 2 ms Lesezeit $=$ 12 ms. Die Lesezeit für
einen Satz mit der halben Zeichenanzahl beträgt 10 ms Startzeit $+$ 1 ms
Lesezeit, also 11 ms. Die mittlere Lesegeschwindigkeit ist daher im
ersten Fall 8300 Zeichen pro Sekunde und im zweiten Fall nur 4500
Zeichen pro Sekunde. Außerdem müssen sich auf jedem Band zwischen
den Sätzen Lücken ohne Zeichen befinden, um das Band bereits auf die
richtige Lesegeschwindigkeit gebracht zu haben, sobald das erste Zeichen
des Satzes den Lesekopf passiert bzw. um das Band bremsen zu können,
ohne Informationen zu verlieren, sobald das letzte Zeichen des Satzes
den Lesekopf passiert hat. Diese Lücken sind bei einer Bandeinheit von
stets gleicher Länge, so daß das Band um so besser ausgenützt ist, je
länger die Sätze sind.

2. Speicher

Die Daten, mit denen wir rechnen wollen, sind in den Eingabemedien
in einer der Maschine verständlichen Form gespeichert. Wir kennen also
bereits drei technisch verschiedene Speichermöglichkeiten: Lochkarte,
Lochstreifen und Magnetband. Wir werden im folgenden erklären, warum
in jeder Maschine noch andere Speicher Verwendung finden.

Ein Speicher ist technisch durch zwei Angaben gekennzeichnet, die
Kapazität und die Zugriffszeit. Die Kapazität eines Speichers ist durch
die Anzahl der Zeichen oder Wörter gegeben, die der Speicher aufnehmen kann. Die Zugriffszeit ist jene Zeit, die man braucht, um ein
bestimmtes Zeichen oder ein bestimmtes Wort im Speicher aufzufinden.
Zu den technischen Daten über Kapazität und Zugriffszeit kommt noch
die wirtschaftlich wesentliche Angabe, was die Herstellung oder der
Kauf des Speichers je Zeichen oder Wort kostet.

Tabelle 3 bringt Angaben über einige typische Speicher, die neben
den uns schon bekannten Informationsträgern noch Magnettrommel
und Magnetkernspeicher enthalten. Bei einer Maschine (IBM 305
RAMAC) gelangen schallplattenähnliche magnetisierbare Scheiben zur
Anwendung, auf die wir hier nicht näher eingehen wollen. Technisch
kommen wir in C 6 nochmals auf das Speicherproblem zurück; jetzt
genügen uns die Namen.

Die Liste ist nicht vollständig, sondern enthält die am meisten verwendeten Typen. Einige andere Spielarten, wie Ultraschallstrecken
(UNIVAC I, Bull-Gamma 3), elektrostatische Speicher mit Hilfe von
Williamsröhren (die alte BESK) oder Magnetfilm (Elliot, ER 56) haben
sich, wie schon in A 2 erwähnt, nicht allgemein durchsetzen können.

Tabelle 3

Speicher	Kapazität in Einzelzeichen	Zugriffszeit in Sekunden	Kosten je alphanum. Zeichen
Lochstreifen	unbegrenzt	unbegrenzt	0,04 Groschen
Lochkarte	unbegrenzt	unbegrenzt	0,07 Groschen
Magnetband	unbegrenzt	unbegrenzt	0,0003 Groschen*
Magnettrommel	50.000	0,002	10 Schillinge*
Magnetkernspeicher	10.000	0,000.002	80 Schillinge*

* Nach Firmenangaben.

Die für Magnetbänder angegebenen Kosten sind dabei insofern irreführend, als die Verwendung von Magnetbändern neben der verhältnismäßig billigen Anschaffung des Bandes kostspielige Lese- und Beschriftungseinrichtungen erfordert, die in der genannten Ziffer nicht enthalten sind. Zieht man auch diese festen, also von der Anzahl der verarbeiteten Zeichen unabhängigen Kosten in Betracht, dann erkennt man, daß Magnetbänder erst bei Verarbeitung sehr großer Datenmengen wirtschaftlich werden. Andererseits darf nicht übersehen werden, daß Lochstreifen und Lochkarten nicht gelöscht und für neue Informationen wiederverwendet werden können, was bei Magnetband, -trommel und -kernspeichern der Fall ist.

Von seiten der Techniker sind beträchtliche Anstrengungen im Gang, Speicher mit kleinen Zugriffszeiten herzustellen, die billiger sind als Magnetkerne.

Es wäre technisch ohne weiteres möglich, einen Rechenautomaten zu bauen, der als einzigen Speicher Magnetbänder besitzt und im übrigen lediglich über ein Rechenwerk verfügt. Der Nachteil besteht im folgenden: Wenn wir Zwischenergebnisse einer Rechnung später weiterverwenden wollen, müssen wir sie auf Band speichern, um das Rechenwerk nicht zu blockieren. Um dieses Zwischenergebnis später auf dem Band wieder aufzufinden, kann es im ungünstigsten Fall notwendig sein, ein ganzes Band umzuspulen, was viel zu lang dauern würde. Ähnliches gilt für Lochkarten und Lochstreifen. Daher besitzt jede Maschine Speicher mit kleineren Zugriffszeiten, also Magnettrommel- oder Magnetkernspeicher oder beides. Bänder werden gewöhnlich zur Ein- und Ausgabe verwendet und nur in Fällen, in denen große Mengen von Daten zu bewegen sind, auch als Zwischenspeicher. Man bezeichnet Lochstreifen, Magnetband und Lochkarte auch als externe Speicher einer Maschine, zum Unterschied von den internen Speichern Magnettrommel und Magnetkernspeicher.

Wir haben nun die Ordnungsgesichtspunkte zu behandeln, nach denen das Datenmaterial in den Speichern enthalten ist. Für das Programmieren einer Maschine werden sich allein diese Gesichtspunkte als wesentlich erweisen.

Für Lochkarten, Lochstreifen und Magnetbänder sind uns diese Ordnungsgesichtspunkte bekannt. Die Information besteht aus Sätzen und kann nur in ganzen Sätzen gehandhabt werden. Ein- und Ausgabe sowie das Speichern von Zwischenergebnissen kann jeweils nur in ganzen Sätzen erfolgen.

Für die internen Speicher ist der Satz eine zu große Einheit. Hier wird es wünschenswert, kleinere Stücke der Information griffbereit zu haben, daher ist in den internen Speichern der Maschine die Information stets nach Wörtern verfügbar. Jedes einzelne Wort kann aufgerufen und z. B. ins Rechenwerk gebracht werden. Die Frage ist lediglich, wie das bewerkstelligt werden kann, und dieses Wie unterscheidet sich grundsätzlich vom Herkömmlichen. Mathematiker und Kaufleute pflegen ihre Größen zu benennen, z. B. „multipliziere mit π" oder „subtrahiere die *Einkommensteuer*". Ein menschlicher Rechner ist imstande, solche Befehle auszuführen; nicht so ein Rechenautomat, selbst dann nicht, wenn er π oder die Einkommensteuer irgendwo gespeichert enthält. Der Rechenautomat ist nicht imstande, die Bedeutung der gespeicherten Zahlen zu erkennen, er würde daher weder π noch die Einkommensteuer auffinden. Wir müssen deshalb ein anderes Vorgehen wählen. Wir versehen zunächst die Speicherplätze unseres Rechners mit fortlaufenden Nummern, sagen wir 0000, 0001, 0002, . . . usw. Für eine Maschine, die mehr als tausend, aber höchstens zehntausend interne Speicherplätze (Wörter) enthält, ist die Verwendung von vierstelligen Zahlen unter konsequentem Anschreiben aller Nullen zu empfehlen. TEICO soll 5000 interne Speicherplätze besitzen, so daß unser letzter Speicherplatz die Nummer 4999 trägt. Und nun befehlen wir „multipliziere mit dem Inhalt von Speicherplatz 0367", falls 0367 jener Platz ist, auf dem wir π gespeichert haben, oder „subtrahiere den Inhalt von Speicherplatz 3211", falls sich auf 3211 die Einkommensteuer befindet. Befehle dieser Bauart lassen sich technisch verwirklichen.

Wir nennen die Nummer einer Speicherzelle ihre „Adresse". *Die grundlegende Neuerung*, zu der wir beim Programmieren gezwungen sind, *ist* nach dem vorhin Gesagten, *daß alle Größen nicht mit ihren Bezeichnungen, sondern mit ihren Adressen aufgerufen werden.* Genau das gleiche gilt für das Speichern von Zwischenergebnissen. Wesentlich für das spätere Auffinden einer Größe ist die Kenntnis ihrer Adresse. Wir werden daher eine Adresse festlegen, an der wir dieses Zwischenergebnis speichern wollen, und dann befehlen: „speichere Zwischenergebnis auf Platz 1032", falls 1032 die gewählte Adresse ist.

Für den Ausdruck „Inhalt von Speicherplatz Nr. x" schreiben wir kürzer (x). (4046) z. B. bedeutet daher nicht die Zahl 4046, sondern den

Inhalt der Speicherzelle 4046, und das kann bei TEICO irgendein alphanumerischer Begriff sein. Bei Maschinen mit veränderlicher Wortlänge muß man anders vorgehen. Man kann z. B. jedes einzelne Zeichen im Speicher adressierbar machen. Die Adresse eines Wortes bestimmt man dann nicht durch Angabe der Adressen aller Zeichen — was viel zu umständlich wäre —, sondern man gibt die Adresse des letzten (am weitesten rechts stehenden) Zeichens an und verabredet, daß alle Zeichen von diesem nach links bis zur nächsten Wortmarke (s. d.) gemeint sind.

Wir haben nun den inneren Speicher einer Maschine durch das Einführen von Adressen geordnet und können über den Speicher wortweise, also in kleinen Teilen verfügen. Bei Aus- und Eingabe bleibt nach wie vor die Satzstruktur aufrecht. Wir müssen jetzt besprechen, wie der Übergang von der Satzstruktur der Eingabe zur Wortstruktur des inneren Speichers erfolgt und wie der Übergang der Wortstruktur des inneren Speichers zur Satzstruktur der Ausgabe vor sich geht. Wir lösen dieses Problem bei TEICO folgendermaßen: Sobald ein Satz eingegeben wird, gelangt er an eine spezielle Stelle des internen Speichers, die „Eingabezone". Diese Eingabezone besteht aus acht Speicherplätzen mit den Nummer 6001 bis 6008. Wort 1 des angegebenen Satzes gelangt nach Platz 6001, Wort 2 nach 6002, . . . und schließlich Wort 8 nach 6008. Die acht Wörter des Satzes werden auf diese Weise jedes für sich adressierbar, und die Auflösung des Satzes in einzelne Wörter ist bewerkstelligt.

Ähnliches gilt für die Ausgabe. Die auszugebende Information, die sich in Form von Wörtern im internen Speicher befindet oder als Rechenergebnis in der Maschine entsteht, wird auf acht spezielle Speicherplätze, die sogenannte „Ausgabezone" gebracht. Diese acht speziellen Plätze sind ebenfalls adressierbar und kommen daher ebenso wie die acht Plätze der Eingabezone zu den 5000 Speicherplätzen von TEICO hinzu. Die acht Plätze der Ausgabezone tragen die Adressen 7001 bis 7008. Bei der Ausgabe selbst werden diese acht Plätze auf einmal ausgegeben. (7001) wird dabei Wort 1 des ausgegebenen Satzes, . . ., (7008) wird Wort 8 des ausgegebenen Satzes. Auf diese Weise werden acht einzelne Wörter zu einem ausgegebenen Satz zusammengefaßt. Sollten mehr als acht Wörter auszugeben sein, dann kann dies nur in zeitlicher Aufeinanderfolge in zwei oder mehreren Sätzen geschehen.

Die meisten Maschinen haben genau wie TEICO spezielle Ein- und Ausgabezonen, nur sind diese Zonen in den meisten Fällen länger. Besitzt eine Maschine mehrere verschiedene Ein- oder Ausgabemedien, so ist meist für jedes eine eigene Eingabe- bzw. Ausgabezone vorhanden. So kann z. B. die Eingabe mittels Band auf die Plätze 6001 bis 6008, mittels Lochkarte auf die Plätze 6011 bis 6018 erfolgen. Die Ausgabe auf Magnetband geht auf den Plätzen 7001 bis 7008 vor sich, dagegen ist

Ausgabe mittels Druckers vielleicht auf den Plätzen 7031 bis 7038 möglich usw.

Eine wesentliche Eigenschaft jedes Speicherplatzes ist noch einzuprägen. Jeder Speicherplatz behält seine Information so lange, bis sie durch neue Information ersetzt wird. Eine Zahl, einmal an einem Platz gespeichert, kann im Laufe der Rechnung beliebig oft aufgerufen werden. Wird an diesen Platz im Verlauf der Rechnung eine neue Zahl gebracht, so wird vorher der alte Inhalt automatisch gelöscht. Werden daher z. B. bei der Ausgabe von Rechenergebnissen nur die Plätze 7001, 7002 und 7003 gebraucht und daher mit Rechenergebnissen besetzt, so kommen diese Rechenergebnisse in die Wörter 1 bis 3 des ausgegebenen Satzes zu stehen. Die Wörter 4 bis 8 des Satzes enthalten jene Zahlen, die sich zum Zeitpunkt der Ausgabe zufällig auf diesen Plätzen befunden haben und vielleicht Ergebnisse früherer Rechnungen darstellen. Durch die Eigenschaft, alte Informationen zu behalten und beim Einlangen neuer automatisch zu löschen, unterscheiden sich die Speicher vom Rechenwerk, das im nächsten Abschnitt zu besprechen sein wird.

Erst wesentlich später werden wir uns mit Fragen auseinandersetzen, die dadurch entstehen können, daß eine Maschine sowohl Magnettrommel als auch Magnetkernspeicher („Schnellspeicher") besitzt. Wegen der kleineren Zugriffszeit der Magnetkernspeicher wird man sich bemühen, alle Daten im Kernspeicher unterzubringen. Ist das nicht möglich, hat man die Daten zwischen den beiden Speichern aufzuteilen und wird das am besten so machen, daß man die am häufigsten benötigten Daten in die Speicher mit kleinen Zugriffszeiten bringt. Unter Umständen wird sogar die jeweils benötigte Information rechtzeitig in den Schnellspeicher gebracht und nach ihrer Verwendung auf die Trommel zurückgeschafft, um neuen Daten Platz zu machen, was zu sehr kunstvollen Programmen Anlaß geben kann. Da wir uns jedoch bei TEICO nicht damit belasten wollen, werden wir wieder voraussetzen, daß alle 5000 Speicherplätze gleichwertig sind und daher von uns in gleicher Weise verwendet werden können.

3. Rechenwerk

Mit dem Rechenwerk werden wir uns durch das ganze weitere Buch zu beschäftigen haben. Wir beschränken uns daher jetzt auf einige grundsätzliche Ausführungen.

Das Rechenwerk eines programmgesteuerten Rechenautomaten entspricht dem Zähler einer Tischrechenmaschine. In ihm bilden sich die Ergebnisse und Zwischenergebnisse, wobei die noch zu besprechende Division eine Ausnahme darstellt.

Die Arithmetik ist dabei imstande, die vier Grundrechnungsarten richtig auszuführen. Zusätzlich wird das Zeichen z genau wie die Ziffer 0 behandelt. Insbesondere gilt die Regel $z + z = z$ (und nicht $z + z = 0$).

TEICO rechnet also

$$
\begin{array}{rr}
12 & 12 \\
30 & 3z \\
\hline
42 & 42
\end{array}
$$

und

$$
\begin{array}{l}
01\ 0123\ \text{zzzz}\ z \\
02\ 3210\ \text{zzzz}\ z \\
\hline
03\ 3333\ \text{zzzz}\ z
\end{array}
$$

was sich in D 2b als zweckmäßig erweisen wird.

Die Stellenzahl des Zählers beträgt bei TEICO 20 Stellen plus eine Vorzeichenstelle. Das ist für eine Maschine, deren Wortlänge 10 Stellen plus eine Vorzeichenstelle ausmacht, sehr angenehm, da z. B. die Multiplikation von zwei 10stelligen Zahlen ein höchstens 20stelliges Produkt ergeben kann.

Der Zähler ist ähnlich wie ein Speicherplatz adressierbar, nur wollen wir — um konsequent bei unserer Wortlänge von 10 Stellen plus einer Vorzeichenstelle bleiben zu können — folgendes verabreden: Die rechten 10 Stellen plus der Vorzeichenstelle des Zählers sollen die Adresse 8002 besitzen. Die linken 10 Stellen plus der Vorzeichenstelle sollen die Anschrift 8003 haben. Das heißt also, daß die Vorzeichenstelle des Zählers durch beide Adressen angesprochen wird, einmal gemeinsam mit der linken, das andere Mal gemeinsam mit der rechten Zählerhälfte.

Für Multiplikationen und Divisionen besitzt TEICO ein Multiplikatoren/Quotienten-Register (kurz M/Q oder M-Register), das dem Umdrehungszählwerk einer Tischrechenmaschine vergleichbar ist. Bei Multiplikationen muß dieses Register den Multiplikator enthalten, bei Divisionen bildet sich in ihm der Quotient. Das M-Register enthält 10 Stellen und eine Vorzeichenstelle und besitzt die Adresse 8001.

Darüber hinaus findet sich in TEICO ein Bedienungspult, das den Namen „Konsol" trägt und neben Knöpfen und Anzeigeeinrichtungen auch elf Wahlschalter aufweist, die es ermöglichen, ein alphanumerisches Wort manuell in TEICO einzugeben. Diese Wahlschalter werden durch die Adresse 8000 angesprochen.

Die Arithmetik von TEICO arbeitet stets vorzeichenrichtig, d. h. wenn wir z. B. die Rechnung $5 - 7$ ausführen, so erhalten wir als Ergebnis -2 (und nicht vielleicht das 9er- oder 10er-Komplement von 2 wie bei manchen Tischrechenmaschinen). Ebenso liefert die Division $-7 : 3$ den Quotienten -2 und den Rest -1.

TEICO besitzt ein festes Maschinenkomma, das sich rechts von der letzten Ziffer der behandelten Zahlen befindet. TEICO rechnet also wie jede Tischrechenmaschine so, also ob alle Zahlen ganze Zahlen wären. Treten im Verlauf einer Rechnung Dezimalzahlen auf, ist die Stellung des Rechenkommas durch den Programmierer zu bestimmen. Mehr darüber findet sich in C.

Die Stellung des Rechenkommas am (allerdings linken) Ende des Wortes ebenso wie die meisten anderen hier angeführten Eigenschaften von TEICO sind typisch für programmgesteuerte Rechenautomaten. Maschinen mit dem Komma in Wortmitte gehören zu den seltenen Ausnahmen.

Es gibt Fälle, die die Arithmetik von TEICO nicht bewältigt, z. B. liefert die Addition von $1+$ zur Zahl $99999\ 99999\ 99999\ 99999+$[1] die 21stellige Zahl $1\ 00000\ 00000\ 00000\ 00000+$, die im Zähler von TEICO nicht unterzubringen ist. Ebenso können bei Divisionen mehr als zehnstellige Quotienten auftreten, die im M-Register keinen Platz finden. In allen solchen Fällen stoppt TEICO und die Überlaufanzeige am Konsol tritt in Tätigkeit.

Der Aufbau der Arithmetik — soweit er bisher beschrieben wurde — ist bei allen Maschinen ähnlich, obwohl beim Multiplikatorenregister und auch beim Zähler Sonderformen auftreten, auf die wir in 4 nochmals zurückkommen.

Ebenso beziehen sich die Ausführungen dieses Abschnitts in gleicher Weise auf Binär- und Dezimalmaschinen.

4. Kommandowerk und Befehlsliste

Als wesentlichstes Merkmal des programmgesteuerten Rechenautomaten haben wir in Kapitel A seine Fähigkeit erkannt, lange Folgen von Grundrechenoperationen ohne menschliches Zutun abzuwickeln. Dies ist dadurch möglich, daß alle Instruktionen für eine solche Folge vor Beginn der Rechnung in einer dem Rechenautomaten verständlichen Form gespeichert und dann ohne menschliches Zutun der Reihe nach aufgerufen werden. Als Speicher für Befehle kommen für speicherprogrammierte Rechenautomaten nach Kapitel A nur interne Speicher, also Magnettrommel- oder Magnetkernspeicher, in Frage. Es wäre nun naheliegend, einen eigenen Befehlsspeicher in die Maschine einzubauen, der sich physikalisch vom internen Speicher für Daten unter-

---

[1] Aus Gründen der Übersichtlichkeit haben wir hier im Druck die 20stellige Zahl $99999999999999999999+$ mit Zwischenräumen nach jeder Fünfergruppe versehen. Es handelt sich also um eine übersichtlich gedruckte 20stellige Zahl und ihr Vorzeichen und nicht vielleicht um eine 25stellige Zahl mit Zwischenräumen nach je fünf Zeichen, denn das hätten wir $99999z99999z99999z99999z+$ geschrieben.

scheidet. Dieser Weg wurde von den Konstrukteuren jedoch nicht beschritten. *Speicherprogrammierte Rechenautomaten benützen denselben Speicher wahlweise zum Speichern von Daten und Befehlen.* Das bietet den Vorteil, daß eine Maschine mit insgesamt 5000 Plätzen für Daten und Befehle wendiger ist als eine Maschine mit 2500 Speicherplätzen für Daten und 2500 Speicherplätzen für Befehle. Bei der letztgenannten Maschine könnte man ein Programm nicht bewältigen, das 3000 Speicherplätze für Daten benötigt, auch wenn es nur aus wenigen Befehlen bestünde, und umgekehrt wäre ein Programm mit 2501 Befehlen undurchführbar, selbst wenn nur wenige Daten zu speichern wären. Beide genannten Programme bieten aber für eine Maschine mit insgesamt 5000 Plätzen, die nach Belieben des Programmierers für Daten oder Befehle verwendet werden können, keine Schwierigkeit.

Es versteht sich, daß durch diese doppelte Verwendung des internen Speichers die Befehle genauso wie die Daten adressierbar werden. Der Programmierer kann jederzeit Auskunft geben, ob sich auf Platz 4122 ein Befehl befindet, und wenn ja, welcher; zumindest dann, wenn er eine Liste mit dem Inhalt der einzelnen Speicherplätze vorbereitet hat, wie wir dies später in Kapitel C tun werden.

Als nächstes besprechen wir das Aussehen eines Befehles. Jede Instruktion besteht grundsätzlich aus einem Operations- (OP) Teil und einem Adreß- (A) Teil. Der Operationsteil sagt, was zu tun ist (addiere, subtrahiere usw.), der Adreßteil gibt an, wo die Zahl im Speicher zu finden ist, auf die diese Operation angewendet werden soll. Speziell bei TEICO soll dies folgendermaßen vor sich gehen. Der Operationsteil ist eine zweistellige Zahl, z. B. 01 für addiere, 02 für subtrahiere, 03 für multipliziere usw. Der Adreßteil besteht aus *einer* vierstelligen Adresse. Diese sechs Ziffern werden durch fünf Zwischenräume zu einem Wort ergänzt, so daß das endgültige Aussehen eines Befehls das folgende ist:

OP   A

xx xxxx zzzz z

Wieder wurden zur besseren Übersichtlichkeit im Druck Zwischenräume freigelassen.

Der Befehl 01 3211 zzzz z bedeutet z. B. „addiere den Inhalt von Speicherplatz 3211 zum Zählerinhalt". Ebenso bewirkt der Befehl 02 0077 zzzz z, daß der Inhalt von 0077 vom Zählerinhalt subtrahiert wird. Das heißt, bei Befehlen wird, um Zeit und Platz zu sparen, von der Verabredung abgegangen, daß der Inhalt von 3211 mit (3211) bezeichnet werden muß. Da Verwechslungen kaum möglich sind, werden die Klammern weggelassen. Nochmals: 01 3211 zzzz z bedeutet *nicht* „addiere 3211 zum Zählerinhalt", sondern „addiere den *Inhalt* von Speicherplatz 3211 zum Zählerinhalt".

TEICO ist sehr unökonomisch eingerichtet, da durch die sechs Ziffern eines Befehls ein ganzes Wort belegt wird. Ein Konstrukteur würde wahrscheinlich so vorgehen, daß er den Operationsteil einstellig macht und nicht nur Ziffern, sondern auch Buchstaben zuläßt, um eine genügende Vielfalt von Operationen zur Verfügung zu haben. Dann könnte er in jedem Wort zwei Befehle unterbringen. Wir behalten jedoch diesen Befehlsaufbau trotz der Platzverschwendung bei. Er ist übersichtlich und wir werden bei unseren Programmen nie Mangel an Speicherplätzen leiden. Außerdem werden wir durch Zwischenräume belegte Plätze in Kapitel D geeignet verwenden können.

Im folgenden werden wir eine Vielzahl von Maschinen besprechen, die eine von TEICO abweichende Befehlsstruktur besitzen. Das ist aber kein Grund, sich verwirren zu lassen. Alle Beispiele stellen nur Spielarten des Schemas Operationsteil—Adreßteil dar.

Zunächst haben Maschinen mit variabler Wortlänge oft Befehle veränderlicher Länge, bei denen der Operationsteil verschieden viele Zeichen besitzt (IBM 1401). Das ist aber nicht notwendig der Fall.

Die größte Vielfalt von Möglichkeiten bietet der Aufbau des Adreßteiles. Bei TEICO enthält jeder Befehl genau eine Adresse, und wir haben TEICO deshalb als einen Ein-Adreß-Computer bezeichnet. Andere Einadreßmaschinen finden sich in Tabelle 1. Neben diesen Einadreßmaschinen gibt es Zwei- und Dreiadreßmaschinen, bei denen jeder Befehl zwei bzw. drei Adressen enthält. Ein typischer Befehl einer Zweiadreßmaschine könnte

01 4012 3014 z

lauten und bedeuten: „Addiere den Inhalt von Speicherzelle 4012 zum Inhalt von Speicherzelle 3014". Zweckmäßig sind solche Zweiadreßbefehle bei Maschinen, die keinen eigenen Zähler besitzen, sondern nur Speicherzellen, die selbst addieren können (IBM 1401). Nach Ausführung des Befehls ist (4012) unverändert und die Summe (4012) + (3014) auf 3014 gespeichert.

Ein typischer Befehl einer Dreiadreßmaschine wäre 11 4012 3014 0426 (11 soll „lösche den Zähler und addiere" bedeuten). Der Befehl würde lauten: „lösche den Zähler und addiere den Inhalt von 4012 in den Zähler, addiere den Inhalt von 3014 in den Zähler, speichere die im Zähler gebildete Summe auf 0426". Selbstverständlich müßte diese Maschine mindestens 14stellige Wörter besitzen, da anders der Befehl nicht im Speicher unterzubringen wäre.

Eine weitere Spielart sind die *modifizierten* Einadreßmaschinen (650 von IBM, UCT von Remington), mit denen wir uns in C 6c ausführlich beschäftigen.

Als letztes ist die Frage zu erläutern, wie die Maschine Befehle von anderen Daten unterscheiden kann, die unter Umständen dasselbe Aussehen besitzen und sich überdies ja im gleichen Speicher befinden. Die Antwort lautet: überhaupt nicht. Die Maschine besitzt zwei Register, die nach außen hin für den Programmierer nicht in Erscheinung treten, das *Adreßregister* und das *Befehlsregister*. Am Anfang jeder Rechnung wird die Adresse des ersten Befehls manuell in das Adreßregister gebracht. Wird nun die Maschine gestartet, dann holt sie den Inhalt des angegebenen Speicherplatzes ins Befehlsregister und führt diesen Befehl aus. Gleichzeitig erhöht sich im Adreßregister die Adresse um eins. Anschließend bringt sie den Inhalt der neuen Adresse ins Befehlsregister, führt diesen Befehl aus, erhöht den Inhalt des Adreßregisters um eins und so fort. Diese Tatsache bedingt, daß sich alle Befehle in der richtigen Reihenfolge auf aufeinanderfolgenden Speicherplätzen befinden müssen. Wir werden beim Programmieren darauf Rücksicht zu nehmen haben.

Möglichkeiten, diese starre Reihenfolge zu verlassen, werden in Kapitel C besprochen, bilden aber die Ausnahme und nicht die Regel. Ein freies Benützen beliebiger Adressen ist nur bei modifizierten Ein- oder Mehradreßmaschinen möglich und wird in C 6 c erläutert.

Wir könnten noch die Frage stellen, was geschieht, wenn fälschlich nach einem Befehl nicht der nächste Befehl, sondern ein anderes Wort im Speicher steht. In diesem Falle bringt die Maschine dieses Wort ins Befehlsregister; hat es nicht die für einen Befehl notwendige Struktur, dann hält die Maschine unter Anzeigen eines Fehlers im Befehlsregister an. Hat dieses Wort aber zufällig und unglücklicherweise genau die Struktur eines Befehls, dann wird dieser vermeintliche Befehl von der Maschine ausgeführt und das Programm auf diese Weise meist gründlich durcheinander gebracht, so daß es Mühe kosten kann, den Fehler zu finden.

Wir gehen nun näher auf die Befehle von TEICO ein, und zwar wollen wir uns im folgenden mit den Operationsteilen befassen. Wir wissen bereits, daß 01 „Addieren" heißt, und auch einige andere Befehle haben wir kennengelernt. Eine systematische Zusammenstellung und Beschreibung aller TEICO-Befehle, zusammen mit Abkürzungen, die wir in Kapitel C erörtern, ist in Tabelle 4 enthalten. Auf Grund seiner Konstruktion ist TEICO in der Lage, alle dort angeführten Operationen unmittelbar auszuführen. Andere Operationen als die in der Liste enthaltenen müssen auf Kombinationen von in der Liste befindlichen Befehlen zurückgeführt werden; z. B. für das Wurzelziehen wird dies in C 5 geschehen.

Da die meisten in der Liste enthaltenen Befehle im Text ausführlich behandelt werden, empfiehlt es sich nicht, die Tabelle 4 durchzustudieren. Wir verwenden sie am besten nur zum Nachschlagen.

Wir bemerken aber schon jetzt, daß die Adreßteile der Befehle in verschiedenen Bedeutungen verwendet werden. Sie kennzeichnen zunächst echte Adressen, geben aber einmal eine Datenadresse (Befehl Nr. 01, 02, 03, . . .), ein anderes Mal die Adresse eines Befehls an (Befehl Nr. 42, 43, 44, . . .). Weiters finden wir in den Adreßteilen Konstante vermerkt (Befehl Nr. 21, 23, 24, . . .), und schließlich treffen wir auch auf bedeutungslose Adreßteile (Befehl Nr. 61, 62, . . .), die mitunter (Befehl Nr. 71) auch zur Identifizierung eines Befehls verwendet werden. In allen jenen Fällen, in denen im Adreßteil keine echte Adresse steht, sprechen wir von unechten oder Pseudoadressen.

Vor allem das Kapitel C wird eine Reihe von Befehlen aus Tabelle 4 eingehend behandeln. Mit den wichtigsten Befehlen und Befehlsgruppen wollen wir uns aber schon hier befassen. Es wird uns dies Einblick in das Wesen einer Einadreßmaschine gewähren, und wir werden lernen, alle Operationen in einfachste Schritte zu zerlegen, wie dies durch die Einadreßstruktur bedingt ist.

Beginnen wir mit der soeben für eine Dreiadreßmaschine erläuterten Aufgabe „lösche den Zähler und addiere den Inhalt von 4012 in den Zähler, addiere den Inhalt von 3014 in den Zähler, speichere die im Zähler gebildete Summe auf Platz 4026“. Während diese Aufgabe mit Hilfe einer Dreiadreßmaschine in einem Schritt zu lösen war, werden wir bei unserer Einadreßmaschine drei Befehle brauchen, da wir in jedem Befehl nur eine Adresse festlegen können. Die Folge der Befehle wird also lauten:

1. Befehl: lösche den Zählerinhalt und addiere den Inhalt von 4012 in den Zähler
2. Befehl: addiere den Inhalt von 3014 in den Zähler
3. Befehl: speichere die im Zähler gebildete Summe auf Platz 4026

Besonders unangenehm sieht zunächst die Multiplikation aus, da bei jeder Multiplikation zwei Faktoren betroffen sind, wir aber nur eine Adresse je Befehl festlegen können. Die Lösung dieser Aufgabe ist dadurch gegeben, daß vor dem Befehl „multipliziere“ der eine Faktor an einen festen Platz gebracht werden muß, nämlich in das in 3 beschriebene Multiplikatoren/Quotienten-Register. Eine Multiplikation besteht daher stets aus zwei Befehlen. Um konkret zu sein, nehmen wir an, die beiden Faktoren a und b befänden sich auf den Plätzen 0412 und 0413, dann lauten die Befehle:

1. Befehl: speichere den Inhalt von Speicherplatz 0412 ins M-Register
2. Befehl: multipliziere (den Inhalt des M-Registers) mit dem Inhalt von 0413

Tabelle 4. TEICO-Befehle

	Code	Bezeichnung	Abkürzung
Rechnen 0	01	Addieren rechts	A R E
	02	Subtrahieren rechts	S R E
	03	Multiplizieren	M U L
	04	Dividieren	D I V
	05	Addieren links	A L I
	06	Subtrahieren links	S L I
	07	Addieren Absolutbetrag rechts	A B R
	08	Addieren Absolutbetrag links	A B L
Rechnen mit vorherigem Zählerlöschen 1	11	Löschen addieren rechts	L A R
	12	Löschen subtrahieren rechts	L S R
	13	Löschen multiplizieren	L M U
	15	Löschen addieren links	L A L
	16	Löschen subtrahieren links	L S L
	17	Löschen addieren Absolutbetrag rechts	L B R
	18	Löschen addieren Absolutbetrag links	L B L
Stellenversetzen, Runden 2	21	Stellenversetzen nach links	V L I
	22	Stellenversetzen nach links u. zählen	V L Z
	23	Stellenversetzen nach rechts	V R E
	24	Stellenversetzen nach rechts u. runden	V R R
Laden, peichern 3	31	Laden Multiplikatorenregister	L M Q
	32	Speichern Multiplikatorenregister	S M Q
	34	Speichern rechts	S P R
	36	Speichern links	S P L
Programmfolge, Springen 4	41	Springen	S P G
	42	Springen bei Minus	S P M
	43	Springen bei Null	S P N
	44	Springen bei Überlauf	S P U
Indexregister 5	51	Laden Indexregister	L A X
	52	Speichern Indexregister	S P X
	53	Erhöhen Indexregister	A I X
	54	Erniedrigen Indexregister	S I X
	55	Springen bei Null	S N X
	56	Springen bei Gleich	S G X
	57	Index setzen und springen	S S X
Eingabe, Ausgabe 6	61	Eingabe	E I N
	62	Ausgabe	A U S
Sonderoperationen	00	Keine Operation	K O P
	71	Halt	H L T

Einige Operationen, die bei großen Maschinen notwendig sind, wie

Rückspulen Band
Auswählen Band
Übertragen Trommel — Kernspeicher
u. a. m.

werden nicht besprochen.

TEICO-Befehle — Erläuterungen

01 xxxx zzzz z Der Inhalt des Speicherplatzes xxxx wird in die rechten zehn Zählerstellen vorzeichenrichtig addiert. Überträge in die linke Zählerhälfte sind möglich. Nach Beendigung der Rechnung befindet sich die Summe im Zähler. Der Inhalt von xxxx ist unverändert.

02 xxxx zzzz z Der Inhalt von xxxx wird von den rechten zehn Zählerstellen subtrahiert. Im übrigen gilt das gleiche wie oben.

03 xxxx zzzz z Der Inhalt von xxxx wird mit dem Inhalt des Multiplikatorenregisters multipliziert. Das Produkt wird zum Zählerinhalt addiert.

04 xxxx zzzz z Der Inhalt des Zählers wird durch den Inhalt von xxxx dividiert. Der Quotient befindet sich im Multiplikatoren/Quotienten-Register 8001, der Rest im Zähler.

05 xxxx zzzz z (xxxx) wird in die linken zehn Zählerstellen addiert.

06 xxxx zzzz z (xxxx) wird von den linken zehn Zählerstellen subtrahiert.

07 xxxx zzzz z Der Absolutbetrag von (xxxx) wird in die rechten zehn Zählerstellen addiert.

08 xxxx zzzz z Der Absolutbetrag von (xxxx) wird in die linken zehn Zählerstellen addiert.

11 xxxx zzzz z Der Zähler wird gelöscht, anschließend wird (xxxx) in die rechten zehn Zählerstellen addiert.

12 xxxx zzzz z Der Zähler wird gelöscht; anschließend wird (xxxx) von den rechten zehn Zählerstellen subtrahiert.

13 xxxx zzzz z Der Zähler wird gelöscht. (xxxx) wird mit (8001) multipliziert; das Produkt befindet sich im Zähler.

15 xxxx zzzz z Der Zähler wird gelöscht. (xxxx) wird in die linken zehn Zählerstellen addiert.

16 xxxx zzzz z Der Zähler wird gelöscht. (xxxx) wird von den linken zehn Zählerstellen subtrahiert.

17 xxxx zzzz z Der Zähler wird gelöscht. Der Betrag von (xxxx) wird in die rechten zehn Zählerstellen addiert.

18 xxxx zzzz z Der Zähler wird gelöscht. Der Betrag von (xxxx) wird in die linken zehn Zählerstellen addiert.

21 000n zzzz z Der Inhalt des Zählers wird um n Stellen nach links versetzt. Jene Ziffern, die den Zähler links verlassen, werden abgeschnitten. Rechts freiwerdende Positionen werden mit Nullen aufgefüllt. n ist dabei eine der Zahlen 1 bis 9.

22 zzzz zzzz z Der Zählerinhalt wird so lange nach links versetzt, bis in der ersten (höchsten) Zählerstelle eine von Null verschiedene Ziffer steht. Die Anzahl der Stellenversetzungen wird in der äußersten rechten Zählerstelle gezählt. Ist die erste Zählerstelle von Null verschieden, dann wird nur die äußerste rechte Zählerstelle auf Null gelöscht. Ist nach neun Stellenversetzungen die erste Zählerstelle noch immer nicht von Null verschieden, dann stoppt die Maschine.

23 000n zzzz z Der Zählerinhalt wird um n Stellen nach rechts versetzt. Stellen, die den Zähler rechts verlassen, werden abgeschnitten. Links freiwerdende Stellen werden mit Nullen aufgefüllt. n ist dabei eine der Zahlen 1 bis 9.

24 000n zzzz z Der Zählerinhalt wird um n Stellen nach rechts versetzt. Stellen, die den Zähler rechts verlassen, werden abgeschnitten. Der

Zählerinhalt wird dabei gerundet, und zwar werden die Ziffern 0 bis 4 ab-, die Ziffern 5 bis 9 aufgerundet. Links freiwerdende Zählerstellen werden mit Nullen aufgefüllt. n ist eine der Zahlen 1 bis 9 oder 0. Bei $n = 0$ finden zehn Stellenversetzungen statt.

31 xxxx zzzz z (xxxx) wird ins Multiplikatorenregister gebracht.

32 xxxx zzzz z Der Inhalt des Multiplikatoren/Quotienten-Registers wird in xxxx gespeichert.

34 xxxx zzzz z Die rechten zehn Zählerstellen werden einschließlich des Vorzeichens in xxxx gespeichert.

36 xxxx zzzz z Die linken zehn Zählerstellen werden einschließlich des Vorzeichens in xxxx gespeichert.

41 yyyy zzzz z Der nächste Befehl wird dem Speicherplatz yyyy entnommen.

42 yyyy zzzz z Der nächste Befehl wird dem Speicherplatz yyyy entnommen, wenn das Vorzeichen des Zählerinhalts minus ist; wenn nicht, wird der nächste Befehl in normaler Reihenfolge genommen.

43 yyyy zzzz z Der nächste Befehl wird dem Platz yyyy entnommen, wenn der Zählerinhalt Null ist; wenn nicht, wird der nächste Befehl in normaler Reihenfolge genommen.

44 yyyy zzzz z Der nächste Befehl wird dem Platz yyyy entnommen, wenn im Zähler beim vorherigen Befehl ein Überlauf aufgetreten ist; wenn nicht, wird der nächste Befehl in normaler Reihenfolge genommen.

51 xxxx zzzi z Die Ziffern an der 3. bis 6. Stelle von xxxx werden in das Indexregister i gebracht.

52 xxxx zzzi z Der Inhalt des Indexregisters i wird an der 3. bis 6. Stelle von xxxx gespeichert. Die übrigen Stellen von xxxx bleiben unverändert.

53 nnnn zzzi z Der Inhalt des i-ten Indexregisters wird um nnnn erhöht.

54 nnnn zzzi z Der Inhalt des i-ten Indexregisters wird um nnnn erniedrigt.

55 yyyy zzzi z Der nächste Befehl wird dem Platz yyyy entnommen, wenn der Inhalt des i-ten Indexregisters Null ist; wenn nicht, wird der nächste Befehl in normaler Reihenfolge genommen.

56 yyyy zzzz z Der nächste Befehl wird dem Platz yyyy entnommen, wenn der Inhalt der beiden Indexregister übereinstimmt; wenn nicht, wird der nächste Befehl in normaler Reihenfolge genommen.

57 yyyy zzzi z Der Inhalt des Befehlszählers (das ist die Adresse des Befehls 57 yyyy zzzi z) wird in das Indexregister i gebracht. Anschließend wird der nächste Befehl dem Platz yyyy entnommen.

61 zzzz zzzz z Ein voller Satz gelangt aus dem Eingabemedium in die Speicherplätze 6001 bis 6008.

62 zzzz zzzz z Aus den Speicherplätzen 7001 bis 7008 gelangt ein voller Satz in das Ausgabemedium.

00 zzzz zzzz z Die Zahlen in allen Teilen der Maschine bleiben unverändert. Der nächste Befehl wird in normaler Reihenfolge genommen.

71 kkkk zzzz z Die Maschine hält. Die Adresse kkkk ist bedeutungslos, kann aber zur Identifikation des Befehls verwendet werden, falls mehrere Stops in einem Programm vorhanden sind und die Maschine anhält.

Im Adreßteil wurden echte Adressen mit xxxx (für Datenadressen) oder yyyy (für Befehlsadressen) bezeichnet. Für Konstante wurden die Buchstaben 000n (für einstellige) bzw. nnnn (für vierstellige Konstanten) gewählt. Bedeutungslose Adreßteile enthalten kkkk oder zzzz.

Bei diesem zweiten Befehl wird als Multiplikand der Inhalt von 0413 genommen, als Multiplikator der jeweilige Inhalt des M-Registers. Das Ergebnis wird zum Zählerinhalt addiert.

Die Division bietet keine neuen Schwierigkeiten, da sie die Umkehrung der Multiplikation darstellt. Sie besteht im allgemeinen ebenfalls aus zwei Befehlen:

> 1. Befehl: bringe den Dividenden von seinem Speicherplatz in den Zähler
>
> 2. Befehl: dividiere durch (es folgt die Adresse des Divisors)

Nach der Ausführung der Division steht der Quotient im M/Q-Register, der Rest befindet sich im Zähler. Alle Rechnungen werden nach 3 so ausgeführt, als ob Dividend, Divisor, Quotient und Rest ganze Zahlen wären. Numerische Beispiele für Divisionen finden sich in C 5.

Abschließend ist folgende Feststellung wesentlich. Die Programmierung eines Rechenautomaten ist möglich, wenn man die Liste seiner Befehle, die Beschaffenheit seiner Arithmetik, die Struktur der Speicherplätze und das Format der Ein- und Ausgabe kennt. Man könnte für einen solchen Automaten ohne jede Kenntnis seines technischen Aufbaus alle überhaupt möglichen Programme systematisch und abstrakt entwickeln, ähnlich wie sich aus den Axiomen einer mathematischen Disziplin Sätze ableiten lassen. Da sich dieses Vorgehen jedoch eher für ein Nachschlagewerk als für ein Lehrbuch eignet, wollen wir im folgenden im Gegenteil an Hand sehr konkreter Beispiele nach und nach die Verwendung einzelner Befehle erläutern. Dabei wird sich bald herausstellen, daß diese Befehle keineswegs ein unumgänglich notwendiges Minimum darstellen, z. B. ist der Befehl „Runden" entbehrlich und könnte durch die vorzeichenrichtige Addition einer Fünf in der geeigneten Stelle ersetzt werden, was mit Hilfe der anderen Befehle der Liste geschehen kann. Es ist nur sehr bequem, durch einen einzigen Befehl Dinge tun zu können, die man sonst aus mehreren Befehlen zusammensetzen müßte, wobei noch die Rechengeschwindigkeit der Maschine herabgesetzt würde. Andererseits sind in der Liste nicht zu viele unnötige Befehle enthalten, die dem Konstrukteur Schwierigkeiten bereiten und die Kosten der Maschine hinaufsetzen würden.

C. Programmieren im Maschinencode

1. Flußdiagramm und Speicherplan

Wir wollen in diesem Kapitel lernen, Programme für unsere Maschine TEICO zu schreiben. Dabei stellen wir uns Aufgaben, die keine mathematischen Schwierigkeiten bieten. In C 2 betrachten wir die Programmierung einer Addition, die so einfach ist, daß sie in der Praxis kaum auftreten wird. Sie gibt uns aber willkommene Gelegenheit, erste Gehversuche auf diesem neuen Gebiet zu unternehmen und dabei Vergleiche mit der Behandlung derselben Aufgabe auf Tischrechenmaschinen anzustellen. In C 4 arbeiten wir ein Programm aus, das eine einfache Entscheidung enthält und dabei über die Möglichkeiten einer Tischrechenmaschine bereits hinausgeht. In C 5 lernen wir durch die Bildung von „Schleifen" eine Programmiertechnik von großer Bedeutung kennen. C 6c bezieht sich ebenfalls auf eine Programmierungstechnik, aber auf eine solche von sehr spezieller Beschaffenheit, die nur bei Maschinen angewendet zu werden braucht, welche eine Magnettrommel enthalten, aber keine Schnellspeicher besitzen. Freilich ist dies die augenblicklich am weitesten verbreitete Gruppe.

Wir wissen bereits aus A 1, daß die Tätigkeit des Programmierens im Aufstellen einer Befehlsliste gipfelt, die Anweisungen an die Maschine in einer für sie verständlichen Form, der „Maschinensprache", enthält. Auch der Vergleich mit der Tätigkeit des Dolmetschers wurde dort gezogen, der aus der Sprache des Mathematikers in die Sprache der Maschine übersetzt. Als Erschwernis bei dieser Tätigkeit wurde uns die Tatsache bekannt, daß es kaum zwei Maschinen mit derselben Befehlsliste und mit demselben Aufbau gibt. Die Rechenautomaten verstehen nicht alle die gleiche Maschinensprache, sondern Sprachen, die, obzwar in wesentlichen Teilen gleich, charakteristische Unterschiede aufweisen. Das Programmieren desselben Problems für verschiedene Maschinen kann also im allgemeinen nicht vom gleichen Dolmetsch besorgt werden, da es für jede Maschine notwendig ist, einen speziellen Dialekt der Maschinensprache zu kennen. Es scheint daher vernünftig, das Rechenproblem nicht direkt aus der Formelsprache des Mathematikers oder der ebenfalls „problemorientierten" Sprache des Kaufmanns in die Maschinensprache des Rechenautomaten zu übersetzen, sondern eine Zwischenstufe einzuschalten, die einer allen Rechenmaschinen gemeinsamen Zwischensprache entspricht. Erst von dieser

Zwischenstufe aus soll die endgültige Übertragung in den Maschinendialekt erfolgen.

Wir wollen diesen Vorgang noch von einer anderen Seite beleuchten. Die Sprache des Mathematikers ist eine äußerst konzise. Die Formeln der höheren Mathematik sind dem Uneingeweihten nicht verständlich. Nur durch jahrelanges Studium kann die Bedeutung jedes Zeichens erlernt werden, und erst dem so Geschulten ist der Aussageinhalt einer komplizierten Formel zugänglich. Gleiches gilt von der weitgehend mathematisierten Formelsprache des Naturwissenschaftlers, und ähnliches, wenn auch in weit schwächerem Maße, von der Sprache des Kaufmanns. In jedem dieser Fälle ist die Formulierung eines Problems durch einen Fachmann der betreffenden Sparte nur einem Fachmann mit gleichem oder ähnlichem Bildungsgang unmittelbar verständlich. Jedem Mindergebildeten wird die Formulierung erst nach zusätzlichen Erklärungen deutlich, und je geringere Vorkenntnisse vorausgesetzt werden können, desto ausführlicher müssen die zusätzlichen Kommentare gegeben werden. Bei einem Rechenautomaten dürfen überhaupt keine Vorkenntnisse irgendeiner Fachdisziplin vorausgesetzt werden. Daher ist das Verständlichmachen eines Problems für die Maschine, also das Übertragen aus der Fachsprache in die Maschinensprache, in so gut wie allen Fällen mit einer wesentlichen Vermehrung der niedergeschriebenen Information verbunden. Das Maschinenprogramm ist ungleich langatmiger als die Formulierung in der Fachsprache des Wissenschaftlers.

Um aus einer Formel ein Programm zu erhalten, muß also die niedergeschriebene Information nicht nur in ihrem Aussehen verändert, sondern auch vermehrt werden. Rein zahlenmäßig kann dabei ein Maschinenprogramm den 20- und mehrfachen Platz der Formel einnehmen, und die Arbeit des Dolmetschers (sprich Programmierers) wird damit unübersichtlich und somit fehleranfällig. Hier hilft die Einführung einer Zwischensprache. Das Schreiben eines Programms erfolgt nun nicht in einem, sondern in zwei Schritten, wobei der erste Schritt, der den Übergang von der Formel zur Zwischensprache bringt, bereits mit einer Vermehrung an geschriebener Information verbunden ist und das endgültige Maschinenprogramm dann im zweiten Schritt beim Übergang von der Zwischensprache zur Maschinensprache erstellt wird.

Das läßt noch sehr weiten Spielraum für die Beschaffenheit der Zwischensprache offen. Wir wollen aber im folgenden feststellen, daß eine solche Zwischensprache vernünftigerweise noch einige weitere Forderungen erfüllen wird, die sie im wesentlichen festlegen. Wir werden vor allem verlangen, daß diese Zwischensprache noch nicht auf eine bestimmte Maschine zugeschnitten ist. Sie soll daher etwa jene Menge an Information erhalten, die einem verständniswilligen Menschen zu geben wäre, der das Rechenproblem verstehen möchte, ohne die geringsten

Vorkenntnisse zu besitzen. Eine so beschaffene Zwischensprache bietet zwei Vorteile. Erstens jenen, daß man sich nicht sofort für die Bearbeitung des Problems auf einer bestimmten Maschine zu entscheiden braucht, da die Wahl einer speziellen Maschine erst die Übertragung dieser Zwischensprache in die Maschinensprache beeinflußt. Dieser erste Vorteil wird selten in Anspruch genommen werden, da selten die Möglichkeit bestehen wird, ein Problem wahlweise auf verschiedenen Maschinen laufen zu lassen. Meist wird eine bestimmte Maschine gegeben sein, die zur Bearbeitung des Problems zur Verfügung steht. Daher ist der zweite Vorteil der Zwischensprache wesentlich entscheidender: Wenn der Fachmann, der das Problem formuliert, selbst nicht programmieren kann, was die Regel bildet, sich aber dazu entschließen kann, die Zwischensprache zu lernen, dann kann er dem Programmierer die Aufgabe bereits in der Zwischensprache stellen. Dies hat den Vorteil, daß er keine mündlichen Erklärungen abzugeben braucht, die mißverstanden werden, denn der Programmierer ist meist jener verständniswillige Mensch ohne alle Vorkenntnisse, dem das Problem erklärt werden muß, und zwar entweder mit Hilfe von formalen und umständlichen Erklärungen, die immer wieder zu Irrtümern Anlaß geben, oder mit Hilfe der Zwischensprache.

Eine solcherart konstruierte Zwischensprache muß zwei weitere Züge aufweisen. Sie muß so einfach sein, daß der Fachmann, der das Problem formuliert, sie wirklich lernt und es nicht vorzieht, sich mündlich mit dem Programmierer auseinanderzusetzen. Sie muß also insbesondere einfacher zu lernen sein als das Programmieren im Maschinencode, und sie muß von zwingender Logik sein und alle logischen Zusammenhänge des Problems wirklich aufzeigen, so daß sie dem Programmierer jede mündliche Erklärung ersetzt. Als Ergebnis dieser Ausführungen stellen wir die in Abb. 4 zusammengefaßten Tätigkeiten beim Programmieren fest.

Dabei ist die Fachsprache so knapp wie möglich; die Zwischensprache enthält alle wesentlichen Einzelheiten, insbesondere die logische Struktur; die Maschinensprache weist alle Einzelheiten auf.

Abb. 4

Ursprünglich waren wir von der Voraussetzung ausgegangen, daß ein und derselbe Mann Problem und Maschine beherrscht, und hatten ihm durch die Einführung einer Zwischensprache seine schwierige Übersetzungsarbeit erleichtern wollen. Nun haben wir in der Zwischensprache die Möglichkeit gefunden, auch solche Probleme erfolgreich anzugreifen, bei denen die Formulierung des Problems und seine Bearbeitung auf einer Maschine von verschiedenen Personen besorgt wird und daher schwierige Kommunikationsprobleme auftreten. Einen für die Praxis wesentlichen Gesichtspunkt möchte ich hinzufügen. Schon mancher hat vor dem Urlaub ein Programm geschrieben, seine praktische Erprobung verschoben und sich nach der Rückkehr in seinem eigenen Programm nicht mehr zurechtgefunden. Das tritt besonders dann leicht ein, wenn das Programm eine hinreichende Anzahl von sinnstörenden Fehlern enthält. Meist stellt in solchen Fällen die vorhandene Formulierung in einer Zwischensprache jene entscheidende Gedächtnisstütze dar, an Hand derer man sich alles wieder zusammenreimen kann.

Die vorstehenden Ausführungen lassen es notwendig erscheinen, eine Zwischensprache in allen Einzelheiten zu erläutern. Tatsächlich können wir hier bereits den bestimmten Artikel verwenden und können von *der* Zwischensprache reden, da sich als Zwischensprache eine einzige wohlbestimmte Sprache durchgesetzt hat, die von J. v. NEUMANN eingeführt wurde und allen oben gestellten Anforderungen in nahezu idealer Weise genügt. Es handelt sich um die Adaptierung von allgemein Bekanntem, denn die Aufstellung der Abb. 4 wurde bereits in dieser Zwischensprache formuliert: Es wurden einzelne Begriffe oder Feststellungen durch Rechtecke fein säuberlich abgegrenzt und ihr logischer Zusammenhang durch Linien bzw. Pfeile erläutert. Tatsächlich wird sich unsere Zwischensprache derselben Mittel bedienen, wenn auch in etwas allgemeinerer Form. Wir werden dabei im folgenden nicht von einer Zwischensprache reden, sondern von einem „Ablaufschema" oder von einem „Flußdiagramm". Der Name Ablaufschema ist einleuchtend, z. B. die Abb. 4 zeigt in anschaulicher und leicht verständlicher Weise, wie die Tätigkeit des Programmierens in logischer (und zeitlicher) Reihenfolge abläuft.

Das Aufstellen von Flußdiagrammen wollen wir uns ebenfalls an den in diesem Kapitel zur Diskussion stehenden Beispielen zu eigen machen. Wir gehen dabei so vor, daß wir zuerst das Ablaufschema und im Anschluß daran das Maschinenprogramm für unsere Maschine TEICO aufstellen.

Unsere Anforderungen an ein Programm haben sich seit Beginn dieses Abschnitts dahingehend erweitert, daß wir neben einer Liste von Befehlen, die die Maschine versteht, auch ein Ablaufschema zu produzieren haben. Zusätzlich zu diesen beiden Erfordernissen wird sich noch als drittes ein *Speicherplan* als zweckmäßig erweisen, dessen Aufgabe und Bedeutung wir im folgenden umreißen wollen.

Wir wissen, daß die Speicher des Rechenautomaten sowohl Daten als auch Befehle enthalten sollen, die sich auf unser Problem beziehen. Es ist klar, daß jeder Speicherplatz, der verwendet wird, nur mit *einem*

Begriff besetzt werden darf. Es wäre unsinnig, zuerst zu erklären, „der Speicherplatz 93 soll die Konstante 33 enthalten", und gleich darauf festzustellen, „der Speicherplatz 93 soll von der Konstanten 2 besetzt sein". So unsinnig ein derartiges Vorgehen ist, so häufig tritt es bei komplizierten Programmen auf. Bei einem Programm, bei dem nach und nach einige hundert Konstanten unterzubringen sind, verliert man leicht die Übersicht und besetzt nach stundenlanger Arbeit einen Platz zum zweiten Mal, weil man sich nicht mehr daran erinnert, daß dieser Platz schon einmal belegt wurde. Um solche vermeidbaren Fehler auszuschalten, muß man eine Liste aufstellen, welche Plätze womit besetzt wurden. Jeder Hotelier, der gefragt wird: „Haben Sie ein freies Zimmer?", sieht in einem Zimmerplan nach. Er verläßt sich, wenn das Hotel groß genug ist, nicht auf sein Gedächtnis, und dasselbe muß beim Programmieren geschehen.

Unser erstes Programm wird so einfach sein, daß ein Speicherplan überflüssig scheint und vollends das Zeichnen eines Ablaufschemas sehr gekünstelt wirken wird. Trotzdem wollen wir uns sofort ganz bewußt und mit bürokratischer Genauigkeit die Gewohnheit zu eigen machen, jedes Programm aus drei Teilen zusammenzustellen:

1. *dem Ablaufschema*
2. *dem Speicherplan*
3. *der Befehlsliste.*

Wir vermeiden damit unnötige Fehler. Programme werden gerne komplizierter als sie zuerst aussehen. Wenn man nur eine Befehlsliste schreibt und im übrigen auf sein Gedächtnis vertraut, so merkt man sehr oft beim Prüfen des Programms, daß man vom Gedächtnis im Stich gelassen wird. Das kostet neben Ärger in der Regel ein Vielfaches jener Zeit zum Ausbessern des Programms, die man ursprünglich für Flußdiagramm und Speicherplan benötigt hätte. Daß man außerdem beim Programmprüfen Maschinenzeit vergeudet und sich dabei bei Vorgesetzten und Kollegen unbeliebt macht, sei nur nebenbei erwähnt.

Wir beachten daher nochmals: *Ein Programm besteht aus Ablaufschema, Speicherplan und Befehlsliste.*

2. Eine Addition

Unser erstes Programm soll in der Addition von zwei Zahlen bestehen. So einfach dieser Satz lautet, so viele Fragen läßt er offen: Wo stehen die Zahlen? Wie viele Ziffern haben sie? Wo wird das Ergebnis gewünscht? usw. Wir bemühen uns daher, die Aufgabe zu präzisieren: Gegeben sind zwei Zahlen a und b, gesucht ist ihre Summe c. Die beiden Zahlen sollen sich nebeneinander in einem Satz eines Eingabemediums

befinden, so daß sie in zwei benachbarte Plätze der Eingabezone
zu liegen kommen. Verlangt ist in der Ausgabe *a*, *b* und *c* in dieser
Reihenfolge.

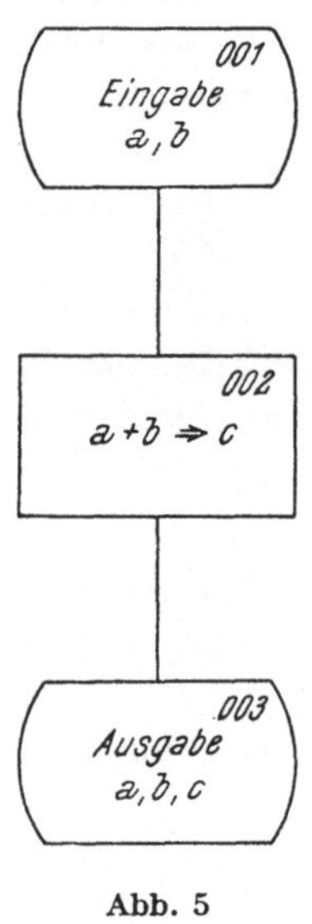

Abb. 5

Wir versuchen zuerst das Flußdiagramm zu zeichnen und stellen fest, daß die Addition in zeitlicher
Reihenfolge in drei Schritten ablaufen wird: der Eingabe, der eigentlichen Rechnung und der Ausgabe.
Dies haben wir nach C 1 aufzuschreiben und zu umranden (siehe Abb. 5): Wir haben dabei für jenen
Teil des Programms, der die eigentliche Rechnung
beschreibt, eine andere Umrahmung gewählt als für
die Ein- und Ausgabe. Die Verwendung gerade dieser
Umrahmungen hat sich seit einem Jahrzehnt durchgesetzt. Sie sind daher nach Tunlichkeit stets in dieser
Bedeutung zu verwenden. Durch das Ablaufschema
wurden die drei oben genannten Teile der Aufgabe
klar herausgestellt. Statt von Teilen sprechen wir von
„Blöcken". Daher nennt man das Ablaufschema manchmal auch „Blockdiagramm". Um einen Block des
Programms jederzeit leicht beschreiben zu können,
haben wir jeden Block rechts oben mit einer Nummer
versehen. Daß diese Nummer gerade dreistellig ist,
ist keineswegs zwingend. Hat man sich aber eine gewisse Stellenanzahl einmal angewöhnt, dann behält man sie am besten konsequent bei. Dabei ist es wesentlich, daß sich alle Mitglieder eines
Recheninstituts auf dieselbe Aufmachung einigen, damit die Programme
des ganzen Instituts einheitlich aussehen und jeder Mitarbeiter mit
einem Minimum an Mühe die Programme der anderen Mitarbeiter versteht.

In Block 002 fällt das Zeichen ⇒ in $a + b \Rightarrow c$ statt des gewohnten
$a + b = c$ auf. Es wird „Ergibtzeichen" genannt und gelesen „*a* plus *b*
ergibt *c*". Es findet seine Berechtigung darin, daß es bei unserem Problem nicht nur um die Gleichheit von $a + b$ mit *c* geht, sondern daß
hier eine Rechenvorschrift vorliegt, die es gestattet, mit Hilfe der links
vom Ergibtzeichen stehenden bekannten Größen die rechts vom Ergibtzeichen befindliche Größe zu berechnen. Damit ist über das Ablaufschema alles Nötige gesagt und wir wenden uns dem Speicherplan zu.

Wir entnehmen dem Blockdiagramm, daß folgende Größen auftreten:

$\qquad$ *a* und *b* in der Eingabe

$\qquad$ *a*, *b*, *c* während der Rechnung

$\qquad$ *a*, *b*, *c* in der Ausgabe.

Daher sehen wir folgende Plätze vor:

a ... 6001 in der Eingabe[1]
7001 in der Ausgabe
b ... 6002 in der Eingabe[1]
7002 in der Ausgabe
c ... 7003 in der Ausgabe.

Während der Rechnung brauchen wir für a, b und c keine eigenen Speicherplätze vorzusehen, da das fertige Programm zeigen wird, daß wir für die Rechnung allein mit dem immer zur Verfügung stehenden Zähler das Auslangen finden. Dagegen dürfen wir nicht vergessen, daß auch für das Programm eigene Plätze vorzusehen sind. Wir wissen noch nicht wie viele, da die genaue Länge des fertigen Programms noch nicht bekannt ist. Wir schreiben daher bloß den ersten Platz des Programms etwa als 0001 vor. Dann lautet der vollständige Speicherplan

Größe	Adresse	Anmerkung
a	6001	Eingabe
	7001	Ausgabe
b	6002	Eingabe
	7002	Ausgabe
c	7003	Ausgabe
Programm	ab 0001	

Die Befehlsliste entsteht nun unter Benützung von Flußdiagramm, Speicherplan und der in Tabelle 4 gegebenen numerischen Verschlüsselung der einzelnen Maschinenbefehle.

Zunächst stellen wir im Ablaufschema fest, daß der erste Befehl ein Eingabebefehl ist. Das Verzeichnis der Operationen liefert hierfür den Operationscode 61. Da die Angabe einer Adresse bei der Eingabe nicht erforderlich ist, sind nach 61 Zwischenräume zu verwenden, so daß der vollständige Befehl

61 zzzz zzzz z

lautet. Gemäß Speicherplan hat dieser erste Befehl auf Platz 0001 zu stehen. Wir können daher unsere Befehlsliste folgendermaßen beginnen:

Adresse des Befehls	Befehl	
0001	61 zzzz zzzz z	

---

[1] Das hat zur Folge, daß sich a und b in den ersten beiden Worten der eingegebenen Sätze befinden müssen.

Das ist das Minimum dessen, was eine Befehlsliste an Spalten enthalten muß. Aus Gründen der Übersicht ergänzen wir diese Liste durch eine ganze Reihe von Spalten, die im folgenden zu erläutern sein werden, so daß der Kopf der Befehlsliste endgültig das folgende Aussehen bekommt:

Block	Adresse des Befehls	Abk.	Befehl		Erläuterung	Numerisches Beispiel
			OP	ADR		

Die Blocknummer in der ersten Spalte läßt raschen Überblick gewinnen, wenn ein Programmteil aufgesucht oder abgeändert werden muß. Die zweite Spalte mit dem Platz des Befehls gehört zu der wesentlichen Information und bedarf daher keiner Erläuterung. Die dritte Spalte enthält die Abkürzung der Operation, da die Erfahrung lehrt, daß Irrtümer beim Niederschreiben der Abkürzung seltener auftreten als beim Operationscode und daß Fehler im Code auf diese Weise oft aufgeklärt werden können. Die vierte Spalte mit dem Befehl bedarf keines Kommentars. Die mit „Erläuterung" überschriebene Spalte soll ebenfalls dazu dienen, das Zurechtfinden im Programm zu erleichtern. Hier soll ein kurzer Hinweis enthalten sein, welcher Teil der mathematischen Formel oder welche Operation der kaufmännischen Aufgabe gerade abgewickelt wird. Die sechste Spalte „Numerisches Beispiel" dient einem Zweck, der über den Rahmen des Buches hinausgeht und daher nur kurz behandelt werden soll, nämlich dem Programmprüfen. Es ist besonders bei langen und logisch komplizierten Programmen nicht eine Ausnahme, sondern die Regel, daß das Programm zunächst einen oder mehrere Fehler enthält, die trotz aller Sorgfalt des Programmierers unentdeckt geblieben sind. Bei einem ersten Probelauf produziert die Maschine daher falsche Ergebnisse. Das Lokalisieren solcher Fehler nur auf Grund der ersten fünf Spalten der Befehlsliste ist äußerst mühsam und zeitraubend. Zweckmäßig ist es, beim Programm stets ein Zahlenbeispiel mitzuführen und das Programm beim Auftreten von Fehlern nicht mit elektronischer Geschwindigkeit, sondern Schritt für Schritt ablaufen zu lassen. So gut wie alle Maschinen besitzen für diesen Zweck geeignete Hilfseinrichtungen, die den Zählerinhalt nach jedem Schritt an Kontrolleinrichtungen abzulesen oder auszudrucken gestatten, so daß wir nun Programmschritt um Programmschritt vergleichen können, ob die Maschine jene Zahlen produziert, die wir erwarten. Erfahrungsgemäß lassen sich so die Ursachen der meisten Fehler rasch erkennen. Es würde zu weit führen, bei jedem Schritt alle Zahlen, die sich in irgendwelchen Teilen der Maschine befinden, in der Befehlsliste aufzuzeigen. Wir beschränken uns daher auf die Angabe der Zahlen in den wichtigsten Teilen der Maschine, nämlich dem Zähler und dem Multiplikatoren-

Quotienten-Register. Dabei wollen wir, um Platz zu sparen, in der Spalte „Numerisches Beispiel" in der Regel nur die rechten zehn Zählerstellen und das Vorzeichen angeben. Wo es erforderlich ist, den Inhalt der linken Zählerhälfte einschließlich des Vorzeichens anzuschreiben, wollen wir dies durch ein vorgestelltes (L) [= „Inhalt des linken Zählers"] anmerken. Den Inhalt des MQ-Registers kennzeichnen wir durch ein vorgestelltes (M). Wenn es einmal notwendig wird, den gesamten Zählerinhalt anzuschreiben, erübrigt sich die Kennzeichnung, da Zahlen mit mehr als zehn Stellen nur im Zähler der Maschine enthalten sein können.

Wir werden bald mit Maschinenoperationen zu tun bekommen, bei denen sich der Zähler- oder MQ-Inhalt nicht verändert und die daher ungeprüft bleiben. Sollte eine dieser Operationen jedoch falsch sein, so gibt sie bald Anlaß zu einem falschen Zählerinhalt oder zur Ausgabe falscher Zahlen und kann daher ebenfalls leicht lokalisiert werden. — Eine vollständige Anweisung für das zweckmäßige Prüfen von Programmen läßt sich ohne praktische Unterweisung an einer Maschine schwer geben, und wir werden uns daher zunächst auf gelegentliche Erwähnungen beschränken, um später in Kapitel F auf dieses Gebiet noch einmal zurückzukommen.

Wir haben unseren bereits aufgeschriebenen ersten Befehl nun in das erweiterte Schema der Befehlsliste einzutragen und erhalten

Block	Adresse des Befehls	Abk.	Befehl		Erläuterung	Numerisches Beispiel
			OP	ADR		
001	0001	EIN	61 zzzz	zzzz z	Eingabe a, b	

Die Erläuterung in Spalte 5 ist evident und der Zählerinhalt wird durch einen Eingabebefehl nicht berührt, so daß Spalte 6 freibleiben kann. Wir müssen uns aber ein Zahlenbeispiel zurechtlegen, das wir in dieser Spalte eintragen wollen. Nehmen wir etwa $a=12$, $b=7$, $a+b \Rightarrow c=19$ und versuchen wir gleich, den zweiten Befehl zu schreiben. Dem Flußdiagramm entnehmen wir, daß Block 001 programmiert ist und nun Block 002 durchgeführt werden muß. Bei unserer Einadressenmaschine spielt sich nach B 4 diese Addition genau so ab wie auf einer Tischrechenmaschine, auf der es nicht möglich ist, in einem einzigen Schritt die Summe $a+b$ zu bilden. Wie bei jeder Tischrechenmaschine muß zuerst a in das Rechenwerk addiert werden und anschließend b, wodurch sich im Rechenwerk die Summe bildet. Genau das gleiche ist bei uns der Fall: wir müssen zuerst a in den Zähler bringen und in einem zweiten Schritt b, wodurch im Zähler die Summe aufläuft. Bei der Tischrechenmaschine — genau wie bei einem programmgesteuerten Rechenautomaten — dürfen wir nicht vergessen, vor Beginn der Rechnung das Rechenwerk bzw. den Zähler zu löschen. Bei unserer TEICO gibt es, wie wir aus der Liste der Operationen entnehmen, keinen eigenen Löschbefehl, aber einen Additionsbefehl, der vorherige Löschung einschließt, nämlich „löschen, addieren rechts". Damit können wir unseren zweiten Befehl Spalte um Spalte anschreiben.

Die Blocknummer folgt aus dem Flußdiagramm und ist 002.

Der Platz des nächsten Befehls ist dadurch gegeben, daß die Maschine nach dem in B 4 Gesagten nach Ausführen eines Befehls den nächsten Befehl im folgenden Speicherplatz sucht. Da der vorhergehende Befehl auf Platz 0001 stand, muß jener notwendig auf Platz 0002 kommen.

Abkürzung und Operationscode sind bereits mit LAR und 11 festgelegt.

Die Zahl, die addiert werden soll, befindet sich laut Speicherplan auf Platz 6001.

Als Erläuterung schreiben wir lediglich „a", um anzudeuten, daß in diesem Schritt die Zahl a in den Zähler gebracht wird.

Der Zählerinhalt muß in unserem speziellen Zahlenbeispiel daher 00000 00000 00000 00012+ lauten. Stellt sich beim Programmprüfen wirklich diese Zahl im Zähler ein, so ist damit gleichzeitig Schritt 1, für den bis jetzt keine zahlenmäßige Kontrolle vorhanden war, mitgeprüft. (Es wäre der Fall denkbar, daß zwar z. B. die Adresse im Befehl 2 falsch ist und statt 6001 gelautet hat 0601. Es wäre weiter denkbar, daß auf Platz 0601 noch von früher zufällig die Zahl 12 steht. Wenn alle diese Umstände zusammentreffen, dann ist das Programm falsch, aber der Fehler wird beim Prüfen nicht entdeckt, weil im Zähler die Zahl 12 erscheint, der nicht anzusehen ist, ob sie vom richtigen Platz 6001 oder von einem falschen Platz stammt. Das Zusammentreffen solcher Umstände ist aber nicht sehr wahrscheinlich. Im vorliegenden Fall kann man sich leicht dadurch schützen, daß vor Beginn der Rechnung die gesamte Maschine gelöscht wird.) Wir können daher den Befehl Nr. 2 unter Zusammenfassung der letzten Absätze so anschreiben:

002 | 0002 | LAR | 11 6001 zzzz z | a | 0 0 0 0 0   0 0 0 1 2 +

Unsere Befehlsliste hat daher insgesamt folgendes Aussehen:

| Block | Adresse des Befehls | Abk. | Befehl | Erläuterung | Numerisches Beispiel |
			OP ADR		
001	0001	EIN	61 zzzz zzzz z	Eingabe a, b	
002	0002	LAR	11 6001 zzzz z	a	0 0 0 0 0 0 0 0 1 2 +

Der dritte Befehl wird in derselben Art und Weise erstellt, so daß wir uns bereits etwas kürzer fassen können. Wir füllen die Befehlsliste Spalte um Spalte aus und finden:

Die Blocknummer lautet gemäß Ablaufschema noch immer 0002.

Platz der Instruktion ist der Platz nach dem zuletzt angeschriebenen Befehl, also 0003.

Die Abkürzung ist aus Tabelle 4 zu entnehmen. Sie muß, da es sich um die Addition einer Zahl handelt, ARE, also „addiere rechts" lauten. „Löschen und addieren rechts" wäre in diesem Fall falsch, da dies den Akkumulatorinhalt a zerstören würde. „Addiere links" wäre falsch, weil a im rechten Zähler steht und daher b nicht im linken addiert werden darf. Die fälschliche Verwendung noch anderer Befehle ist wohl auch durch Anfänger nicht zu fürchten.

Der Code ermittelt sich aus Tabelle 4 als 01.

Die Operationsadresse ist die Anschrift von b, laut Speicherplan 6002.

Als Erläuterung nehmen wir am besten $a + b \Rightarrow c$.

Im Zähler entsteht durch Addition von $b = 7$ zum bereits vorhandenen Inhalt 12 die Zahl 00000 00019+.

Deshalb lautet der vollständige Befehl

002 | 0003 | ARE | 01 6002 zzzz z | $a + b \Rightarrow c$ | 0 0 0 0 0 0 0 0 1 9 +

Als nächstes folgt laut Ablaufschema die Ausgabe in Block 003. Sie erfordert einige Vorbereitung, da erstens c, das sich derzeit noch im Zähler befindet, in die Ausgabezone gebracht werden muß, das gleiche aber für a und b gilt, die derzeit nur in der Eingabezone stehen. Wir beginnen mit c und benützen den Befehl „Speichern rechts" SPR mit dem Code 34. Als Adresse, auf die c gespeichert werden muß, entnehmen wir dem Speicherplan 7003. Der Zählerinhalt bleibt dabei unverändert 19, wir schreiben ihn nicht an, da er keine Kontrolle zuläßt, ob c am richtigen Platz gespeichert wurde. Daher lautet der vollständige Befehl

003 | 0004 | SPR | 34 7003 zzzz z | speichern c |

Das Speichern von a und b in der Ausgabezone ist bei unserer Maschine nur auf dem Umweg über den Zähler möglich. Wir können z. B. a nicht direkt von 6001 nach 7001 bringen, sondern müssen a in den Zähler schaffen und anschließend durch einen Speicherbefehl nach 7001 übertragen. Wieder ist vorher der Zähler, der ja nach wie vor 19 enthält, zu löschen. Insgesamt liefert das die Befehle:

003 | 0005 | LAR | 11 6001 zzzz z | a | 0 0 0 0 0 0 0 0 1 2 +
003 | 0006 | SPR | 34 7001 zzzz z | speichern a |

Das gleiche gilt für b:

| 003 | 0007 | LAR | 11 6002 zzzz z | b | | 0 0 0 0 0 0 0 0 0 7 $+$ |
| 003 | 0008 | SPR | 34 7002 zzzz z | speichern b | | |

Als letztes erfolgt die Ausgabe mit Hilfe eines Befehls, den wir wieder der Tabelle 4 entnehmen:

| 003 | 0009 | AUS | 62 zzzz zzzz z | Ausgabe a, b, c |

Stellen wir unsere erste Befehlsliste zusammen, so erhalten wir:

Block	Adresse des Befehls	Abk.	Befehl OP ADR	Erläuterung	Numerisches Beispiel
001	0001	EIN	61 zzzz zzzz z	Eingabe a, b	
002	0002	LAR	11 6001 zzzz z	a	0 0 0 0 0 0 0 0 1 2 $+$
	0003	ARE	01 6002 zzzz z	$a + b \Rightarrow c$	0 0 0 0 0 0 0 0 1 9 $+$
003	0004	SPR	34 7003 zzzz z	speichern c	
	0005	LAR	11 6001 zzzz z	a	0 0 0 0 0 0 0 0 1 2 $+$
	0006	SPR	34 7001 zzzz z	speichern a	
	0007	LAR	11 6002 zzzz z	b	0 0 0 0 0 0 0 0 0 7 $+$
	0008	SPR	34 7002 zzzz z	speichern b	
	0009	AUS	62 zzzz zzzz z	Ausgabe a, b, c	

wobei wir die Blocknummer nur in jener Zeile angeschrieben haben, in welcher sie das erstemal auftritt.

Unser Programm ist nun fertig und kann geprüft werden. Insbesondere wird noch festzustellen sein, ob die richtigen Zahlen ausgegeben werden.

Das Problem, für das unser Programm bis jetzt geeignet ist, auf einem programmgesteuerten Rechenautomaten zu bearbeiten, ist aber nicht sehr sinnvoll. Wir können zwei Zahlen addieren, sonst nichts. Wir mußten aber zum Programmprüfen zwei Zahlen mit der Hand addieren, das heißt, wir hatten alle Arbeit zu tun, die bei der Addition von zwei Zahlen auftritt, und zusätzlich noch die Programmierarbeit. Sinnvoll kann das Problem überhaupt erst von einem Rechenautomaten bearbeitet werden, wenn nicht zwei Zahlen in der programmierten Weise zu addieren sind, sondern wenn Hunderte oder Tausende von solchen Additionen je zweier Zahlen zu bewältigen sind. Die Programmierarbeit ist nämlich bei den ersten zwei Zahlen zur Gänze geleistet worden, und die Addition aller übrigen Paare geht dann völlig automatisch vor sich, so daß sich bei genügender Anzahl von Additionen die Programmierarbeit lohnen kann. Hier liegt ein Beispiel für ein Programm vor, das aus sehr einfachen Einzelschritten besteht und daher seine Rechtfertigung erst aus der Tatsache erhält, daß eine große Anzahl gleichartiger

Fälle zu erledigen ist. — Voraussetzung für die automatische Erledigung der Arbeit ist dabei, daß sämtliche Hunderte oder Tausende Paare der Reihe nach in aufeinanderfolgenden Sätzen des Eingabemediums enthalten sind, also z. B. in Hunderten oder Tausenden Lochkarten. Dann muß nach der Ausgabe der ersten Summe dieselbe Rechnung mit dem zweiten Paar wiederholt werden usw. Das kann so erfolgen, daß das Programm jedesmal von neuem von Hand aus gestartet wird. Daß dieses Vorgehen zeitraubend, mühsam und unökonomisch ist, leuchtet ein. Wir müssen erreichen, daß die Maschine von sich aus das Programm mit dem nächsten Zahlenpaar von neuem durchführt, solange Zahlenpaare in der Eingabe vorhanden sind. Dies geschieht mit Hilfe des Sprunges SPG mit dem Code 41. Er veranlaßt die Maschine, den nächsten Befehl nicht vom nächsten Platz zu nehmen, sondern von jenem Platz, der im Adreßteil angegeben ist. Wenn wir an das Ende des Programms den Befehl 41 0001 zzzz z setzen, wird die Maschine nach Beendigung jeder Addition wieder von neuem die Rechnung wiederholen, solange in der Eingabe noch Zahlen vorhanden sind. Wir erreichen also mit Hilfe des Sprungbefehls genau den gewünschten Erfolg.

Bevor wir das vollständige Programm noch einmal anschreiben, beachten wir, daß es einer Verbesserung fähig ist. Das Übertragen der Größe a von Platz 6001 auf 7001 nimmt in unserem Programm zwei Schritte ein. Wenn wir diesen Transfer nach der Instruktion auf Platz 0002 ausführen, bei der a bereits im Zähler steht, finden wir mit einem einzigen Speicherbefehl das Auslangen. Berücksichtigen wir auch diese Möglichkeit, dann lautet unser endgültiges Programm

Block	Adresse des Befehls	Abk.	Befehl		Erläuterung	Numerisches Beispiel
			OP	ADR		
001	0001	EIN	61 zzzz	zzzz z	Eingabe a, b	
002	0002	LAR	11 6001	zzzz z	a	00000 00012 +
	0003	SPR	34 7001	zzzz z	speichern a	
	0004	ARE	01 6002	zzzz z	$a + b \Rightarrow c$	00000 00019 +
003	0005	SPR	34 7003	zzzz z	speichern c	
	0006	LAR	11 6002	zzzz z	b	00000 00007 +
	0007	SPR	34 7002	zzzz z	speichern b	
	0008	AUS	62 zzzz	zzzz z	Ausgabe a, b, c	
	0009	SPG	41 0001	zzzz z	zurück zum Beginn	

Damit ist unsere erste Aufgabe beendet. Wir wollen noch eine Warnung folgen lassen. Wir haben das fertige Programm nachträglich durch geschicktes Verändern in der Reihenfolge der Speicherbefehle um einen Befehl verkürzt. Bei komplizierten Programmen lassen sich bei mehr oder weniger Nachdenken fast stets Verbesserungsmöglichkeiten finden. Ein Experte auf diesem Gebiet hat einmal scherzhaft gesagt: „Der Hauptsatz der Programmiertechnik lautet: Es läßt sich immer noch ein Befehl einsparen.‟

Dieses Einsparen von Befehlen ist wie jede Straffung einer Aussage meist damit verbunden, daß die logische Struktur des Programms komplizierter wird. So gut wie immer erfordert aber eine derartige Verbesserung das Neuschreiben des Programms. Man soll daher der Versuchung, ein einmal geschriebenes Programm zu verbessern, nicht zu leicht nachgeben. Es ist besser, ein Problem mit einem „schlechten‟ Programm in zwei Stunden zu Ende zu rechnen, als das „schlechte‟ Programm drei Tage zu verbessern und dann, weil es komplizierter geworden ist, weitere zwei Tage zu prüfen. Selbst wenn das Programm zur Durchrechnung des Problems nun nur mehr die halbe Zeit, also eine Stunde benötigt, ist damit nichts mehr gewonnen. Besonders Männer neigen dazu, aus Programmen ästhetische Kunstwerke zu machen, während Frauen die Programmierarbeit mit einem Sinn fürs Praktische vom Standpunkt der Häkelarbeit oder des Strickstrumpfes betreiben. Auch Männer sollten sich in „weiser Beschränkung‟ üben, wie es RUTIS-HAUSER genannt hat, und die goldene Mitte zwischen praktischem Erfolg und theoretischer Programmierkunst finden.

3. Rechenkomma, negative Zahlen

In Kapitel B haben wir festgestellt, daß TEICO ein festes Maschinenkomma besitzt, das rechts von der letzten Speicher- bzw. Zählerstelle gelegen ist. Da wir bis jetzt ganze Zahlen addiert haben, bei denen das Komma ebenfalls rechts von der letzten Ziffer zu liegen kommt, brauchten wir uns um die Behandlung des Dezimalpunktes nicht weiter zu kümmern. Wir wollen aber nun die Frage stellen, wie dieselbe Rechnung mit beliebigen Dezimalzahlen vor sich geht.

In diesem Fall wird die Rechnung eine Kommastellung vorschreiben, die mit dem Maschinenkomma nicht mehr übereinstimmt. Die durch die Rechnung vorgeschriebene Kommastellung wollen wir zum Unterschied vom Maschinenkomma kurz als „Rechenkomma‟ bezeichnen. Zum Unterschied vom Maschinenkomma, das physikalische Realität besitzt, da die interne Schaltung des Rechenautomaten auf das Maschinenkomma ausgerichtet ist, ist das Rechenkomma ein gedachtes Komma, das von der Maschine nicht berücksichtigt wird und dessen Stellung im Verlauf der Rechnung daher durch den Programmierer verfolgt werden muß. Wir wollen deshalb bei unseren Programmen in Zukunft überall dort, wo das Rechenkomma nicht mit dem Maschinenkomma übereinstimmt, das Rechenkomma auffällig markieren und dazu einen Beistrich verwenden.

Wir wollen nun unser Additionsprogramm noch einmal unter der Annahme schreiben, daß a und b nicht ganze Zahlen sind, sondern je zwei Dezimalstellen besitzen. Wir benötigen: Ablaufschema, Speicherplan und Befehlsliste.

Das Ablaufschema wird durch die Kommastellung nicht beeinflußt, so daß wir das Schema Abb. 5 unverändert übernehmen können.

Der Speicherplan kann ebenfalls aus dem vorigen Abschnitt übernommen werden, und in Präzisierung des dort Gesagten können wir statt Programm ab 0001 nun auf Grund der Befehlsliste sogar schreiben: Programm von 0001 bis 0009. Der Speicherplan muß aber durch eine Angabe über die Kommastellung der einzelnen Zahlen ergänzt werden. Dabei haben wir bereits festgestellt, daß a und b zwei Dezimalstellen besitzen sollen, so daß c ebenfalls zwei Dezimalstellen besitzen wird. Es ist nun an der Zeit, auch über die Anzahl der Ziffern von a und b vor dem Komma zu sprechen. Nehmen wir etwa an, sowohl a als auch b können maximal sechs ganze Stellen besitzen. Es handelt sich also um insgesamt achtstellige Zahlen, und da TEICO gestattet, zehnstellige Wörter zu speichern, so stoßen wir auf keine Schwierigkeiten, im Gegenteil bleiben in den Speichern für a und b die ersten beiden Stellen unbenützt. Die Tatsache, daß a und b sechs ganze und zwei Dezimalstellen besitzen, merken wir im Speicherplan vor, in dem wir neben a bzw. b das Zeichen 6,2 anbringen. Dieses Zeichen bedeutet also *nicht*, daß a gleich 6,2 ist, sondern daß a sechs ganze und zwei Dezimalstellen besitzt, und sinngemäß gleiches gilt für b. Da durch die Addition zweier Zahlen mit je sechs ganzen Stellen ein Zehnerübertrag in die siebente Stelle eintreten kann, sehen wir c in der Form 7,2 vor. Eine Zahl der Form 6,2 besitzt insgesamt acht wesentliche Ziffern, ihre Lage innerhalb eines zehnstelligen TEICO-Wortes ist daher nicht eindeutig festgelegt. Wir vermeiden Mißverständnisse durch das Zeichen ⌋ nach 6,2 mit der Bedeutung: „Die wesentlichen Ziffern befinden sich im Speicher innerhalb des Wortes äußerst rechts." Wir schreiben also: Darstellung von $a \ldots 6,2⌋$.
Als Zahlenbeispiel wollen wir $a = 123456,78$ und $b = 912345,67$ wählen, so daß der Speicherplan folgende endgültige Form annimmt:

Größe	Darstellung	Adresse	Anmerkung	Numerisches Beispiel
a	6,2⌋	6001	Eingabe	0 0 1 2 3 4 5 6,7 8 +
		7001	Ausgabe	
b	6,2⌋	6002	Eingabe	0 0 9 1 2 3 4 5,6 7 +
		7002	Ausgabe	
c	7,2⌋	7003	Ausgabe	0 1 0 3 5 8 0 2,4 5 +
Programm		0001 bis 0009		

Die Befehlsliste kann nun mit Ausnahme der letzten Spalte von C 2 abgeschrieben werden, nur in der letzten Spalte sind die richtigen Zahlen und das Rechenkomma einzusetzen.

Block	Adresse des Befehls	Abk.	Befehl		Erläuterung	Numerisches Beispiel
			OP	ADR		
001	0001	EIN	61	zzzz zzzz z	Eingabe a, b	
002	0002	LAR	11 6001	zzzz z	a	0 0 1 2 3 4 5 6,7 8 $+$
	0003	SPR	34 7001	zzzz z	speichern a	
	0004	ARE	01 6002	zzzz z	$a + b \Rightarrow c$	0 1 0 3 5 8 0 2,4 5 $+$
003	0005	SPR	34 7003	zzzz z	speichern c	
	0006	LAR	11 6002	zzzz z	b	0 0 9 1 2 3 4 5,6 7 $+$
	0007	SPR	34 7002	zzzz z	speichern b	
	0008	AUS	62	zzzz zzzz z	Ausgabe a, b, c	
	0009	SPG	41 0001	zzzz z	zurück z. Beginn	

Es ist dabei keineswegs wesentlich, daß sich das Rechenkomma noch innerhalb des Speichers oder des Zählers befindet; es ist z. B. ohne weiteres möglich, für a und b zwölfstellige Dezimalzahlen zu wählen, bei denen jeweils die erste bis vierte Dezimalstelle 0 ist. Da wir in diesem Fall den Dezimalpunkt nicht mehr innerhalb unserer Zahl markieren können, empfiehlt es sich, die Zahlen mit geeigneten Zehnerpotenzen zu multiplizieren, etwa

$$a \cdot 10^{10} \ldots 6,2$$

$$b \cdot 10^{10} \ldots 6,2$$

$$c \cdot 10^{10} \ldots 7,2$$

Damit ist klar, daß das Ergebnis $c \cdot 10^{10}$ zwei Dezimalen und c selbst wieder 12 Dezimalen besitzt, während die Ziffernfolge durch Multiplikation mit einer Zehnerpotenz nicht geändert wurde.

Wir erkennen nun, daß das hier beschriebene Programm in allen Fällen anwendbar ist, in denen a, b und c höchstens zehn Ziffern und die gleiche Anzahl von Dezimalstellen besitzen. Je nach der Anzahl der Dezimalstellen verschiebt sich lediglich die Stellung des Rechenkommas, die aber weder in der Eingabe noch in der Ausgabe explizit in Erscheinung tritt, sondern vom Programmierer angegeben werden muß. Das Ausgabemedium enthält in unserem Zahlenbeispiel für c die Ziffernfolge 01035 80245+, und erst aus dem Speicherplan geht hervor, daß es sich bei c um eine Zahl mit zwei Dezimalstellen handelt.

Sollte eine der drei Größen a, b oder c mehr als zehnstellig werden, dann ist das Programm grundsätzlich umzuändern, und zwar ist dann ein Programm mit doppelter Genauigkeit vorzusehen, wie es in D 2c noch einmal erwähnt wird. Eine besonders unangenehme Möglichkeit tritt dann ein, wenn eine der drei Größen unvorhergesehen mehr als zehnstellig wird. De facto kann dies bei a und b nicht eintreten, da diese Tatsache bei der Vorbereitung des Eingabemediums auffallen müßte, dagegen kann es sein, daß wir zehnstellige Zahlen a und b addieren und uns im guten Glauben befinden, daß kein Zehnerübertrag eintreten kann und auch die Ergebnisse immer zehnstellig bleiben. Tritt dann wider Erwarten doch ein Übertrag auf, dann versagt unser Programm, wie wir uns am Beispiel $a = 98765,43210$, $b = 29876,54320$ überzeugen wollen.

Block	Adresse des Befehls	Abk.	Befehl		Erläuterung	Numerisches Beispiel
			OP	ADR		
001	0001	EIN	61	zzzz zzzz z	Eingabe a, b	
002	0002	LAR	11	6001 zzzz z	a	$98765,43210 +$
	0003	SPR	34	7001 zzzz z	speichern a	
	0004	ARE	01	6002 zzzz z	$a + b \Rightarrow c$	$128641,97530 +$
003	0005	SPR	34	7003 zzzz z	speichern c	
			usw.			

Befehl 0005 versagt, denn in 0004 ist durch Übertrag an der elften Stelle eine „1" entstanden, die sich im linken Zähler befindet. Befehl 0005 lautet „speichern rechts", d. h. gespeichert wird 28641,97530 und gerade die höchste Stelle ist abgeschnitten worden. Wollen wir uns gegen das Eintreten des eben beschriebenen Falles sichern, dann können wir z. B. das ganze Programm in den linken Akkumulator verlegen, dann läuft die Rechnung mit Zahlen von zehn oder weniger Stellen richtig ab. Mit $a = 123456,78$ und $b = 912345,67$ als Beispiel lautet das Programm

Block	Adresse des Befehls	Abk.	Befehl		Erläuterung	Numerisches Beispiel
			OP	ADR		
001	0001	EIN	61	zzzz zzzz z	Eingabe a, b	
002	0002	LAL	15	6001 zzzz z	a	(L) $00123\ 456,78 +$ Der rechte Zähler enthält lauter Nullen, wir schreiben seinen Inhalt daher gar nicht an
	0003	SPL	36	7001 zzzz z	speichern a	
	0004	ALI	05	6002 zzzz z	$a + b \Rightarrow c$	(L) $01035\ 802,45 +$
003	0005	SPL	36	7003 zzzz z	speichern c	
	0006	LAL	15	6002 zzzz z	b	(L) $00912\ 345,67 +$
	0007	SPL	36	7002 zzzz z	speichern b	
	0008	AUS	62	zzzz zzzz z	Ausgabe a, b, c	
	0009	SPG	41	0001 zzzz z	zurück z. Beginn	

Das Programm liefert genau die gleichen Ergebnisse wie unter Verwendung des rechten Zählers. Bei den Befehlen 0006 und 0007 könnte der rechte Zähler verwendet werden, da dort in keinem Fall ein Übertrag zu fürchten ist. Tritt bei Befehl 0004 nunmehr ein Übertrag auf, dann entsteht er von der 20. auf die 21. Stelle und der Einser des Übertrags wird nach B 3. dazu benützt, die Maschine unter Anzeige von „Überlauf" anzuhalten, so daß unvorhergesehen große Resultate auf diese Weise erkannt und von Hand berichtigt werden können.

Zusätzliche Schwierigkeiten treten dann auf, wenn a und b nicht gleich viele Dezimalstellen besitzen. Nehmen wir an, a besitze zwei Dezimalstellen und vier ganze Stellen und b vier Dezimalstellen und drei ganze Stellen. Dann bleibt das Ablaufschema nach wie vor unverändert, der Speicherplan bekommt aber folgendes Aussehen:

Größe	Darstellung	Adresse	Anmerkung	Numerisches Beispiel
a	4,2 |	6001		4 2 3 1,3 3
		7001		
b	3,4 |	6002		1 3 3,1 2 3 4
		7002		
c	5,4 |	7003		4 3 6 4,4 5 3 4

a und b sollen dabei in Wort 1 und 2 des eingegebenen Satzes die äußerst rechten Stellen besetzen, so daß der Satz die Form

$$00004\ 23133 + 00013\ 31234 + \text{zzz usw.}$$

annimmt.

Die Befehlsliste stimmt zuerst mit jener von Seite 74 überein.

Block	Adresse des Befehls	Abk.	Befehl OP ADR		Erläuterung	Numerisches Beispiel
001	0001	EIN	61 zzzz zzzz z		Eingabe a, b	
002	0002	LAR	11 6001 zzzz z		a	0 0 0 0 4 2 3 1,3 3 +
	0003	SPR	34 7001 zzzz z		speichern a	

Nun kann aber b nicht durch „addiere rechts" addiert werden, da sonst ohne Rücksicht auf das Rechenkomma die falsche Summe

$$
\begin{array}{r}
4\,2\,3\,1,3\,3 \\
1\,3\,3,1\,2\,3\,4 \\
\hline
1\,7\,5\,4\,3\,6\,7
\end{array}
$$

gebildet würde. Es muß vielmehr a durch den Befehl 21 „stellenversetzen nach links", VLI, so weit verschoben werden, daß b kommagerecht addiert werden kann, also um zwei Stellen, was durch den Befehl 21 0002 zzzz z erreicht wird, wobei wir in Wiederholung des Textes von Tabelle 4 daran erinnern, daß hier 0002 keine Adresse, sondern die Anzahl der Stellenversetzungen angibt. Die beiden rechts entstehenden leeren Zählerstellen werden durch TEICO automatisch mit Nullen aufgefüllt. Daher geht es so weiter.

0004	VLI	21 0002 zzzz z	Stellenvers. a	0 0 4 2 3	1,3 3 0 0 +
0005	ARE	01 6002 zzzz z	$a+b=c$	0 0 4 3 6	4,4 5 3 4 +
0006	SPR	34 7003 zzzz z	speichern c		
0007	LAR	11 6002 zzzz z	b	0 0 0 1 3	3,1 2 3 4 +
0008	SPR	34 7002 zzzz z	speichern b		
0009	AUS	62 zzzz zzzz z	Ausgabe a, b, c		
0010	SPG	41 0001 zzzz z	zurück z. Beginn		

so daß die Befehlsliste insgesamt um einen Schritt länger geworden ist.

Auch dieses Programm wird unbrauchbar, wenn bei a oder b die Lage des Rechenkommas von Angabe zu Angabe wechselt. Diese Aufgabe verlangt Mittel der Programmierung, die uns augenblicklich noch nicht zur Verfügung stehen und erst bei den Gleitkommaoperationen besprochen werden.

Die Behandlung negativer Zahlen erfolgt durch TEICO vorzeichenrichtig und erfordert keine eigenen Vorkehrungen im Programm. Im Fall $a=12$, $b=-7$ erhalten wir arithmetisch richtig $12+(-7)=5$, und ähnliches gilt für $a=-12$, $b=7$ bzw. $a=-12$, $b=-7$, wo das Ergebnis $c=-5$ bzw. $c=-19$ lautet.

In der Praxis wird es sich so gut wie nie bezahlt machen, mit einem hochentwickelten Rechenautomaten Additionen auszuführen. Nur mit den allereinfachsten Maschinen wird das wirtschaftlich möglich sein. Bei hochentwickelten Anlagen tritt dagegen der Fall ein, daß die Rechengeschwindigkeit der Maschine nicht ausgenützt werden kann, weil die Ein- und Ausgabe zuviel Zeit in Anspruch nimmt. Nehmen wir als Beispiel eine gleichzeitige Ein- und Ausgabegeschwindigkeit von 200 Lochkarten je Minute an, so bedeutet das, daß die Laufzeit unseres Programms allein wegen der Ein- und Ausgabe eine zweihundertstel Minute = 300 Millisekunden beträgt, während die Arithmetik jeder mittelgroßen Maschine die Rechnung in wenigen Millisekunden bewältigen könnte, wie wir in C 6 feststellen werden. Erst bei komplizierten Rechnungen wird sich ein ausgewogenes Verhältnis zwischen Ein- und Ausgabe auf der einen und Arithmetik auf der anderen Seite einstellen.

4. Entscheidungen

Wir wenden uns nun einem Programm zu, das eine Entscheidung enthält, die von der Maschine auszuführen ist, und wählen dazu das Beispiel der Arbeiterkammerumlage. Arbeiterkammerumlagepflichtige Lohnempfänger haben einen festen Prozentsatz ihres Lohnes als Arbeiterkammerumlage zu entrichten. Dabei ist aber eine Höchstgrenze vorgesehen, bei deren Überschreitung die eingehobene AKU konstant bleibt. Im einzelnen lautet diese Bestimmung: Die Arbeiterkammerumlage beträgt $\frac{1}{2}\%$ des AKU-pflichtigen Bezuges bis zu einem Bezug von S 2400.—. Für Bezüge ab S 2400.— ist als Arbeiterkammerumlage ein fester Betrag von S 12.— zu entrichten (wobei S 12.— genau $\frac{1}{2}\%$ von S 2400.— darstellen).

Ähnliche Bestimmungen über Höchstgrenzen finden sich oft. So enthält z. B. das Sozialversicherungsgesetz eine Bestimmung, die eine Höchstgrenze für das sozialversicherungspflichtige Einkommen setzt. Wir wollen im folgenden die Berechnung der Arbeiterkammerumlage programmieren, wobei wir annehmen, daß als Eingabe Sätze vorliegen, die aus dem Namen des Beschäftigten in Wort 1 und seinem arbeiterkammerumlagepflichtigen Bezug in Wort 2 bestehen, und daß Sätze auszugeben sind, die im Wort 1 wieder den Namen und in Wort 2 die Arbeiterkammerumlage enthalten. Wir wollen weiter annehmen, daß die Bezüge eine ungeordnete Folge bilden, so daß die Maschine die Entscheidung vorzunehmen hat, ob $\frac{1}{2}\%$ vom Bezug als Arbeiterkammerumlage zu berechnen ist, oder jener Fall vorliegt, der die Anwendung der Höchstgrenze erfordert. Beachten wir dabei, daß durch das vorhin Gesagte die Bedeutung des Wortes „Entscheidung" in einem sehr speziellen Sinn festgelegt ist. Das Gesetz läßt hier nicht eine Entscheidung nach dem Ermessen des Bearbeiters, in unserem Fall also der Maschine, offen. Es ist völlig klar, wann der Satz von S 12.— anzuwenden ist und wann nicht, und wer von der oben gegebenen Vorschrift abweicht, verstößt gegen das Gesetz. Der Ablauf der Rechnung ist also nach wie vor ein völlig festgelegter und der Willkür entzogener. Die Entscheidung besteht dabei lediglich darin, daß entschieden werden muß, ob es sich um einen Bezug unter oder über S 2400.— handelt, und daß der Gang der Rechnung entsprechend abgewandelt werden muß. Bei der hier zu besprechenden Entscheidung handelt es sich also eher um die *Feststellung*, welcher von zwei möglichen Sachverhalten vorliegt, und um die Tatsache, daß je nach dem Ergebnis dieser Feststellung ein anderer Rechengang eingeschlagen werden muß. Daß eine derartige Aufgabe für den Konstrukteur einer Rechenmaschine kein unüberwindliches Problem darstellt, leuchtet ein. Wenn wir einen Telephonanruf tätigen, so stellt die Anlage selbsttätig fest, ob der Apparat des gewünschten Gesprächspartners frei ist oder nicht. Je nach dem Ergebnis dieser Feststellung wird ein anderes akustisches Zeichen zu hören sein. Die Konstruktion einer Rechenmaschine, die Entscheidung der oben geschilderten Art treffen kann, birgt — soweit die Entscheidung betroffen ist — keine anderen Probleme als die, welche bei der Konstruktion einer Telephonzentrale auftreten. Der Einbau einer solchen Entscheidungsmöglichkeit hat nach außen hin seinen Niederschlag in der Existenz der bedingten Sprungbefehle SPM und SPN gefunden, und wir werden an Hand der Befehlsliste sehen, wie diese Befehle zur Erreichung des gewünschten Effekts herangezogen werden können.

Vorher müssen wir jedoch das Flußdiagramm zeichnen. Es wird an entscheidender Stelle die Feststellung enthalten, ob der Bezug nun kleiner als S 2400.— ist oder nicht. Wir können diesen Sachverhalt am besten an Hand einer kleinen Tabelle sichtbar machen.

Wenn Bezug b	Dann AKU a
< S 2400.—	½% von b
≧ S 2400.—	S 12.—

Wir müßten nun zunächst von unserer Maschine erwarten, daß sie Zahlen, die kleiner als 2400 sind, von solchen größer als 2400 unterscheiden kann. Tatsächlich kann sie das nicht, da 2400 eine gerade in diesem speziellen Fall auftretende Schranke ist, während andere Probleme die gleiche Entscheidung etwa für die Zahl 3600 erfordern und wieder andere für eine dritte Schranke. Man kann nun zwar grundsätzlich alle diese Entscheidungsmöglichkeiten in eine Maschine hineinbauen; es würde aber völlig sinnlosen Aufwand bedeuten, vielleicht einige hundert Entscheidungsfunktionen in einer Maschine unterzubringen. Man beschränkt sich darauf, einige besonders wichtige Entscheidungsfunktionen der Maschine einzuverleiben. Bei TEICO ist das die Entscheidung, ob eine Zahl nicht negativ oder negativ ist und ob zweitens eine Zahl gleich Null oder ungleich Null ist. Wir werden bald erkennen, daß die erste Entscheidung mit dem Befehl SPM und die zweite mit dem Befehl SPN verknüpft ist. Der Vorteil dieser Konstruktion besteht darin, daß die Maschine nur zwei eingebaute Entscheidungsmöglichkeiten besitzen muß und daher weniger Aufwand erfordert. Als Nachteil erkennen wir, daß sich diese Entscheidungsmöglichkeiten der Maschine nicht unmittelbar auf unser Problem anwenden lassen. Eine ganz kurze Überlegung überwindet aber diese Schwierigkeit, so daß es sich um keinen sehr schwerwiegenden Nachteil handelt.

Wir brauchen die Entscheidung, ob $b < 2400$ oder nicht. Die Maschine leistet die Entscheidung, ob eine Kenngröße $K < 0$ ist oder nicht. Wir wählen daher als Kenngröße $K = b - 2400$. Die Fälle mit $b - 2400 < 0$ sind nun die „niederen" Bezüge, bei denen als AKU $\frac{1}{2}\%$ von b zu entrichten ist, während es sich im Fall $b - 2400 \geqq 0$ um einen „hohen" Bezug handelt, der zu einer AKU von S 12.— Anlaß gibt. Das Programm hat also zwei verschiedene Fortsetzungen zu nehmen, je nachdem, ob $b - 2400 < 0$ ist

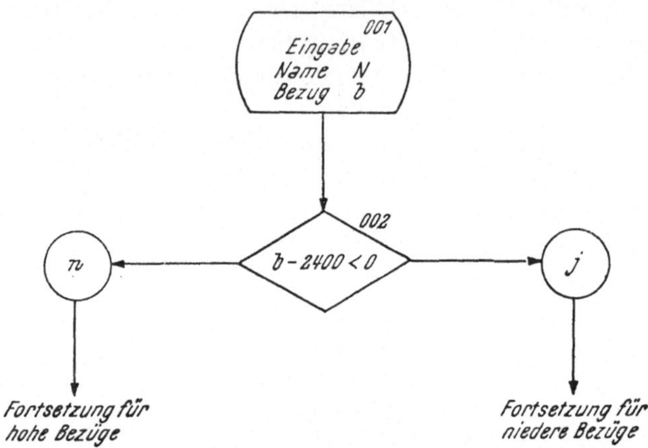

Abb. 6. n bedeutet „nein", also b — 2400 $\geqq$ 0 oder b $\geqq$ 2400, daher Vorliegen eines hohen Bezuges. j bedeutet „ja", also b — 2400 < 0 oder b < 2400, daher Vorliegen eines niederen Bezuges.

oder nicht. Diese Tatsache haben wir im Flußdiagramm zum Ausdruck zu bringen, und wir tun dies wegen der Wichtigkeit des Gegenstandes in augenfälliger Weise, indem wir für Entscheidungen ein eigenes Zeichen einführen. Seine Verwendung wird aus Abb. 6 sofort klar.

Das vollständige Ablaufschema könnte etwa so aussehen (Abb. 7):

In Block 002 gabelt sich das Programm in zwei „Programmzweige" oder kurz „Zweige". Welcher von beiden in einem konkret vorliegenden Fall tatsächlich durchzuführen ist, wird dabei durch die Maschine festgestellt. Die beiden Kreise mit den Zeichen „ja" und „nein" sind dabei als Gedächtnisstützen für den Programmierer gedacht, um welchen Zweig es sich handelt. Sie dienen also nur zur Markierung des Zweiges und tragen daher auch keine Blocknummern. Die Rechenvorschrift selbst ist nach Einschlagen des richtigen Weges genau wie früher in Blöcke zusammengefaßt.

Damit ist unsere Hauptabsicht, nämlich die Behandlung von Entscheidungen, zumindest soweit sie das Flußdiagramm betreffen, durchgeführt. Der entscheidende Schritt bestand dabei in der Verzweigung des Programms in Block 2. Bis zur endgültigen Fertigstellung des Programms werden wir aber noch einige Verbesserungen anzubringen haben, die für sich Interesse beanspruchen.

Vor allem fällt uns auf, daß Block 004 und 006 in Abb. 7 genau das
gleiche Aussehen haben. Für die Befehlsliste ist daher eine Folge von

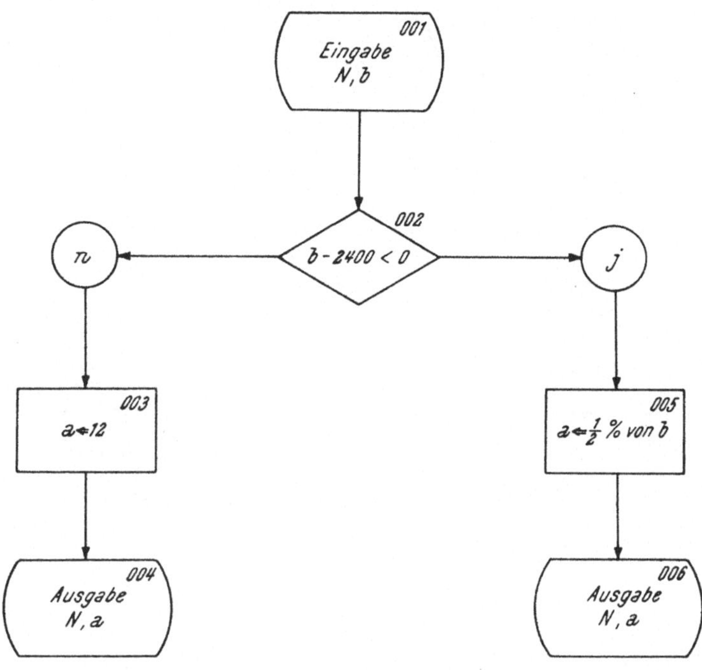

Abb. 7

paarweise gleichen Befehlen zu erwarten, die lediglich auf verschiedenen
Speicherplätzen gelegen und mit einer anderen Blocknummer bezeichnet sind. Ein solches Vorgehen zeigt von nicht gerade großer Geschick-
lichkeit des Programmierers, und wir wollen versuchen, diese Doppel-
arbeit dadurch zu vermeiden, daß wir die beiden getrennten Programmzweige nach der Berechnung von a wieder in einen gemeinsamen Zweig
zur Ausgabe zusammenführen. Das Ablaufschema nimmt damit die
in Abb. 8 gezeigte Gestalt an.
Hier ist das Zeichen $\bigcirc$ zwischen den Blöcken 003 bzw. 004 und 005 neu.
Wir nennen dieses Zeichen „Konnektor“ und verwenden es überall
dort, wo verschiedene Teile eines Programms in eine gemeinsame Fortsetzung münden. Während also bei $\lozenge$ verschiedene Programmzweige
auseinanderlaufen, treffen sie bei $\bigcirc$ zusammen.

Eine zweite Verwendungsmöglichkeit von Konnektoren in umfangreichen Programmen besteht darin, zusammengehörige Programmteile
zu kennzeichnen, die aus Platzgründen oder zur besseren Übersichtlichkeit getrennt gezeichnet wurden. Ein Beispiel soll dies deutlich machen.

Unser Additionsprogramm auf Seite 71 war leicht auf einem Blatt unterzubringen. Nehmen wir aber an, es wäre zwischen Block 002 und

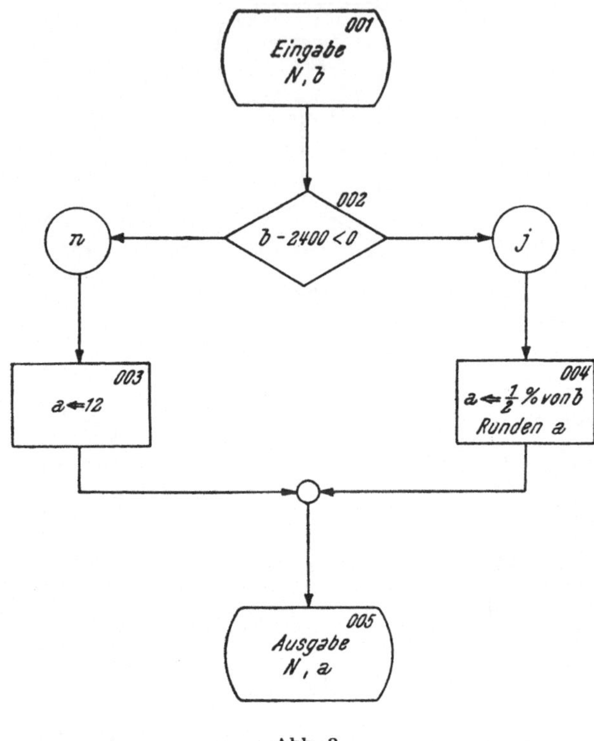

Abb. 8

003 notwendig gewesen, eine neue Seite zu beginnen. Dann würde dies unter Verwendung eines Konnektors so auszusehen haben (Abb. 9):

Die beiden Konnektoren wurden hier mit derselben Ziffer bezeichnet, um anzudeuten, daß es sich um eine Nahtstelle des Programms handelt, bei der gleichbezifferte Teile zusammenzufügen sind. Gleichzeitig werden dadurch Verwechslungen vermieden, falls in einem umfangreichen Programm mehrere Konnektoren auftreten. Selbstverständlich sind nicht zusammengehörige Konnektoren mit verschiedenen Ziffern oder Zahlen zu versehen.

Das Flußdiagramm hat nun seine endgültige Gestalt angenommen. Weitere Neuerungen werden jedoch bei der Behandlung des Rechenkommas notwendig werden. Nehmen wir zunächst an, daß der Bezug auf Groschen genau gegeben ist und stets kleiner als 9999,99 bleibt. Dann können wir in der aus C 3 bereits bekannten Notation

$$b \ldots 4{,}2$$

vormerken. Die Arbeiterkammerumlage a wird ebenfalls auf Groschen genau zu bestimmen sein und kann überdies höchstens S 12.— betragen, daher gilt

$$a \ldots 2{,}2$$

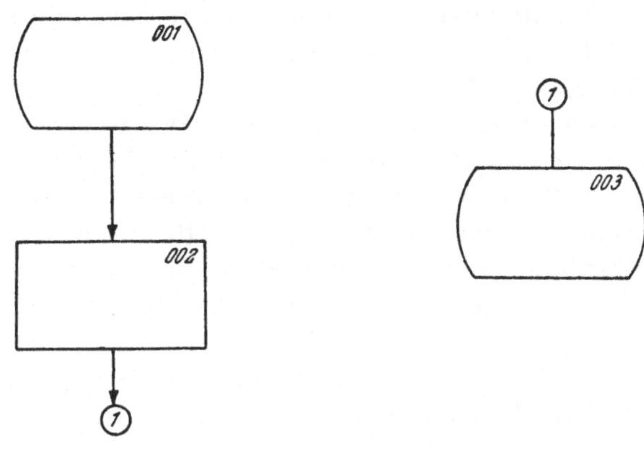

Abb. 9

Beachten wir nun die Vorschrift zur Berechnung von a in Block 004. $\frac{1}{2}\%$ von b entspricht $5\%_{00}$ von b. $1\%_{00}$ von b ist $\frac{b}{1000}$, $5\%_{00}$ daher gleich $\frac{5b}{1000}$. Den Ausdruck

$$a = \frac{5b}{1000}$$

könnten wir im Zähler und Nenner durch 5 kürzen und $a = \frac{b}{200}$ berechnen. Wir sehen davon ab, da wir in C 6 feststellen werden, daß eine Division durch 200 im allgemeinen wesentlich länger dauert als eine Multiplikation mit 5 und die anschließende Division durch 1000. Dies kommt daher, daß die Multiplikation mit 5 an sich wenig Zeit beansprucht, und die Division durch eine glatte Zehnerpotenz, in unserem Fall 1000, durch die bloße Stellenversetzung des Rechenkommas erreicht werden kann. Versuchen wir, uns das Gesagte an Hand des Zahlenbeispiels $b = 1239{,}56$ klarzumachen. Wir berechnen zuerst $5b = 6197{,}80$ und erhalten daraus $a = \frac{5b}{1000}$ durch bloßes Verschieben des Rechenkommas als $a = 6{,}19780$. Da das Rechenkomma in der Maschine nicht explizit in Erscheinung tritt, ist für diese Division kein eigener Befehl erforderlich, sondern $5b$ besitzt bereits die richtige Ziffernfolge und die Kommastellung ist lediglich im Programm vorzumerken.

Freilich begegnen wir einer neuen Schwierigkeit, der wir jedoch auch bei Berechnung von a in der Form $a = \dfrac{b}{200}$ nicht ausgewichen wären.

a besitzt fünf Dezimalstellen, drei mehr als gefordert. Wir könnten diese Schwierigkeit so umgehen, daß wir sagen, nach Ausgabe von a wollen wir die zehntel, hundertstel und tausendstel Groschen unberücksichtigt lassen und lediglich $a = 6{,}19$ weiter verwenden; das mag bei manchen Rechnungen angehen, sehr oft wird aber gefordert, daß weggelassene Stellen in irgendeiner Form zu runden sind. Wir wollen hier fordern, daß eine Rundung weggelassener Dezimalstellen folgendermaßen vorzunehmen ist. Bis 0,5 Groschen ist auf den nächst niedrigen Groschenbetrag abzurunden, ab 0,5 Groschen einschließlich soll auf den nächst höheren Groschenbetrag aufgerundet werden. Für diese Art der Rundung ist ein eigener Maschinenbefehl VRR (Stellenversetzen nach rechts und runden) verfügbar, den wir anläßlich des Aufstellens der Befehlsliste erläutern werden. Die Tatsache des Rundens sollte aber ihren Niederschlag auch im Ablaufschema finden, und in Block 004 muß daher eine Zeile „Runden a" eingefügt werden. In Abb. 8 ist dies bereits geschehen.

Für die Befehlsliste brauchen wir ein Zahlenbeispiel zum Programmprüfen. Verwenden wir zunächst das folgende.

N ... MEIER
b ... 1239,56

Da es sich hier um einen Bezug kleiner als S 2400.— handelt, kann mit diesem Beispiel auch nur jener Zweig des Programms geprüft werden, der die niedrigen Bezüge betrifft, also der aus den Blöcken 001, 002, 004 und 005 bestehende Zweig. Dagegen bleibt Block 003 ungeprüft. Für ihn benützen wir ein anderes Beispiel, etwa

N ... **MUELLER**
b ... **2830,63**

das wir auch im Druck unterscheiden.

Der Speicherplan, der als nächstes vorzubereiten ist, erhält folgendes Aussehen (der Kopf der Liste hat damit seine endgültige Form gefunden, die wir für den Rest des Buches beibehalten werden):

Die auftretenden Konstanten 2400,00; 12,00 und 5 müssen im Programm vorgesehen werden, was wir bei der Befehlsliste berücksichtigen werden. Sie brauchen nicht mehr durch ein Eingabemedium in die Maschine kommen wie die Namen Müller und Meier samt den zugehörigen Bezügen. Die Angabe dieser Konstanten in der Spalte „Numerisches Beispiel" kann daher entfallen.

Größe	Bedeutung	Darst.	Adresse	Anmerkung	Num. Beispiel
N	Name	—	6001	Eingabe	MEIER **MUELLER**
			7001	Ausgabe	
b	Bezug	4,2	6002	Eingabe	1239,56 **2830,63**
a	Arbeiterkammer- umlage AKU	2,2	7002	Ausgabe	6,20 **12,00**
00002 40000 +	Konstante zur Durchführung der Entscheidung in Block 002	4,2	0001	—	—
00000 01200 +	Höchste Arbeiterkammer- umlage	2,2	0002	—	—
00000 00005 +	Konstante für die Multiplikation	1,0	0003	—	—
Programm	—	—	ab 0010	—	—

Die Konstanten dürfen nicht auf Plätzen untergebracht werden, die
bei der Eingabe frei bleiben, in unserem Falle sind das die Plätze 6003
bis 6008. Diese Plätze werden beim Befehl 61 „EIN" vor der Aufnahme
neuer Daten jedesmal gelöscht, so daß Konstante, die für die Berechnung der AKU in sämtlichen vielleicht Tausenden Fällen zur Verfügung
stehen müssen, auf den genannten Plätzen nicht gespeichert werden
können. Es wäre möglich, die Konstanten auf den Plätzen 7003 bis 7008
der Ausgabe unterzubringen; es ist dies jedoch unzweckmäßig, solange
der sonstige Speicherraum der Maschine noch ausreicht. Da nämlich
die Plätze 7001 bis 7008 in jedem Fall ausgegeben werden, hätten wir
die Konstanten jedesmal neben Name und Arbeiterkammerumlage
stehen, was wir gern vermeiden wollen. Um völlig konkret zu bleiben,
wollen wir annehmen, wir hätten für die Konstanten folgende Zuordnung der Plätze vorgenommen:

$$2400,00 \ldots 7003$$
$$12,00 \ldots 7004$$
$$5 \ldots 7005$$

Dann würde für unser bereits zitiertes Zahlenbeispiel $b = 1239,56$ die
Ausgabe folgendermaßen aussehen, falls alle Plätze vor Beginn der
Rechnung auf „—0" gelöscht wurden (siehe D 2):

NAMEz zzzzz z 00000 00620+ 00002 40000+ 00000 01200+
00000 00005+ 00000 00000— 00000 00000— 00000 00000—

Ein Speicherplan dagegen, der die Plätze 7003 bis 7008 sämtlich frei-
läßt, würde zu einer Zeile von der Form

NAMEz zzzzz z 00000 00620+ 00000 00000− 00000 00000−
00000 00000− 00000 00000− 00000 00000− 00000 00000−

Anlaß geben, bei der nicht durch unwesentliche Zahlen von den Ergebnissen abgelenkt wird.

Der erste Befehl kann nun angeschrieben werden. Er lautet

Block	Adresse des Befehls	Abk.	Befehl		Erläuterung	Numerisches Beispiel
			OP	ADR		
001	0010	EIN	61 zzzz zzzz z		Eingabe N, b	

Der Beginn von Block 2 enthält zunächst die Berechnung der Kenngröße $K = b - 2400,00$

Block	Adresse des Befehls	Abk.	Befehl		Erläuterung	Numerisches Beispiel
002	0011	LAR	11 6002 zzzz z		b	00001 239,56 +
						00002 830,63 +
002	0012	SRE	02 0001 zzzz z		$b - 2400,00$	00001 160,44 −
						00000 430,63 +

Nun ist die eigentliche Entscheidung herbeizuführen. Das geschieht mit
Hilfe des bedingten Sprungbefehls „springen bei Minus" 42 xxxx zzzz z.
Bei diesem Befehl springt die Maschine nach xxxx und entnimmt diesem
Platz den nächsten Befehl, aber nur unter der Bedingung, daß im Zähler
eine negative Zahl steht, daher der Name bedingter Sprungbefehl. Steht
im Zähler eine positive Zahl, dann wird wie immer der nächste Befehl
vom nächsten Platz 0014 genommen. Wir schreiben daher

Block	Adresse des Befehls	Abk.	Befehl		Erläuterung	Numerisches Beispiel
002	0013	SPM	42 ???? zzzz z		kleiner Bezug?	(ja)
						(nein)

Jetzt wird die Programmkontrolle bei MEIER (−1160,44) nach jenem
Platz springen, der hinter 42 angegeben ist, bei **MUELLER** dagegen
(+430,63) wird der nächste Befehl dem Platz 0014 entnommen. Damit
können wir die beiden Programmzweige in der gewünschten Weise
trennen, dabei haben wir auf den Plätzen 0014 ff. das Programm für
hohe Bezüge, also Block 003, anzugeben. Block 004 dagegen muß auf
jenem Platz beginnen, der hinter 42 angegeben ist. Wir müssen dabei
darauf achten, daß wir hinter 42 keinen Platz aufschreiben, der bereits
vom Block 003 besetzt wird. Das ist deshalb schwierig, weil wir die
genaue Länge von Block 003 noch nicht kennen. Wir könnten die Länge
von Block 003 abschätzen und dann einen Platz für den ersten Befehl
von Block 004 verwenden, der sicher weit genug entfernt ist, z. B.
Platz 0100. Das würde aber wieder zur Folge haben, daß eine Lücke
im Programm entsteht, da Block 003 nicht sämtliche Plätze bis 0099

belegen wird. Wir lassen daher — wie wir es ohnehin getan haben — die Adresse hinter 42 frei und programmieren zunächst den Block 003 fertig, um seine genaue Länge zu kennen.

003 | 0014 | LAR | 11 0002 zzzz z | höchste AKU | **0 0 0 0 0 0 1 2,0 0 +**

Hier ist Block 003 zu Ende. Wir müssen aber — da wir Block 004 und später Block 005 anschließen wollen — den ersten Platz von Block 005 auch von Block 003 aus erreichen — wie es das Flußdiagramm zeigt. Wir bringen daher einen unbedingten Sprungbefehl 41 unter, dessen Adresse wir vorläufig ebenfalls offen lassen.

003 | 0015 | SPG | 41 ???? zzzz z | nach Block 005 |

Damit ist klar, daß Block 004 auf Platz 0016 beginnen kann, und Befehl 0013 lautet daher

002 | 0013 | SPM | 42 0016 zzzz z | kleiner Bezug? | | (ja)
(nein)

Auf Platz 0016 geht es mit Block 004 weiter. Hier ist die Multiplikation $5 \cdot b$ auszuführen. Wir müssen dazu den einen Faktor in das Multiplikatorenregister bringen und entscheiden uns dabei für die Zahl 5. Wir könnten zwar grundsätzlich auch b in den Multiplikatorenspeicher übertragen, wir werden aber bei Betrachtungen über die Rechenzeit erkennen, daß der von uns eingeschlagene Weg der zweckmäßigere ist.

004 | 0016 | LMQ | 31 0003 zzzz z | 5 | (M) 0 0 0 0 0 0 0 0 0 5,+

Jetzt erfolgt die eigentliche Multiplikation unter Angabe der Adresse von b.

004 | 0017 | LMU | 13 6002 zzzz z | 5b | 0 0 0 0 6 1 9 7,8 0 +

Nun ist diese Zahl durch 1000 zu dividieren und das Ergebnis zu runden, was durch den Befehl 24 „Stellenversetzen nach rechts und runden" erfolgt. Dieser Befehl kann sich stets nur auf den Inhalt des Zählers beziehen, nie auf den Inhalt eines Speichers. Daher wird die Angabe einer Adresse entbehrlich. Dagegen muß festgestellt werden, um wie viele Stellen nach rechts versetzt werden soll bzw. welche Stelle gerundet werden muß. Diese Angabe bringen wir im Adreßteil des Befehles unter. Wir schreiben

004 | 0018 | VRR | 24 0003 zzzz z | runden | 0 0 0 0 0 0 0 6,2 0 +

und deuten damit an, daß um drei Stellen versetzt werden soll und die erste vernachlässigte Stelle auf- bzw. abzurunden ist. Genauso würde 24 0009 zzzz z bedeuten, daß um neun Stellen versetzt werden soll und die entsprechende Rundung vorzunehmen ist. Der Befehl 24 0003 zzzz z

ist in der Maschine so realisiert, daß zunächst eine 5 in der dritten Stelle
addiert wird,

6197 80
+ 5
6202 80

und dann erfolgt eine Stellenversetzung um drei Stellen, die die letzten
drei Stellen abschneidet. Das Ergebnis ist die gewünschte Zahl 6,20.
Wir erkennen, daß dabei tatsächlich alle Ziffern ab 5 aufgerundet, die
Ziffern 0 bis 4 aber abgerundet werden, denn z. B. bei

6192 80

tritt durch die Addition von 5 in der dritten Stelle kein Zehnerübertrag
auf

6192 80
5
─────
6197 80

und das Abschneiden der letzten drei Stellen gibt 619 also den gleichen
Effekt wie Abrunden der ersten vernachlässigten Stelle 2. War der
Zählerinhalt negativ, dann darf der Rundungsfünfer nicht addiert
werden, da z. B.

6197 80 −
5 +
─────
6192 80

also nach Abschneiden der letzten drei Ziffern das falsche Ergebnis 6,19
zur Folge hätte. In diesem Falle ist vielmehr der Fünfer zu subtrahieren.
Dies wird vom Befehl VRR automatisch bewerkstelligt, das heißt, wir
brauchen uns um das Vorzeichen des Zählerinhalts nicht zu kümmern,
die Maschine prüft dieses Vorzeichen, ob es positiv bzw. negativ ist, und
anschließend wird 5 addiert bzw. subtrahiert.

Wenn wir uns nochmals den Befehl 24 0003 zzzz z vor Augen halten,
erinnern wir uns daran, daß es sich bei 0003 um die Anzahl der Stellenversetzungen und *nicht* um eine Adresse handelt. Der Befehl hat mit
Platz 0003 nichts zu tun, und wir sprechen in diesem Fall auch von
einem Befehl mit einer unechten oder Pseudoadresse.

Auch bei Sprungbefehlen kommen die Adressen bereits in einer etwas
gewandelten Bedeutung vor. Im Befehl 41 0010 zzzz z „Springen nach
0010" ist 0010 eine Adresse, aber nicht mehr eine Datenadresse wie bei
früheren Befehlen, sondern die Adresse des nächsten Befehls.

Unser augenblickliches Programm können wir nun zu Ende führen.
Block 004 ist erledigt und Block 005 schließt sich an.

005 | 0019 | SPR | 34 7002 zzzz z | speichern *a* |

Nun ist der Name von der Eingabezone in die Ausgabezone zu schaffen.

005	0020	LAR	11 6001 zzzz z	N	MEIER z z z z z z **MUELL ER** z z **z z**
005	0021	SPR	34 7001 zzzz z	speichern N	
005	0022	AUS	62 zzzz zzzz z	Ausgabe N, a	

Ein Sprung bringt die Programmkontrolle zurück an den Anfang, damit für den nächsten Beschäftigten die ganze Rechnung wiederholt werden kann.

| 005 | 0023 | SPG | 41 0010 zzzz z | zurück z. Beginn |

Nun erinnern wir uns (hoffentlich) daran, daß am Ende von Block 003 noch die Adresse in einem Sprungbefehl offengeblieben ist, der dazu dienen soll, Block 005 zu erreichen. Die Adresse kann daher nur 0021 lauten. Außerdem müssen wir die Konstanten auf den Plätzen 0001 bis 0003 unterbringen. Wir geben ihnen die Blocknummer 000 und erhalten damit

000	0001	—	00 0024 0000 $+$	Konstante
000	0002	—	00 0000 1200 $+$	Konstante
000	0003	—	00 0000 0005 $+$	Konstante

Schreiben wir jetzt das ganze Programm unter Fortlassung aller Kommentare noch einmal nieder, dann haben wir endgültig

Block	Adresse des Befehls	Abk.	Befehl OP ADR	Erläuterung	Numerisches Beispiel
001	0010	EIN	61 zzzz zzzz z	Eingabe N, b	
002	0011	LAR	11 6002 zzzz z	b	0 0 0 0 1 2 3 9,5 6 $+$
					0 0 0 0 2 8 3 0,6 3 $+$
	0012	SRE	02 0001 zzzz z	$b - 2400,00$	0 0 0 0 1 1 6 0,4 4 $-$
					0 0 0 0 0 4 3 0,6 3 $+$
	0013	SPM	42 0017 zzzz z	kleiner Bezug?	(ja)
					(nein)
003	0014	LAR	11 0002 zzzz z	höchste AKU	**0 0 0 0 0 0 1 2,0 0 $+$**
	0015	SPG	41 0019 zzzz z	nach Block 005	
004	0016	LMQ	31 0003 zzzz z	5	(M) 0 0 0 0 0 0 0 0 0 5, $+$
	0017	LMU	13 6002 zzzz z	$5b$	0 0 0 0 6 1 9 7,8 0 $+$
	0018	VRR	24 0003 zzzz z	runden	0 0 0 0 0 0 0 6,2 0 $+$
005	0019	SPR	34 7002 zzzz z	speichern a	
	0020	LAR	11 6001 zzzz z	N	MEIER z z z z z z **MUELL ER** z z z **z**
	0021	SPR	34 7001 zzzz z	speichern N	
	0022	AUS	62 zzzz zzzz z	Ausgabe N, a	
	0023	SPG	41 0010 zzzz z	zurück z. Beginn	
000	0001	—	00 0024 0000 $+$	Konstante	
	0002	—	00 0000 1200 $+$	Konstante	
	0003	—	00 0000 0005 $+$	Konstante	

Wir hätten die Befehlsliste unter Verwendung desselben Flußdiagramms auch so aufbauen können: bis Block 003 wie oben, von Block 003 nur den ersten Befehl auf Platz 0014 wie oben, dann sofort anschließend die fünf Befehle von Block 005 auf den Plätzen 0015 bis 0019, wodurch der Sprungbefehl am Ende von Block 003 entbehrlich geworden wäre. Block 004 wäre dann auf die Plätze 0020 bis 0022 gekommen, und den zuerst eingesparten Sprungbefehl hätten wir nun am Ende von Block 004 gebraucht, um wieder den ersten Platz von Block 005 zu erreichen. Selbstverständlich wären dabei die Adressen in den Sprungbefehlen sinngemäß abzuändern gewesen.

Das Programmprüfen kann nicht so vor sich gehen, daß wir wie in der Befehlsliste beide Fälle gleichzeitig behandeln. Wir müssen z. B. zuerst den Fall MEIER ausprüfen, damit sind die Blöcke 001, 002, 004 und 005 erledigt. Anschließend prüfen wir den Fall **MUELLER**. Hier ist es aber nicht notwendig, die ganze Prüfarbeit zu wiederholen. Wir brauchen uns nur zu überzeugen, daß diesmal nach Block 002 Block 003 erreicht wird und nicht vielleicht wieder Block 004. Dann ist Block 003 in extenso zu kontrollieren und abschließend festzustellen, ob nach Block 003 der Anfang von Block 005 erreicht wird. Das heißt, wir müssen beim zweitenmal nur die Befehle 0013, 0014, 0015 und 0016 kontrollieren. Die meisten Maschinen besitzen Einrichtungen, die es gestatten, den Anfang des Programms bis zu einem gewählten Platz — bei uns 0013 — mit elektronischer Geschwindigkeit ablaufen zu lassen und dann manuell Schritt um Schritt weiter zu prüfen, um schließlich an einem gewünschten Platz — bei uns 0016 — mit elektronischer Geschwindigkeit fortzufahren. Bei unseren wenigen Befehlen ist dies nicht wichtig. Nehmen wir aber an, das Programm bestünde aus 1000 Befehlen und davon seien die ersten 400 und die letzten 500 bereits geprüft. Dann ist es sehr angenehm, sie rasch ablaufen lassen zu können und sich nur bei den ungeprüften 100 aufhalten zu müssen. Bei so umfangreichen Programmen werden wir allerdings später über andere Prüfmöglichkeiten zu sprechen haben.

Noch ein Hinweis zum Programmprüfen sollte beachtet werden. Es ist stets zu überlegen, gegen welche Fehler die verwendeten Beispiele keinen Schutz bieten. Bei unseren beiden Zahlenbeispielen überzeugen wir uns leicht, daß sie gegen Fehler der Konstanten 2400,00 nicht schützen. Wenn wir z. B. statt 2400,00 fälschlich die Konstante 2000,00 verwendet hätten, so wird der erste Bezug noch immer als klein und der zweite noch immer als groß gewertet, da 1239,56 noch immer kleiner als 2000,00 und 2830,63 nach wie vor größer als 2000,00 ist. Das heißt, für unsere beiden Zahlenbeispiele würde ein Programm mit dieser falschen Konstanten richtige Ergebnisse liefern, für alle Bezüge zwischen S 2000,00 und S 2400,00 dagegen falsche. Wir würden gerade dieser Konstanten deshalb beim Prüfen unser besonderes Augenmerk zuwenden.

5. Quadratwurzel als Beispiel für ein zyklisches Programm

Im folgenden soll eine Programmierungstechnik beschrieben werden, die es ermöglicht, mit verhältnismäßig wenigen Befehlen lange Rechenabläufe zu beherrschen, und der daher eminente Bedeutung zukommt.

Wir haben in den vorhergehenden Abschnitten die Handhabung der Grundrechnungsarten kennengelernt und sind imstande, aus ihnen kompliziertere Programme aufzubauen. Die Grundrechnungsarten selbst konnten durch jeweils einen einzigen Befehl durchgeführt werden. Es wäre aber ohne weiteres denkbar, eine Maschine zu bauen, bei der nur Addition und Subtraktion durch einen einzigen Befehl bewerkstelligt werden, die Multiplikation dagegen als wiederholte Addition programmiert werden muß und die Division aus wiederholten Subtraktionen zusammenzusetzen ist. Daß dies noch keinen Nachteil bei der praktischen Handhabung der Maschine zu bedeuten braucht, wird sich im Abschnitt über Unterprogramme herausstellen. Tatsächlich gibt es derartige Maschinen, so z. B. die Typen Z 22 von Zuse, 1401 von IBM und RAMAC von IBM, wobei bei letzterer nur die automatische Division fehlt. Es handelt sich aber hier um Ausnahmen, so daß unsere typische Maschine „TEICO" alle vier Grundrechnungsarten auf Grund je eines einzigen Befehls ausführen kann.

Im Gegensatz dazu sind die wenigsten Maschinen in der Lage, eine Quadratwurzel durch einen einzigen Befehl zu ermitteln. Freilich gibt es auch hier Ausnahmen, etwa die Z 11 von Zuse. Die Bildung der Quadratwurzel muß aber in der Regel programmiert werden, und dieser Aufgabe wollen wir uns nunmehr zuwenden. Wie in allen Fällen vorher müssen wir zuerst die Aufgabe möglichst klar und eindeutig formulieren und wollen dies dahingehend tun, daß wir die positive Quadratwurzel w aus einer reellen Zahl t bestimmen wollen, also

$$w = {}_+\!\sqrt{t}$$

Dabei soll z in der Form 0,10 gegeben und w in derselben Form gesucht sein.

Als nächstes müssen wir uns an Verfahren erinnern, die die Lösung der Aufgabe mit herkömmlichen Mitteln, etwa mit Tischrechenmaschinen oder mit Papier und Bleistift, gestatten. In Frage kommt hier ein Divisionsverfahren, das in der Mittelschule gelehrt wird, das Iterationsverfahren von ARCHIMEDES und das sukzessive Abziehen von ungeraden Zahlen. Wir wollen uns — vorläufig willkürlich — für das Verfahren von Archimedes entscheiden. Warum sich gerade dieses Verfahren vorzüglich für Rechenautomaten eignet, werden wir nachträglich begründen, da dies erst an Hand des Programms möglich ist.

Um eine Diskussionsgrundlage zu besitzen, soll das Verfahren von Archimedes kurz am Beispiel von $w = _+\sqrt{0{,}64000\ 00000}$ erläutert werden (wobei wir uns überzeugen, daß das Ergebnis $w = 0{,}80000\ 00000$ lauten muß). Wir quadrieren die Beziehung $w = _+\sqrt{t}$ und erhalten $w^2 = 0{,}64000\ 00000$. Division durch w gibt

$$w = 0{,}64000\ 00000 : w$$

das heißt, wir könnten die Wurzel so ermitteln, daß wir $0{,}64000\ 00000$ systematisch durch verschiedene Zahlen dividieren, bis Divisor und Quotient übereinstimmen. Wir gehen etwas anders vor, um jedes Probieren zu vermeiden. Wir dividieren $0{,}64000\ 00000$ durch einen willkürlichen Versuchswert w_0 und erhalten einen Quotienten w_0'

$$w_0' = 0{,}64000\ 00000 : w_0$$

Stimmt w_0 bereits mit w_0' überein, dann sind wir fertig und die gesuchte Wurzel $w = w_0 = w_0'$ ist gefunden. War dagegen w_0 größer als die gesuchte Wurzel w, dann wurde durch eine zu große Zahl dividiert und w_0' ist kleiner als w. War umgekehrt w_0 zu klein, dann wird w_0' zu groß sein. In jedem Fall muß aber die gesuchte Zahl w zwischen w_0 und w_0' liegen und das arithmetische Mittel

$$w_1 = \frac{w_0 + w_0'}{2}$$

wird bei unserer Wahl von w_0 näher bei der gesuchten Zahl w liegen als w_0. Nun wird die Division $0{,}64000\ 00000 : w_1$ ausgeführt und das Ergebnis w_1' erhalten. So geht es fort bis die beiden Zahlen w_t und w_t' in allen gesuchten Dezimalen übereinstimmen und damit die Wurzel bekannt ist.

Wählen wir den willkürlichen Wert w_0 etwa gleich $0{,}99999\ 99999$ und führen wir die ganze Rechnung numerisch durch, um gleich ein Zahlenbeispiel zur Prüfung unseres Programms zu besitzen. Wir erhalten:

1. Schritt

$$0{,}64000\ 00000 : 0{,}99999\ 99999 = 0{,}64000\ 00000$$
$$(\text{Rest}\ 0{,}00000\ 00000\ 64)$$
$$\frac{0{,}99999\ 99999 + 0{,}64000\ 00000}{2} = 0{,}81999\ 99999$$
$$(\text{Rest}\ 0{,}00000\ 00001)$$

2. Schritt

$$0{,}64000\ 00000 : 0{,}81999\ 99999 = 0{,}78048\ 78049$$
$$(\text{Rest}\ 0{,}00000\ 00000\ 60048\ 78049)$$
$$\frac{0{,}81999\ 99999 + 0{,}78048\ 78049}{2} = 0{,}80024\ 39024$$

3. Schritt

$$0{,}64000\ 00000\ :\ 0{,}80024\ 39024\ =\ 0{,}79975\ 61719$$

$$\frac{0{,}80024\ 39024 + 0{,}79975\ 61719}{2} = 0{,}80000\ 00371$$

4. Schritt

$$0{,}64000\ 00000\ :\ 0{,}80000\ 00371\ =\ 0{,}79999\ 99629$$

$$\frac{0{,}80000\ 00371 + 0{,}79999\ 99629}{2} = 0{,}80000\ 00000$$

5. Schritt

$$0{,}64000\ 00000\ :\ 0{,}80000\ 00000\ =\ 0{,}80000\ 00000$$

Nach vier Schritten war also die Wurzel mit zehnstelliger Genauigkeit
bestimmt. Dabei hatten diese Rechenschritte stets die gleiche Gestalt,
es war nämlich zuerst die Division und dann die Bildung eines Mittels
auszuführen. Die einzige Änderung bei den einzelnen Schritten bestand
darin, daß der Divisor in jedem Schritt durch das Endergebnis des vorhergehenden Schrittes gegeben war. Diese Tatsache, die für Iterationsverfahren typisch ist, wird sich als wesentlich bei der Programmierung
herausstellen. Es wird uns möglich sein, von diesen gleichen Schritten
nur einen einzigen zu programmieren und die Maschine selbsttätig
diesen Schritt bis zur Erreichung der gewünschten Genauigkeit wiederholen zu lassen. Die Möglichkeit, gleichartige Schritte mit verschiedenen
Zahlen eine gewünschte Anzahl von Malen auszuführen, wobei nur ein
einziger Schritt programmiert zu werden braucht, stellt eine der wesentlichsten Erleichterungen des Programmierens dar, der dadurch eminente
Bedeutung zukommt. Wir wollen die Vorteile dieser Methode an Hand
unseres Beispieles in aller Ausführlichkeit besprechen.

Wir beginnen mit dem Flußdiagramm. Dabei haben wir folgende
Blöcke vorzusehen:

001 t eingeben
   99999 99999 als ersten Näherungswert w_0 auf den für w_i bestimmten Platz bereitstellen

002 die Division $t : w_i = w_i'$ ausführen
   w_i' speichern

003 feststellen, ob sich w_i und w_i' im Rahmen der Rechengenauigkeit noch unterscheiden, und zwar wollen wir w_i und w_i' dann
als gleich ansehen, wenn sie es im Rahmen der zehn gerechneten
Stellen tatsächlich sind oder wenn sie sich nur noch um eine

Einheit der letzten Stelle unterscheiden. In Zeichen: wenn $|w_i - w_i'| - 2 \cdot 10^{10} < 0$, dann wollen wir w_i und w_i' als praktisch gleich ansehen.

005   Wenn sich w_i und w_i' nicht unterscheiden, dann ist die Rechnung beendet und die Ergebnisse können in 005 ausgegeben werden.

004   Wenn sich w_i und w_i' unterscheiden, ist in 004 das Mittel

$$w_{i+1} = \frac{w_i + w_i'}{2}$$ zu bilden und die Rechnung fortzusetzen.

Die entscheidende Überlegung besteht nun darin, wie fortgesetzt wird. Es wird nämlich w_{i+1} auf jenen Platz geschafft, auf dem sich früher w_i befand, und dann das Programm ab Block 002 wiederholt. Damit laufen tatsächlich die gewünschten Rechenoperationen des nächsten Schrittes ab, denn z. B. der zuerst auszuführende Divisionsbefehl lautet: 04 7002 zzzz z. Mit anderen Worten: Als Divisor wird primär nicht jene Zahl genommen, die durch die mathematische Formel vorgeschrieben ist, sondern jene, die sich augenblicklich auf Platz 7002 befindet. Steht auf 7002 im Block 002 w_i, dann ist alles in Ordnung. Steht eine falsche Zahl auf 7002, dann wird die Maschine keinesfalls w_i suchen, sondern „befehlsgemäß" durch diese falsche Zahl dividieren. Von dieser „Befehlstreue" der Maschine machen wir im vorliegenden Fall Gebrauch und unterschieben ihr w_{i+1} statt w_i. Sie wird nun Befehl um Befehl ab Block 002 wiederholen und damit an Stelle des $i$ten Schrittes den Schritt $i+1$ ausführen, ohne daß wir ihn eigens zu programmieren brauchen. Das Flußdiagramm sieht daher so aus (Abb. 10):

Wir beachten, daß durch das Zurückspringen zum Beginn von Block 002 eine Schleife im Programm entstanden ist, die die Blöcke 002, 003 und 004 umfaßt und bei Benützung des Programms mehrmals durchlaufen wird, aber nur einmal programmiert zu werden braucht. Beim Auftreten solcher Programmschleifen spricht man auch von einem „zyklischen" Programmteil. Das Programm sieht in seinem logischen Aufbau grundsätzlich anders aus als das Ablaufschema für die Arbeiterkammerumlage. Während hier die erwähnte Schleife festzustellen ist, war dort lediglich eine Gabelung des Programms in zwei Zweige vorhanden, die sich später wieder vereinigten. Es konnte aber in einem konkreten Fall nur jeweils der eine oder andere Zweig durchlaufen werden.

Beim Speicherplan stellen wir fest, daß folgende Größen auftreten:

der Radikand t in Eingabe und Ausgabe
die Wurzel w in der Ausgabe
die Konstante 0,99999 99999 als erster Näherungswert w_0

die Zahlen w_i

die Zahlen w_i'

die Konstante 2 als Divisor bei der Mittelbildung

die Konstante 0,00000 00002 zur Prüfung, ob die gewünschte
  Genauigkeit erreicht wurde

und das Programm.

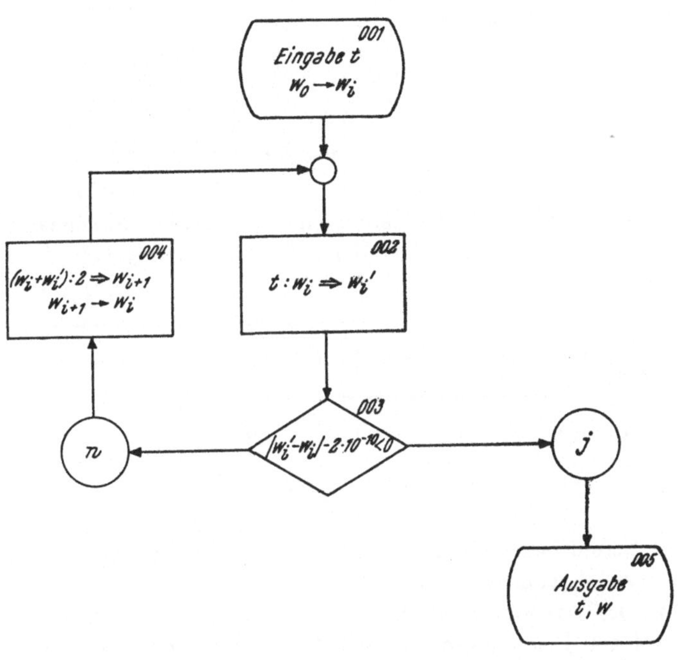

Abb. 10

Für die w_i und die w_i' ist nur je ein einziger Speicherplatz vorzusehen,
da nach Berechnung von w_{i+1} bzw. w_{i+1}' das letzte w_i bzw. w_i' überflüssig geworden ist. Aus dem gleichen Grund ist nur ein gemeinsamer
Platz für w_i und w bereitzustellen, da w mit den zuletzt berechneten w_i
übereinstimmt. Für w_i' wählen wir am besten den Quotientenspeicher 8001,
in dem w_i' entsteht. Für w_i wollen wir den Platz 7002 des auszugebenden
Satzes wählen. Da sich die Konstante 0,00000 00002 nur durch das
Rechenkomma von der Konstanten 2 unterscheidet, nach B 3 die Maschine aber das Rechenkomma unberücksichtigt läßt, können wir für
beide Zahlen eine einzige Konstante speichern und müssen später im
Programm vorsehen, daß diese gespeicherte Konstante im Programm
jeweils nach ihrer verschiedenen Bedeutung kommagerecht behandelt
wird. Wir gelangen daher zu folgender Aufstellung:

Größe	Bedeutung	Darst.	Adresse	Anmerkung	Numerisches Beispiel
t	Radikand	0,10	6001	Eingabe	64000 00000 +
			7001	Ausgabe	
w	Wurzel	0,10	7002		80000 00000 +
w_i	i ter Näherungs-wert	0,10	7002		
w_i'		0,10	8001		
99999 99999 +	0 ter Näherungs-wert	0,10	0001		
00000 00002 +	Konstante	10,0 0,10	0002	für Division für Entschei-dung	
Programm			ab 0010		

Das Anfertigen der Befehlsliste ist nun eine reine Routineangelegenheit, wobei wir als numerisches Beispiel vereinbarungsgemäß $w = 0,64$ verwenden.

Block	Adresse des Befehls	Abk.	Befehl		Erläuterung	Numerisches Beispiel
			OP	ADR		
001	0010	EIN	61	zzzz zzzz z	Eingabe t	,99999 99999 +
	0011	LAR	11 0001	zzzz z	w_0	
	0012	SPR	34 7002	zzzz z	$w_0 \rightarrow w_i$	

Dieser Befehl bringt w_0 auf den für w_i bestimmten Platz. Wir lernen hier das neue Zeichen $\rightarrow$ kennen. Wir lesen „w_0 überschreibt w_i" oder „w_0 ersetzt w_i", da jene Zahl, die früher am Platz von w_i stand, gelöscht und w_0 auf den Platz gebracht wird. Wir wollen denselben Sachverhalt mit Hilfe unserer Schreibweise (xxxx) = „Inhalt von Speicherplatz xxxx" niederschreiben. Statt des Ausdrucks $w_0 \rightarrow w_i$ hätten wir unübersichtlicher, aber nichtsdestoweniger richtig auch angeben können (siehe Speicherplan) (0001) $\rightarrow$ (7002).

Jetzt hat Block 002 zu folgen, wobei zuerst die Division auszuführen ist. Wir müssen zu diesem Zweck nach B 4 den Dividenden zuerst in den Zähler bringen. Da es sich um eine zehnstellige Zahl handelt, die wir im zwanzigstelligen Zähler unterbringen wollen, haben wir einige Bewegungsfreiheit, die wir dahingehend ausnützen, daß wir versuchen, möglichst viele gültige Dezimalstellen zu erhalten. Dazu müssen wir z möglichst weit links addieren.

002	0013	LAL	15 6001	zzzz z	t	,64000 00000 +

Nun kommt die eigentliche Division, wobei durch die Adresse die Anschrift des Divisors gegeben ist. Noch einmal müssen wir uns erinnern, daß das Maschinenkomma rechts von der letzten Zähler- bzw. Speicherstelle steht. Die Maschine zählt also bei der Division, wie oft sich die ganze Zahl 99999 99999 von der ganzen Zahl 64000 00000 00000 00000 abziehen läßt. Es stellt sich heraus: 64000 00000 mal, wobei dieses Resultat im Multiplikatoren/Quotienten-Register 8001 aufgehoben wird. Im Zähler verbleibt der Rest 64000 00000. In diese Rechnung im Maschinenkomma haben wir nachträglich die Stellung des Rechenkommas einzutragen, wie dies bei unserem Zahlenbeispiel geschehen ist.

	0014	DIV	04 7002 zzzz z	$t : w_i \Rightarrow w_i'$	(M),6 4 0 0 0 0 0 0 0 0 $+$
003	0015	LAR	11 8001 zzzz z	w_i'	,6 4 0 0 0 0 0 0 0 0 $+$

Hier wird der Divisionsrest, der sich noch immer im Zähler befindet, endgültig gelöscht.

003	0016	SRE	02 7002 zzzz z	$w_i' - w_i$	,3 5 9 9 9 9 9 9 9 9 $-$

Die Bildung des Absolutbetrages bietet keine Schwierigkeiten, da dafür ein eigener Befehl zur Verfügung steht. Gleichzeitig nützen wir aus, daß der Zähler genauso adressierbar ist wie jeder Speicher. Selbstverständlich wird durch den Befehl LBR „Löschen addieren Absolutbetrag rechts" nicht zuerst der Zähler gelöscht, sondern lediglich die linke Zählerhälfte gelöscht und das Vorzeichen des Zählers auf $+$ gestellt, was den gewünschten Effekt liefert.

003	0017	LBR	17 8002 zzzz z	$|w_i' - w_i|$	,3 5 9 9 9 9 9 9 9 9 $+$
	0018	SRE	02 0002 zzzz z	$|w_i' - w_i| - 2 \cdot 10^{-10}$	,3 5 9 9 9 9 9 9 9 7 $+$
	0019	SPM	42 0025 zzzz z	Ende?	
004	0020	LAR	11 7002 zzzz z	w_i	,9 9 9 9 9 9 9 9 9 9 $+$
	0021	ARE	01 8001 zzzz z	$w_i + w_i'$	1 ,6 3 9 9 9 9 9 9 9 9 $+$
	0022	DIV	04 0002 zzzz z	$(w_i + w_i') : 2 \Rightarrow$ $\Rightarrow w_{i+1}$	(M),8 1 9 9 9 9 9 9 9 9 $+$

Bei dieser Division darf nicht der Wunsch maßgebend sein, möglichst viele Dezimalstellen zu erhalten. Hier müssen wir darauf achten, daß der Multiplikatorenspeicher höchstens eine zehnstellige Zahl aufnehmen kann. Daher war der Dividend diesmal möglichst weit rechts zu addieren, da durch eine nur einstellige Zahl, nämlich 2, dividiert wird. Anläßlich dieser Division wird auch das noch immer in M/Q befindliche w_i' gelöscht.

004	0023	SMQ	32 7002 zzzz z	$w_{i+1} \rightarrow w_i$	
	0024	SPG	41 0013 zzzz z	zurück n. Bl. 002	
005	0025	LAR	11 6001 zzzz z	t	,6 4 0 0 0 0 0 0 0 0 $+$
	0026	SPR	34 7001 zzzz z	$t \rightarrow (7001)$	
	0027	AUS	62 zzzz zzzz z	Ausgabe t, w	
	0028	SPG	41 0010 zzzz z	zurück z. Beginn	
000	0001	—	99 9999 9999 $+$	Konstante	
	0002	—	00 0000 0002 $+$	Konstante	

Zusammenfassend lautet das Programm folgendermaßen:

Block	Adresse des Befehls	Abk.	Befehl		Erläuterung	Numerisches Beispiel
			OP ADR			
001	0010	EIN	61 zzzz zzzz z		Eingabe	
	0011	LAR	11 0001 zzzz z		w_0	,99999 99999 +
	0012	SPR	34 7002 zzzz z		$w_0 \rightarrow w_i$	
002	0013	LAL	15 6001 zzzz z		t	,64000 00000 +
	0014	DIV	04 7002 zzzz z		$t : w_i \Rightarrow w_i'$	(M),64000 00000 +
003	0015	LAR	11 8001 zzzz z		w_i'	,64000 00000 +
	0016	SRE	02 7002 zzzz z		$w_i' - w_i$	,35999 99999 −
	0017	LBR	17 8002 zzzz z		$|w_i' - w_i|$	,35999 99999 +
	0018	SRE	02 0002 zzzz z		$|w_i' - w_i| - 2 \cdot 10^{-10}$	,35999 99997 +
	0019	SPM	42 0025 zzzz z		Ende ?	
004	0020	LAR	11 7002 zzzz z		w_i	,99999 99999 +
	0021	ARE	01 8001 zzzz z		$w_i + w_i'$	1 ,63999 99999 +
	0022	DIV	04 0002 zzzz z		$(w_i + w_i') : 2 \Rightarrow w_{i+1}$	(M),81999 99999
	0023	SMQ	32 7002 zzzz z		$w_{i+1} \rightarrow w_i$	
	0024	SPG	41 0013 zzzz z		zurück n. Bl. 002	
005	0025	LAR	11 6001 zzzz z		t	,64000 00000 +
	0026	SPR	34 7001 zzzz z		$t \rightarrow (7001)$	
	0027	AUS	62 zzzz zzzz z		Ausgabe z, w	
	0028	SPG	41 0010 zzzz z		zurück z. Beginn	
000	0001	—	99 9999 9999 +		Konstante	
	0002	—	00 0000 0002 +		Konstante	

Beim Testen prüfen wir die Befehle 0010 bis 0020 in gewohnter Weise.
Nach Befehl 20 überzeugen wir uns, daß die Maschine nach 0021 weiter-
geht, und prüfen bis 0025. Dann stellen wir fest, ob das Programm richtig
nach 0013 zurückgeht. Den zweiten und alle weiteren Durchgänge durch
die Schleife brauchen wir nicht mehr in allen Einzelheiten zu prüfen.
Wir beschränken uns auf die Feststellung, ob nach Befehl 0019 die
Verzweigung richtig erfolgt, und ermitteln noch w_{i+1}, das in Befehl
0022 entsteht. Auf diese Weise erhalten wir zusätzlich zu den im Programm angegebenen Zahlen

Durchlauf-Nr. durch die Schleife	$|w_i' - w_i| - 2 \cdot 10^{-10}$	w_{i+1}
2	+ 03951 21948	80024 39024
3	+ 00000 77303	80000 00371
4	+ 00000 00740	80000 00000
5	− 00000 00002	

Nach dem 5. Durchlauf durch die Schleife springt die Maschine bei
Befehl 0020 aus der Schleife und setzt bei 0025 mit der Ausgabe von
$w = 0{,}80000\ 00000$ fort. Anschließend wird der nächste Radikand ein-

gegeben. Wenn wir ganz sichergehen wollen, geben wir noch $t =$
$= 0,06400\ 00000$ ein und überprüfen lediglich, ob sich $0,25298\ 22128$
als Ergebnis einstellt.

Einige Bemerkungen sollen sich anschließen. Zunächst ist zu erläutern, warum w_i und w_i' auch dann bereits als gleich angesehen
wurden, wenn sie sich noch um eine Einheit der letzten Stelle unterschieden. Der Grund hierfür wird sofort aus dem Zahlenbeispiel
$_+\sqrt{0,01234\ 56790}$ ersichtlich. Sollten wir im Verlaufe der Rechnung
$w_i = 0,11111\ 11110$ erhalten, dann kommt $w_i' = 0,01234\ 56790 :$
$: 0,11111\ 11110 = 0,11111\ 11111$. Also

$$w_{i+1} = \frac{0,11111\ 11110 + 0,11111\ 11111}{2} = 0,11111\ 11110\ 5$$

Da wir nur mit zehnstelliger Genauigkeit rechnen, müssen wir den
Fünfer in der elften Stelle vernachlässigen. Das heißt, $w_{i+1} = w_i$, aber
w_i' unterscheidet sich von w_i noch um 1. Es kann also eintreten, daß
der wahre Wert so zwischen zwei zehnstelligen Dezimalzahlen liegt, daß
eine Differenz von einer Einheit der letzten Stelle zwischen w_i und w_i'
zugelassen werden muß.

Zweitens ist die Wahl von gerade $0,99999\ 99999$ als erstem Näherungswert zu begründen. Das Programm ist so eingerichtet, daß w_i' die
Form 0,10 haben muß, wie man aus den Befehlen 0014 und 0015 entnimmt. Nun erfolgt aber beim ersten Durchlaufen der Schleife in Befehl
0014 die Division von t durch den 1. Näherungswert. Der erste Näherungswert muß also größer sein als jedes mögliche t, damit das Ergebnis
eine Zahl <1 ist. t war aber ebenfalls eine zehnstellige Dezimalzahl. Wir
müssen daher als ersten Näherungswert die größte zehnstellige Dezimalzahl nehmen, und das ist gerade $0,99999\ 99999$. Selbst mit diesem Näherungswert versagt das Programm bei $t = 0,99999\ 99999$, da sich dann bereits
$w_i' = 1,00000\ 00000$, also eine unmögliche elfte Stelle bei der Division ergibt. Es gilt somit für t von der Form 0,10 und $0 \leq t \leq 0,99999\ 99998$.

Unser Programm wurde erstellt unter Benützung eines festen, das
heißt von t unabhängigen ersten Näherungswertes. Das hat zur Folge,
daß z. B. bei $\sqrt{0,00000\ 00001}$ der erste Näherungswert sehr schlecht ist
und die Schleife verhältnismäßig oft durchlaufen werden muß, das
Programm also langsam läuft. Das läßt sich durch Wahl eines ersten
Näherungswertes als Funktion von t vermeiden, wir wollen jedoch hier
nicht näher darauf eingehen.

Soll das Programm sehr rasch laufen, dann müssen wir auf das Programmieren von Schleifen verzichten. Wir müssen uns überlegen, mit
wie vielen Iterationsschritten in jedem Fall die gewünschte Genauigkeit
erreicht wird, und müssen diese Schritte dann explizite programmieren.

Die Folge ist ein etwas rascheres Laufen des Programms, da die Entscheidung in Block 003 entfallen kann und daher beim letzten Iterationsschritt auch Block 002 entbehrlich wird. Demgegenüber steht die auf ein Mehrfaches erhöhte Schreibarbeit und der ebenfalls vervielfachte Platzbedarf für das Programm, so daß diese Technik nur in seltenen Ausnahmefällen angewendet wird und das Programmieren von Schleifen die Regel bildet.

Der mathematisch geschulte Leser wird erkannt haben, daß diese gleiche Technik bei einer ganzen Reihe von mathematischen Verfahren anwendbar ist, so etwa beim Hornerschema zum Auflösen algebraischer Gleichungen, beim Verfahren von Runge-Kutta zur numerischen Auflösung von Differentialgleichungen, bei der Berechnung von Funktionen aus Rekursionsformeln usw. Bei kaufmännischen Prozessen wird die Notwendigkeit des Programmierens von Schleifen selten auftreten, dem Verfasser ist nur ein einziges Beispiel aus der Sozialversicherung bekannt, wo in der Praxis eine Programmschleife mit Vorteil verwendet werden konnte. Dabei ist allerdings ein Vorbehalt zu machen. Auch in unseren früheren Beispielen war eine Schleife dadurch gegeben, daß wir die Durchführung zahlreicher gleichartiger Probleme im Auge hatten. Wir sind sowohl in C 2 als auch in C 4 am Ende des Programms durch einen Sprungbefehl an den Anfang zurückgekehrt, ohne diese Rückkehr im Ablaufschema zu vermerken. Das stellt eine oft geübte Inkonsequenz dar, die in folgendem begründet ist: In den Beispielen C 2 und C 4 umfaßt die Schleife das ganze Programm von der Eingabe bis zur Ausgabe. Die Schleife wird unbeeinflußt durch die Maschine auf Grund eines (unbedingten) Sprunges solange durchlaufen, so lange Daten in der Eingabe zur Verfügung stehen. Im Beispiel $w = {}_+\!\sqrt{t}$ dagegen beinhaltet die Schleife nur einen Teil des Programms, sie wird unter Kontrolle der Maschine durchlaufen und in Abhängigkeit von Rechenergebnissen durch einen bedingten Sprung verlassen. Es besteht also tatsächlich ein logischer Unterschied zwischen den beiden Schleifen.

Wir wollen nun ausdrücklich vereinbaren, was in C 2 und C 4 bereits stillschweigend geschehen ist: Schleifen zwischen Ein- und Ausgabe müssen nicht im Ablaufschema vermerkt werden, wenn dadurch kein Anlaß zu Irrtümern gegeben ist.

Wenn man unter Schleifen auch solche zwischen Ein- und Ausgabe versteht, dann kann man behaupten, daß überhaupt kein Programm ohne Schleifen sinnvoll ist, denn ein Programm ohne Schleife in diesem allgemeinen Sinn könnte nur einmal ablaufen, müßte aber in seiner Gänze getestet und daher von Hand nachgerechnet werden. Es wäre sinnlos, für ein solches Programm einen Rechenautomaten heranzuziehen.

6. Programmieren und Rechenzeit

Wir hatten schon einige Male Gelegenheit, Betrachtungen über die Rechenzeit eines Automaten anzustellen. So hatten wir in Kapitel A von enormen Rechengeschwindigkeiten bis zu einer halben Million Additionen in der Sekunde gesprochen und später die mechanische Ein- und Ausgabe damit begründet, daß die Eingabegeschwindigkeit in Einklang mit der Rechengeschwindigkeit gebracht werden muß. Wir hatten in C 2 erwähnt, daß das dort erläuterte Programm zu einfach sei, um auf einem Rechenautomaten wirtschaftlich zu laufen, da die Ein- und Ausgabe ungleich länger dauern würde als die eigentliche Rechnung. In C 4 schließlich hatten wir bei einer Multiplikation auf eine spezielle Reihenfolge der Faktoren Wert gelegt und bei der Begründung unserer Wahl auf Überlegungen vertröstet, die sich auf die Rechenzeit beziehen. Wir wollen solche Überlegungen jetzt anstellen und typische Rechenzeiten angeben.

Dabei sind vom technischen Standpunkt zwei Kategorien von Maschinen zu unterscheiden: die rascheren Parallelmaschinen und die langsameren Serienmaschinen. Dabei hat der Name „Serienmaschine" nichts mit Geräten zu tun, die in Serienfertigung hergestellt sind. Er bezieht sich auf eine technische Einzelheit, die anschließend erläutert ist.

Der Unterschied zwischen Parallel- und Serienmaschinen läßt sich am besten an Hand der Addition einer zehnstelligen Binärzahl in das Rechenwerk beschreiben. Bei einer Parallelmaschine werden sämtliche zehn Ziffern gleichzeitig in den Zähler gebracht und addiert. Eine sinnreiche Schaltung sorgt dafür, daß die dabei auftretenden Überträge am Schluß in einem einzigen Zug richtig ausgeführt werden. Bei einer Serienmaschine wird Ziffer um Ziffer von rechts nach links addiert, und ein etwa vorhandener Übertrag wird bei der nächsten Stelle berücksichtigt. Die Rechenzeit der Serienmaschine hängt daher von der verwendeten Wortlänge ab, während die Rechenzeit der Parallelmaschine unabhängig von der Wortlänge ist. Eine Parallelmaschine besitzt ohne Rücksicht auf die Wortlänge dieselbe Geschwindigkeit wie eine sonst gleiche Serienmaschine von der Wortlänge 1 (die zu bauen sinnlos wäre). Dem Vorteil der höheren Rechengeschwindigkeit steht bei der Parallelmaschine der Nachteil des höheren Aufwands gegenüber, denn für die geschilderte Addition benötigt eine Serienmaschine einen einzigen Übertragungskanal, durch den die Ziffern der Reihe nach geschleust werden. Die Parallelmaschine dagegen braucht für jede Stelle einen eigenen Übertragungskanal, um alle Ziffern gleichzeitig weiterleiten zu können. Der Aufwand der Parallelmaschine wächst also mit der Stellenzahl, während der Aufbau der Serienmaschine von der Wortlänge unabhängig ist. Eine Serienmaschine erfordert den gleichen Aufwand wie eine Parallelmaschine für die Wortlänge 1.

Die Einteilung in Serien- und Parallelmaschinen wird bei Dezimalmaschinen durch folgenden Sachverhalt erschwert. Die einzelnen Dezimalziffern sind in einer solchen Maschine meist durch vier bis sieben Binärzeichen verschlüsselt. Die meisten Dezimalmaschinen arbeiten nun so, daß sie die Binärzeichen, die einer Dezimalziffer entsprechen, parallel behandeln, die Verarbeitung der einzelnen Dezimalziffern aber in Serie erfolgt. Man spricht in diesem Fall von Serienparallelmaschinen.

Wir wollen unsere Ausführungen über Rechenzeiten im folgenden auf TEICO beziehen und dabei TEICO als Serienparallelmaschine ansehen. Als Maß für die Geschwindigkeit einer Maschine wird meist die Zeit genommen, die notwendig ist, um ein Wort in den Zähler zu addieren. Man spricht dabei von der „Additionszeit" einer Maschine. Leider ist diese Additionszeit keineswegs vorbehaltlos beim Vergleich verschiedener Maschinen anzuwenden, da durch sie die Mehradreßmaschinen gegenüber den Einadreßautomaten benachteiligt werden. Man mißt daher mitunter auch die Zeiten, die zum Berechnen genormter Ausdrücke benötigt werden, in denen die vier Grundrechnungsarten mit gegebenen Häufigkeiten vorkommen. Wir wollen hier Grundsätzliches über Rechenzeiten sagen, aber Diskussionen über Geschwindigkeitsvergleiche aus dem Weg gehen.

a) Operationszeiten

Untersuchen wir zunächst die Zeit, die die Ausführung des Befehls „Addieren rechts" 01 xxxx zzzz z benötigt. Diese Zeit wäre, da sie von der Wortlänge abhängt, bei einer Serienparallelmaschine mit variabler Wortlänge selbst veränderlich. Bei TEICO dagegen ist sie wegen der festen Wortlänge eine Konstante.

Nach dem Starten der Maschine können wir uns die Ausführung des Befehls bei TEICO in zwei Schritten vorgenommen denken. Zuerst muß der Befehl ins Befehlsregister gebracht werden und darauf ist zur Adresse xxxx eine Schaltverbindung herzustellen (1. Halbschritt). Dann kann die eigentliche Addition der Zahl (xxxx) erfolgen und gleichzeitig eine Schaltverbindung zwischen Befehlsregister und nächstem Befehl eingerichtet werden (2. Halbschritt). Eine typische Serienparallelmaschine könnte dafür folgende Zeiten in µs aufweisen[1].

Operation	1. Halbschritt	2. Halbschritt	insgesamt
Addition in µs	150	200	350

---

[1] Lies: „Mikrosekunde, 1 µs (Mikrosekunde) $= \dfrac{1}{1000}$ ms (Millisekunde) $= \dfrac{1}{1000\,000}$ s (Sekunde).

Im Endeffekt sind selbstverständlich nur die 350 µs maßgebend. Unsere Maschine besitzt eine Additionszeit von 350 µs.

Diese Zeit könnte auf 200 µs herabgesetzt werden, wenn wir die Maschine technisch so einrichten, daß beide Halbschritte gleichzeitig ausgeführt werden, was ohne weiteres möglich ist: Ausführen eines Befehls und gleichzeitiges Einlesen des nächsten Befehls in das Befehlsregister. Mit Rücksicht auf das Spätere wollen wir darauf verzichten, da sich bei einer besonderen Type von Maschinen das Aufschlüsseln jedes Befehls in die beiden Halbschritte als wesentlich herausstellen wird.

Wir geben im folgenden eine Tabelle, die Zeiten für die wichtigsten Maschinenoperationen in µs enthält.

Operation	1. Halb-schritt	2. Halbschritt	insgesamt
ARE, SRE, ALI, SLI, ABR ABL, LAR, LSR, LAL, LSL LBR, LBL, LMQ, SMQ, SPR SPL; d.h. alle Additionen, Subtraktionen, Lösch- und Ladeoperationen	150	200	350
MUL, LMU	150	$900 + 200$ mal Ziffernsumme des Multiplikators	$1050 + 200$ mal Ziffernsumme des Multiplikators

Die Multiplikation wird bei einer Serienparallelmaschine auf wiederholte Additionen und Stellenversetzungen zurückgeführt. Multiplikation einer Zahl a mit 35 wird von einer zehnstelligen Maschine so durchgeführt:

1. Stelle: fünfmal Addieren a, Stellenversetzen a
2. Stelle: dreimal Addieren a, Stellenversetzen a
3. Stelle: nullmal Addieren a, Stellenversetzen a
. . . .
9. Stelle: nullmal Addieren a, Stellenversetzen a
10. Stelle: nullmal Addieren a, Ende.

Für jede Addition werden hier 200 µs benötigt, insgesamt also $(5 + 3) \cdot 200$ µs, so daß tatsächlich die Ziffernsumme des Multiplikators eingeht. Die festen 900 µs werden für immer gleichbleibende Operationen verbraucht, im wesentlichen für die neun Stellenversetzungen.

Jetzt können wir auch begründen, warum wir in C 4 bei der Bildung des Produkts 5b nicht den Bezug b, sondern die 5 in das Multiplikatorenregister gebracht hatten: Entscheidend für die verbrauchte Zeit ist die Quersumme des Multiplikators, in unserem Fall also 5, ohne Rücksicht auf die Größe b. Hätten wir b in das Multiplikatorenregister gebracht, dann wäre die Ziffernsumme von b maßgebend gewesen. Sie könnte in Sonderfällen kleiner als 5 sein, z. B. bei einem Bezug von $b = 2000,00$ wäre sie 2. Sie wird aber im allgemeinen wesentlich größer sein. Bei dem von uns gewählten Zahlenbeispiel $b = 1239,56$ ist sie 26 und erhöht die Multiplikationszeit auf ein Mehrfaches. Im Mittel wird daher der von uns gewählte Weg die kürzeren Rechenzeiten ergeben. Bei einer Parallelmaschine treten diese Probleme nicht auf, da dort die Multiplikationszeit unabhängig von der Ziffernsumme ist. Für die Division gelten folgende Rechenzeiten:

DIV	150	2700 + 200mal Ziffernsumme des Quotienten	2850 + 200mal Ziffernsumme des Quotienten

Die Begründung ist sinngemäß gleich jener der Multiplikation. Die festen Zeiten sind dabei länger, weil vor jeder Subtraktion des Divisors vom Dividenden geprüft werden muß, ob der Divisor noch im Dividenden aufgeht.

SPG, SPM, SPN, SPU			200

Die Angabe von Teilzeiten ist hier zwecklos. Es findet nur ein einziger Halbschritt statt, nämlich entweder der Sprung zur angegebenen Adresse oder das Aufsuchen des nächsten Befehls.

VLI, VLZ, VRE, VRR			200 + 100mal Anzahl der notwendigen Stellenversetzungen

Die Angabe von Teilzeiten ist hier ebenfalls unterblieben, da keine echte Adresse im Spiel ist.

Auf die Zeiten für Indexoperationen verzichten wir, da sie keine grundsätzlich neuen Gesichtspunkte enthalten. Die Zeiten für die Ein- und Ausgabe hängen vom verwendeten Medium ab und finden sich bereits in Tabelle 2.

Die in diesem Unterabschnitt angeführten Rechenzeiten lassen sich tabellarisch folgendermaßen zusammenfassen.

Tabelle 5

Operation	1. Halb-schritt	2. Halbschritt	insgesamt μs
ARE, SRE, ALI, SLI, ABR, ABL, LAR, LSR, LAL, LSL, LBR, LBL, LMQ, SMQ, SPR, SPL	150	200	350
MUL, LMU	150	900 + 200mal Ziffernsumme des Multiplikators	1050 + 200mal Ziffernsumme des Multiplikators
DIV	150	2700 + 200mal Ziffernsumme des Quotienten	2850 + 200mal Ziffernsumme des Quotienten
SPG, SPM, SPN, SPU			200
VLI, VLZ, VRE, VRR			200 + 100mal Anzahl der notwendigen Stellenversetzungen

b) Die Laufzeit eines Programms

Wir wollen an Hand unserer Kenntnisse die Laufzeit des Programms C 2 feststellen und schreiben es daher nochmals ab, allerdings unter Fortlassung des Zahlenbeispiels. Statt dessen setzen wir in Spalte 6 den Zeitbedarf gemäß unserer Liste ein, wobei wir Magnetband-Ein- und -Ausgabe vorsehen.

Block	Adresse des Befehls	Abk.	Befehl OP ADR	Erläuterung	Zeitbedarf in μs
001	0001	EIN	61 zzzz zzzz z	Eingabe a, b	11 760
002	0002	LAR	11 6001 zzzz z	a	350
	0003	SPR	34 7001 zzzz z	speichern a	350
	0004	ARE	01 6002 zzzz z	$a + b \Rightarrow c$	350
003	0005	SPR	34 7003 zzzz z	speichern c	350
	0006	LAR	11 6002 zzzz z	b	350
	0007	SPR	34 7002 zzzz z	speichern b	350
	0008	AUS	62 zzzz zzzz z	Ausgabe a, b, c	11 760
	0009	SPG	41 0001 zzzz z	zurück z. Beginn	200
					25 820

Wir erkennen, daß bei einer Gesamtzeit von 25,82 ms für die Addition 23,52 ms auf Ein- und Ausgabe und nur 2,30 ms auf die eigentliche Rechnung entfallen, was unsere Behauptung bestätigt, daß die Durchführung so kurzer Rechenaufgaben von unserem verhältnismäßig hochentwickelten TEICO unzweckmäßig ist.

Durch sogenannten „Pufferbetrieb" läßt sich konstruktiv erreichen, daß Eingabe, Rechnung mit den vorherigen Angaben, und Ausgabe der vorvorherigen Resultats gleichzeitig erfolgt; auf keinen Fall bringen wis aber mehr als einen Satz in 11,76 ms aus der Maschine heraus.

Beim Programm C 4 wird das Verhältnis der Rechenzeit zur Ein- bzw. Ausgabezeit etwas günstiger. Eine Analyse des Programms muß aber beachten, daß nie sämtliche Befehle des Programms durchlaufen werden, sondern jeweils nur die Befehle eines Zweiges. Wir unterscheiden die Zeiten der beiden Beispiele wieder genau wie auf Seite 89 im Druck.

Block	Adresse des Befehls	Abk.	Befehl		Erläuterung	Zeitbedarf in μs	
			OP	ADR		MEIER	MUELLER
001	0010	EIN	61	zzzz zzzz z	Eingabe N, b	11 760	11 760
002	0011	LAR	11	6002 zzzz z	b	350	350
	0012	SRE	02	0001 zzzz z	$b - 2400{,}00$	350	350
	0013	SPM	42	0017 zzzz z	kleiner Bezug?	200	200
003	0014	LAR	11	0002 zzzz z	höchste AKU	—	350
	0015	SPG	41	0019 zzzz z	nach Block 005	—	200
004	0016	LMQ	31	0003 zzzz z	5	350	—
	0017	LMU	13	6002 zzzz z	$5b$	1 900	—
	0018	VRR	24	0003 zzzz z	runden	500	—
005	0019	SPR	34	7002 zzzz z	speichern a	350	350
	0020	LAR	11	6001 zzzz z	N	350	350
	0021	SPR	34	7001 zzzz z	speichern N	350	350
	0022	AUS	62	zzzz zzzz z	Ausgabe N, a	11 760	11 760
	0023	SPG	41	0010 zzzz z	zurück z. Beginn	200	200
000	0001	—	00	0024 0000 +	Konstante	—	—
	0002	—	00	0000 1200 +	Konstante	—	—
	0003	—	00	0000 0005 +	Konstante	—	—
						28 420	26 220

Um hier möglichst genau festzustellen, wie lange man nun tatsächlich braucht, um die AKU von z. B. 3000 Bediensteten mit diesem Programm zu berechnen, muß man zusätzlich die Anzahl der Leute mit großen und mit kleinen Bezügen kennen. Auch wenn man dies aber nicht weiß, gewinnt man eine gute Schätzung, da die Zeiten nicht zu weit auseinanderliegen.

Schwieriger und mühsam wird es, die Laufzeiten des Wurzelprogramms vorauszusagen. Hier gehen nämlich einesteils die Zwischensummen der Quotienten ein, das heißt die Zwischenergebnisse und Ergebnisse und andererseits die Anzahl der Durchläufe durch die Schleife, was wieder von den Angaben bzw. Ergebnissen abhängt. Hier werden es die meisten vorziehen, die Zeiten experimentell mit der Stoppuhr zu ermitteln. Es sind dabei Zeiten zwischen 80 und 300 ms zu erwarten.

c) Bestzeitprogrammieren für Magnettrommelanlagen

Bei unseren Betrachtungen über Rechenzeiten haben wir angenommen, daß jeder Speicherplatz sofort erreichbar ist, so oft er im Laufe des Programms aufgerufen wird und die notwendigen Schaltverbindungen

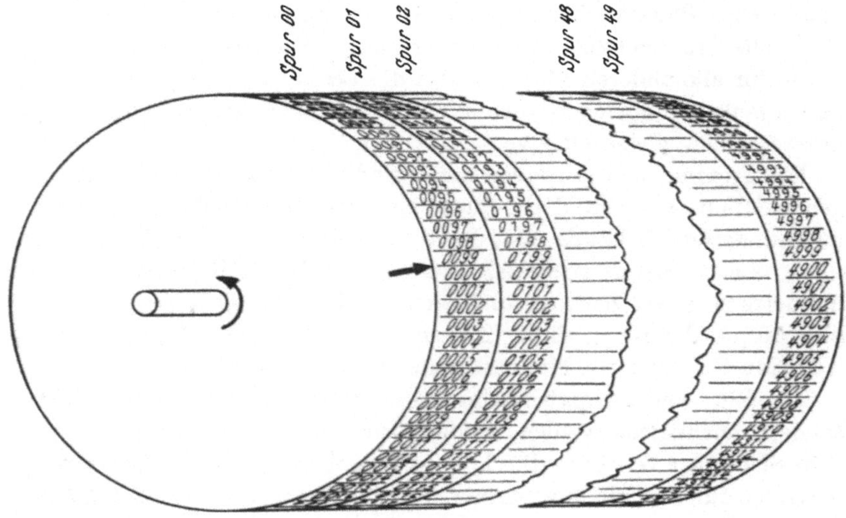

Abb. 11

hergestellt sind. Tatsächlich ist das nur bei Schnellspeichern (Magnetkernspeichern) der Fall. Bei allen anderen treten mitunter erhebliche Wartezeiten auf[1]. Wir wollen dieses Phänomen an Hand des am weitesten verbreiteten Maschinentyps erklären, der als einzigen Speicher eine Magnettrommel besitzt, und müssen dabei auf die technischen Gegebenheiten einer solchen Magnettrommel näher eingehen. Von Lesern, die sich nicht besonders für Magnettrommelanlagen interessieren, kann dieser Unterabschnitt überschlagen werden.

Die Magnettrommel ist ein zylindrischer Körper mit magnetisierbarer Oberfläche, der rasch um seine Achse rotiert. Die Anordnung der Speicherplätze ist in einem typischen Fall die folgende (Abb. 11):

Die Plätze sind also in Gruppen von je 100 längs des Umfanges aufzufinden. Jede solche Hundertergruppe nennen wir eine Spur. Außer den 5000 Speicherplätzen finden wir auch die Eingabe- und die Ausgabezone in einer eigenen Spur, in der nur je 8 Plätze besetzt sind. (Bei realen Maschinen geht man mit dem Platz nie so großzügig um, sondern füllt den Rest der Spuren mit Speicherplätzen aus.) Über jeder Spur

---

[1] Genauer gesagt: Bei einem Kernspeicher ist die Zugriffszeit unabhängig von der Adresse des Speicherplatzes und der Vorgeschichte des Programms sowie klein im Vergleich zur Rechenzeit. Bei einem Magnettrommelspeicher trifft dies nicht zu.

sitzt ein Lese- bzw. Schreibkopf, der Information entnehmen bzw. speichern kann. Soll nun eine Information aus Platz 0001 entnommen werden, so wird nach Herstellen aller Schaltverbindungen im allgemeinen Platz 0001 nicht unter dem Lesekopf sein, die Maschine muß daher untätig warten, bis auf der sich weiterdrehenden Trommel der gewünschte Platz verfügbar wird, was im ungünstigsten Fall beinahe eine volle Trommelumdrehung dauern kann. Das oben Gesagte gilt genauso für alle anderen Plätze, wobei die Leseköpfe so angeordnet sind, daß jeweils alle Speicherplätze, die sich um ein Vielfaches von hundert unterscheiden, gleichzeitig verfügbar sind.

Die Trommel soll mit einer Geschwindigkeit von 12.000 Umdrehungen je Minute rotieren, dann dauert eine volle Trommelumdrehung eine zweihundertstel Sekunde oder 5 ms. Die Zeit, die ein Wort braucht, um unter dem Lesekopf vorbeizukommen, kurz Wortzeit genannt, ist ein hundertstel dieser Zeit, da in jeder Spur 100 Wörter angeordnet sind, also 50 µs. An Hand dieser Ziffern wollen wir einen Zeitplan für die Addition C 2 auf einer Magnettrommelmaschine aufstellen.

Als Ein- und Ausgabemedium wollen wir diesmal nicht Bänder, sondern Lochkarten wählen, da alle Maschinen mit Bändern auch über Schnellspeicher verfügen. Bei Lochkartenbetrieb ist das Langsamste die Ausgabe, für die wir aus unserer Tabelle 2 eine Zeit von 320 ms entnehmen. Durch den schon erwähnten Pufferbetrieb läßt sich erreichen, daß Eingabe, Ausgabe und Rechnung gleichzeitig erfolgen[1]. Während das Resultat der ersten Addition ausgegeben wird, wird eine zweite Addition im Rechenwerk durchgeführt und für eine dritte erfolgt gleichzeitig die Eingabe der Daten. Die Eingabezeit von 160 ms läßt sich in den 320 ms für die Ausgabe leicht unterbringen. Die Frage ist daher nur, ob die Addition selbst in 320 ms ausgeführt werden kann. Wir beginnen mit dem ersten Rechenbefehl nach der Eingabe

Block	Adresse des Befehls	Abk.	Befehl		Erläuterung	
			OP	ADR		
002	0002	LAR	11	6001 zzzz z	a	

Laut Tabelle 5 ist die Maschine 0,15 ms nach Ablesen des Befehls zur Addition von (6001) bereit. Da das Ablesen des Befehls aber auf Platz 0002 erfolgt und ein Platz 0,05 ms zum Passieren unter dem Lesekopf braucht, ist zu diesem Zeitpunkt Platz 0005 verfügbar bzw. der (leere) Platz 6005. Nun wartet die Maschine untätig, bis sich die Trom-

---

[1] Wir vernachlässigen die Zeiten für die Überträge aus dem Eingabepuffer in den Speicher und aus dem Speicher in den Ausgabepuffer, die bei dieser Betriebsart benötigt werden.

mel über 6006 auf 6001 weitergedreht hat, das sind 96 Plätze oder 4,80 ms. Es steht also beim ersten Halbschritt einer Tätigkeit von 0,15 ms eine Wartezeit von 4,80 ms gegenüber. Die Addition selbst erfolgt laut Tabelle in 0,20 ms, während sich die Trommel bis auf Platz 6005 bzw. den gleichzeitig verfügbaren Platz 0005 weitergedreht hat. Der nächste Befehl steht laut Programm auf 0003, daher tritt diesmal eine Wartezeit von 98 Plätzen oder 4,90 ms ein. Fassen wir das tabellarisch zusammen:

Block	Adresse des Befehls	Abk.	Befehl OP ADR	Erläuterung		Zeitbedarf in *ms* Rechnen	Warten
002	0002	LAR	11 6001 zzzz z	a	1. Halbschritt	0,15	4,80
					2. Halbschritt	0,20	4,90

Genauso haben wir für die folgenden Befehle zu verfahren und finden

Block	Adresse des Befehls	Abk.	Befehl OP ADR	Erläuterung	Rechnen	Warten
	0003	SPR	34 7001 zzzz z	speichern a	0,15	4,75
					0,20	4,95
	0004	ARE	01 6002 zzzz z	$a+b \Rightarrow c$	0,15	4,75
					0,20	4,95
003	0005	SPR	34 7003 zzzz z	speichern c	0,15	4,75
					0,20	4,95
	0006	LAR	11 6002 zzzz z	b	0,15	4,65
					0,20	0,05
	0007	SPR	34 7002 zzzz z	speichern b	0,15	4,60
					0,20	0,10
					2,10	48,20

Der Rechenzeit von 2,10 ms, die sich gegenüber C 6 b nicht verändert hat, steht nun eine unproduktive Wartezeit von 48,20 ms, also dem mehr als Zwanzigfachen gegenüber. Bei unserem Beispiel brauchen wir uns darüber nicht zu beunruhigen, da wir die Gesamtzeit von 50,30 ms zuzüglich der Ausführungszeit für Befehl 0009 noch immer leicht in der Ausgabezeit von 320 ms unterbringen. Das Problem wird aber akut, sobald die Gesamtrechenzeit die Ausgabezeit übersteigt, da dann die Maschine durch untätiges Warten verlangsamt wird. Das ist z. B. beim Wurzelprogramm bereits der Fall, und wir wollen versuchen, durch geeignetes Programmieren solche Wartezeiten zu vermeiden.

Vorher werden wir noch eine bequemere Schreibweise für die Zeiten einführen. Worauf es eigentlich ankommt, ist die Wortzeit. Alle auftretenden Zeiten zwischen zwei Befehlen sind notwendig Vielfache dieser Wortzeit. Es ist daher besser, die Tabelle 5 für die Rechengeschwindigkeit nicht in ms oder μs, sondern in Wortzeiten anzugeben.

Tabelle 6

Operation	1. Halb-schritt	2. Halbschritt	Insgesamt Wortzeiten
ARE, SRE, ALI, SLI, ABR, ABL, LAR, LSR, LAL, LSL, LBR, LBL, LMQ, SMQ, SPR, SPL	3	4	7
MUL, LMU	3	18 + 4mal Ziffernsumme des Multiplikators	21 + 4mal Ziffernsumme des Multiplikators
DIV	3	54 + 4mal Ziffernsumme des Quotienten	57 + 4mal Ziffernsumme des Quotienten
SPG, SPM, SPN, SPU			4
VLI, VLZ, VRE, VRR			4 + 2mal Anzahl der notwendigen Stellenversetzungen

Die Wartezeiten folgen nun in einfachster Weise durch Abzählen, wie viele Wörter die Leseköpfe passieren müssen, bis der nächste Halbschritt ausgeführt werden kann. Unser Beispiel sieht daher so aus

Block	Adresse des Befehls	Abk.	Befehl OP ADR	Erläuterung	Zeitbedarf in Wortzeiten Rechnen	Warten
002	0002	LAR	11 6001 zzzz z	a	3	96
					4	98
	0003	SPR	34 7001 zzzz z	speichern a	3	95
					4	99
	0004	ARE	01 6002 zzzz z	$a + b \Rightarrow c$	3	95
					4	99
003	0005	SPR	34 7003 zzzz z	speichern c	3	95
					4	99
	0006	LAR	11 6002 zzzz z	b	3	93
					4	1
	0007	SPR	34 7002 zzzz z	speichern b	3	92
					4	2
					42	964

Dies zusammen mit der Beziehung Wortzeit $= 50\ \mu$s liefert wieder genau die gleichen Ergebnisse wie früher.

Die Programmierungstechnik, die uns helfen soll, Wartezeiten zu vermeiden, besteht darin, die Befehle nicht in aufeinanderfolgende Trommelplätze zu schreiben, sondern so zu plazieren, daß sie immer zur gewünschten Zeit verfügbar sind. Das hat zur Folge, daß jeder folgende

Befehl nach Ausführung des vorhergehenden nur durch einen Sprung zu erreichen ist, was bei unserer TEICO ein Unding wäre, da wir nach jedem Befehl einen Sprungbefehl einfügen müßten. Eine Magnettrommelmaschine wird daher immer als modifizierte Ein- (Zwei-, Drei-) Adreßmaschine hergestellt. Der Befehl enthält außer Operations- und Adressenteil noch weitere vier Stellen, die den Platz des nächsten Befehls angeben. Ein solcher Befehl sieht beispielsweise so aus

$$11\ 6001\ 0004\ z$$

das heißt: „Löschen, addieren Inhalt von Speicher 6001,
nächster Befehl steht auf 0004."
Dieser eine Befehl hat also die gleiche Wirkung wie bei unserer TEICO die beiden Befehle

$$11\ 6001\ zzzz\ z$$
$$41\ 0004\ zzzz\ z$$

Der Befehl $11\ 6001\ 0004\ z$ soll aber zu seiner Ausführung nicht mehr Zeit brauchen als der Befehl $11\ 6001\ zzzz\ z$ auf TEICO. Das ist auch der Grund, weshalb wir bei TEICO die beiden Halbschritte zur Ausführung einer Operation herangezogen haben. Wir brauchen dadurch jetzt nicht nochmals umzudenken.

Nun wollen wir das Additionsprogramm C 2 in der Sprache einer solchen modifizierten Einadreßmaschine neu schreiben, und zwar gleich so, daß Wartezeiten soweit als möglich vermieden werden. Wir wollen „zeitsparend" programmieren oder „auf Bestzeit" programmieren.

Das Ablaufschema bleibt unverändert, da es von der verwendeten Maschine unabhängig ist. Dagegen muß der Speicherplan geändert werden. Die Plätze

Tabelle 7

Größe	Adresse	Anmerkung
a	6001	Eingabe
	7001	Ausgabe
b	6002	Eingabe
	7002	Ausgabe
c	7003	Ausgabe

sind durch die Lage der Ein- und Ausgabezone gegeben und durch die Forderung, daß in der Eingabe der eingelesene Satz aus den Wörtern a, b, 0, 0, 0, 0, 0, 0, in der Ausgabe aus den Wörtern a, b, c, 0, 0, 0, 0, 0 bestehen soll. Dagegen müssen wir die Angabe „Programm ab 0001" fallen lassen, da die Befehle jetzt über irgendwelche Plätze verstreut werden sollen.

Wir legen statt dessen eine Liste mit den zur Verfügung stehenden Plätzen an, in die wir die Befehle der Reihe nach eintragen, um keinen Platz zweimal zu vergeben. Die Liste könnte alle 5000 Trommelplätze umfassen, wir beschränken uns auf die Wiedergabe der ersten 100.

Tabelle 8

	0	1	2	3	4	5	6	7	8	9
000.						003	004	005	006	007
001.	008	001								
002.										
003.										
004.										
005.										
006.										
007.										
008.										
009.									002	

Außerdem versehen wir die Befehle mit einer fortlaufenden Nummer, die wir in der ersten Spalte eintragen. Dies war bisher überflüssig, da die Befehle fortlaufende Plätze von 0001 bis 0009 besetzten. Jetzt wird es zur besseren Übersicht ratsam.

Die ersten beiden Befehle lauten

Fortl. Nr.	Block	Adresse des Befehls	Abk.	Befehl OP ADR	Erläuterung
001	001	xxxx	EIN	61 zzzz yyyy z	Eingabe *a, b*
002	002	yyyy	LAR	11 6001 tttt z	*a*

Der Befehl Nr. 002 ist dann am besten plaziert, wenn 6001 gerade unter die Leseköpfe kommt, sobald die Maschine addierbereit ist. Dazu muß er drei Plätze vor 6001 bzw. 0001 stehen, das ist aber auf Platz 0098. Wir wissen daher yyyy = 0098 und tragen in unserem Speicherplan auf Platz 0098 sofort die Nummer des Befehls ein, um den Platz nicht vielleicht irrtümlich noch einmal zu vergeben (in Tabelle 8 ist dies bereits geschehen). Damit haben wir für unser Programm

001	001	xxxx	EIN	61 zzzz 0098 z	Eingabe *a, b*
002	002	0098	LAR	11 6001 tttt z	*a*

Die Addition ist vier Wortzeiten nach 6001 beendet, der nächste Befehl steht daher auf 0005 gut.

| 002 | 002 | 0098 | LAR | 11 6001 0005 z | a |
| 003 | | 0005 | SPR | 34 7001 tttt z | speichern a |

Wir vergessen nicht den Befehl Nr. 003 in den Speicherplan einzutragen. Gegen die Wartezeit von 0005 bis 7001 sind wir machtlos, da der Platz für die Ausgabe von a festliegt. Jetzt sollten wir den nächsten Befehl auf Platz 0005 unterbringen, der aber bereits vergeben ist. Wir könnten auf den gleichzeitig erreichbaren Platz 0105 ausweichen, vermeiden das aber, weil das Additionsprogramm vielleicht später als Teil eines großen Programms dienen wird (siehe Kapitel E), und dann werden wir es schätzen, wenn wir sagen können, durch das Additionsprogramm ist nur die erste Spur belegt. Wir wollen uns also trotz der neuen Programmierungstechnik bemühen, das Programm in einem möglichst geschlossenen Gebiet der Trommel unterzubringen. Wir weichen daher nach dem nächsten freien Platz 0006 aus, was bei uns überdies keine Rolle spielt, da wir im weiteren Verlauf ohnedies auf den Platz 6002 warten müssen.

| 003 | 002 | 0005 | SPR | 34 7001 0006 z | speichern a |

Nun geht es weiter

| 004 | | 0006 | ARE | 01 6002 0007 z | $a + b \Rightarrow c$ |

Wieder haben wir den nächsten freien Platz benützt.

005	003	0007	SPR	34 7003 0008 z	speichern c
006		0008	LAR	11 6002 0009 z	b
007		0009	SPR	34 7002 0010 z	speichern b

Der nächste und letzte Befehl ist nun der Ausgabebefehl. Der Sprungbefehl wird entbehrlich, da er bei der modifizierten Einadreßmaschine im Ausgabebefehl untergebracht werden kann. Als Platz für den Eingabebefehl wählen wir eine Stelle zwischen 0009 und 0098.

| 008 | | 0010 | AUS | 62 zzzz 0011 z | Ausgabe a,b,c |
| 001 | | 0011 | EIN | 61 zzzz 0098 z | Eingabe a, b |

Damit ist die Addition auf Bestzeit programmiert. Der Speicherplan besteht nunmehr aus den Tabellen 7 und 8; der Startplatz des Programms ist jener Platz, auf dem der Befehl mit der Nummer 001 steht. Wir entnehmen der Tabelle 8, daß dies der Platz 0011 ist, es empfiehlt sich aber trotzdem, die Tabelle 7 durch die Zeile „1. Befehl auf Platz 0011" zu ergänzen.

Stellen wir die Rechenbefehle des Programms mit den Zeiten noch einmal zusammen, so erhalten wir

Fortl. Nr.	Block	Adresse des Befehls	Abk.	Befehl OP ADR	Erläuterung	Zeitbedarf in Wortzeiten Rechnen	Warten
002	002	0098	LAR	11 6001 0005 z	a	3	0
						4	0
003		0005	SPR	34 7001 0006 z	speichern a	3	93
						4	1
004		0006	ARE	01 6002 0007 z	$a + b \Rightarrow c$	3	93
						4	1
005	003	0007	SPR	34 7003 0008 z	speichern c	3	93
						4	1
006		0008	LAR	11 6002 0009 z	b	3	91
						4	3
007		0009	SPR	34 7002 0010 z	speichern b	3	90
						4	4
						42	470

Während das Verhältnis der Rechenzeit zur Gesamtzeit früher 0,042 betrug, ist es jetzt 0,082.

Noch umständlicher wird Bestzeitprogrammieren bei Programm C 4, wo wir, um besonders kurze Wartezeiten zu erzielen, auch noch über die Plätze der Konstanten 2400,00; 12,00; 5 verfügen. Wir programmieren zuerst den Fall der niedrigen Bezüge auf Bestzeit, da wir aus C 6 b wissen, daß hier die Rechenzeit länger ist, und anschließend jenen der höheren Bezüge, da wir bei dem späteren Programmteil nicht mehr soviel Bewegungsfreiheit im Speicherraum besitzen und daher eher Zeitverluste in Kauf nehmen müssen. Speicherplan und Programm erhalten folgendes Aussehen:

Größe	Bedeutung	Darst.	Adresse	Anmerkung
N	Name	—	6001	Eingabe
			7001	Ausgabe
b	Bezug	4,2|	6002	
a	Arbeiterkammerumlage AKU	2,2|	7002	
00002 40000 +	Konstante zur Durchführung der Entscheidung in Block 002	4,2|	xxxx	
00000 01200 +	Höchste Arbeiterkammerumlage	2,2|	yyyy	
00000 00005 +	Konstante für die Multiplikation	1,0|	tttt	
Programmstart			0010	

	0	1	2	3	4	5	6	7	8	9
000.						010	003	009	011	2400,00
001.	001			004				005	014	
002.	5	12,00			006					
003.										
004.	007									
005.	008									
006.										
007.										
008.										
009.										002

Fortl. Nr.	Block	Adresse des Befehls	Abk.	Befehl OP ADR	Erläuterung	Zeitbedarf in Wortzeiten Rechnen	Warten
001	001	0010	EIN	61 zzzz 0099 z	Eingabe N, b	mindestens 160 ms od. 3200 Wortzeiten	
002	002	0099	LAR	11 6002 0006 z	b	3 3	0 0
						4 4	0 0
003		0006	SRE	02 xxxx			

Den Platz der Konstanten 2400,00 können wir noch festlegen. Wir sehen,
immer unter Zuhilfenahme unserer Tabelle 6 für die Rechenzeiten, daß
wir am besten Platz 0009 nehmen. Dies tragen wir sofort wieder in den
Speicherplan ein und fahren fort:

Fortl. Nr.	Block	Adresse des Befehls	Abk.	Befehl OP ADR	Erläuterung	Rechnen	Warten
003		0006	SRE	02 0009 0013 z	$b - 2400,00$	3 3	0 0
						4 4	0 0
004		0013	SPM	42 0017 ssss z	kleiner Bez.?	4	0

Vereinbarungsgemäß verfolgen wir zuerst den Fall kleiner Bezüge. Jetzt
ist der Platz von 5 festzulegen und im Speicherplan einzutragen.

Fortl. Nr.	Block	Adresse des Befehls	Abk.	Befehl OP ADR	Erläuterung	Rechnen	Warten
005	004	0017	LMQ	31 0020 0024 z	5	3	0
						4	0
006		0024	LMU	13 6002 0040 z	$5b$	3	75
						38	0
007		0040	VRR	24 0003 0050 z	runden	10	0
008	005	0050	SPR	34 7002 0007 z	speichern a	3 3	49 49
						4 4	1 1
009		0007	LAR	11 6001 0005 z	N	3 3	91 91
						4 4	0 0
010		0005	SPR	34 7001 0008 z	speichern N	3 3	93 93
						4 4	3 3
011		0008	AUS	62 zzzz 0010 z	Ausgabe N, a	mindestens 320 ms od. 6400 Wortzeiten	
012	000	0009	—	00 0024 0000 +	Konstante	—	—
013		0020	—	00 0000 0005 +	Konstante	—	—
						97	312

Das Verhältnis Rechenzeit zu Gesamtzeit beträgt hier also $97 : 425 = 0{,}23$, während das gleiche Verhältnis für das nicht auf Bestzeit geschriebene Programm 0,11 gelautet hätte, das heißt, daß wir den Wirkungsgrad der Maschine mehr als verdoppeln konnten. Jetzt müssen wir uns den Block 003 für die hohen Bezüge überlegen, wobei Befehl Nr. 004 den Ausgangspunkt darstellt.

						Rechnen	Warten
004	002	0013	SPM	42 0017 0018 z	kleiner Bez.?	4	1
014	003	0018	LAR	11 0021 0050 z	höchste AKU	3	0
						4	25
015	000	0021	—	00 0000 1200 +	**Konstante**	46	279

Hier beträgt das Verhältnis $46 : (46 + 279) = 0{,}14$ gegenüber früher 0,07. Zusammenfassend lautet das Programm

Fortl. Nr.	Block	Adresse des Befehls	Abk.	Befehl OP ADR	Erläuterung	Zeitbedarf in Wortzeiten Rechnen		Warten	
001	001	0010	EIN	61 zzzz 0099 z	Eingabe N, b	mindestens 160 ms od. 3200 Wortzeiten			
002	002	0099	LAR	11 6002 0006 z	b	3	3	0	0
						4	4	0	0
003		0006	SRE	02 0009 0013 z	$b - 2400{,}00$	3	3	0	0
						4	4	0	0
004		0013	SPM	42 0017 0018 z	kleiner Bez.	4	4	0	1
014	003	0018	LAR	11 0021 0050 z	höchste AKU	—	3	—	0
						—	4	—	25
005	004	0017	LMQ	31 0020 0024 z	5	3	—	0	—
						4	—	0	—
006		0024	LMU	13 6002 0040 z	$5b$	3	—	75	—
						38	—	0	—
007		0040	VRR	24 0003 0050 z	runden	10	—	0	—
008	005	0050	SPR	34 7002 0007 z	speichern a	3	—	49	—
						4	—	1	—
009		0007	LAR	11 6001 0005 z	N	3	3	91	91
						4	4	0	0
010		0005	SPR	34 7001 0008 z	speichern N	3	3	93	93
						4	4	3	3
011		0008	AUS	62 zzzz 0010 z	Ausgabe N, a	mindestens 320 ms od. 6400 Wortzeiten			

Bei Programmen mit Schleifen geht man genau so vor, nur beginnt man mit jener Schleife, die am öftesten durchlaufen wird, um gerade ihren Befehlen die beste Plazierung und der Schleife daher die kürzeste Laufzeit zu sichern. Bei mehreren ineinandergeschachtelten Schleifen ist die am öftesten durchlaufene stets die innerste Schleife.

Überflüssig zu sagen ist, daß die ganze Programmierungstechnik sehr fehleranfällig ist und daher nur bei Programmen verwendet wird, die besonders häufig laufen und bei denen daher mit erheblichen Einsparungen an Zeit zu rechnen ist. Bei einem Programm, das nur ein einziges Mal zur Abwicklung gelangt, erspart man auf diese Weise vielleicht insgesamt wenige Minuten an Rechenzeit und braucht Viertelstunden länger zum Prüfen und Fehlersuchen. Bei solchen Programmen verwendet man die modifizierten Einadreßmaschinen wieder wie eine gewöhnliche Einadreßmaschine und schreibt die Befehle auf fortlaufende Plätze. Der einzige Unterschied gegenüber einer gewöhnlichen Einadreßmaschine besteht dann darin, daß die Befehle nun zehnstellig anstatt der vorher sechsstelligen Zahlen sind. In Kapitel F werden wir auf den Fragenkomplex der Bestzeitprogrammierung von neuem eingehen. In den folgenden Kapiteln wollen wir wieder zu unserer Einadreßmaschine TEICO zurückkehren.

D. Das Rechnen mit Befehlen

Wir wissen, daß Befehle und Zahlen im gleichen Speicher untergebracht sind und daß ein Rechenautomat von sich aus nicht in der Lage ist, zwischen beiden zu unterscheiden. Diese Unterscheidung ist vielmehr durch den Programmierer vorzunehmen, und wir hatten auch erwähnt, daß unangenehme Fehler entstehen, wenn fälschlich Zahlen ins Befehlsregister kommen und dort wie Befehle gehandhabt werden. Wir wollen uns nun mit dem umgekehrten Fall beschäftigen. Es ist möglich, Befehle statt ins Befehlsregister in den Zähler der Maschine zu schaffen und mit ihnen wie mit Zahlen zu rechnen. Auf diese Weise kann man Befehle umspeichern, also auf einen anderen Speicherplatz bringen, eine konstante Zahl zu einem Befehl addieren usw. Wir werden uns in diesem Kapitel mit Aufgaben beschäftigen, bei denen solche Operationen nicht nur möglich, sondern auch sinnvoll und zweckmäßig sind. Wir beginnen mit einem Problem, bei dem es lediglich gilt, Befehle umzuspeichern, nämlich der Laderoutine.

1. Speicheroperationen

Seit A 2 ist uns geläufig, daß sich das Programm während der Rechnung in den inneren Speichern der Maschine befindet und daß von dort Befehl um Befehl ins Befehlsregister gebracht wird. Wir haben bisher aber geflissentlich vermieden, zu sagen, wie das Programm in die inneren Speicher kommt. Wir wollen im folgenden einen Vorgang besprechen, der diese Aufgabe bewältigt und daher als Laderoutine bezeichnet wird.

Das Programm wird zunächst in einem Eingabemedium gespeichert, und zwar in einer noch zu erläuternden Form. Man könnte nun versucht sein, zu glauben, Starten der Eingabe bringe das Programm in die Maschine. Das ist aber ein Trugschluß. Die Eingabe wird nur dann funktionieren und die Befehle auf die gewünschten Plätze bringen, wenn ein Maschinenprogramm dafür sorgt. Die Maschine müßte also vor dem Programmladen ein Programmladeprogramm, also ein Superprogramm, enthalten, und damit ist unsere Aufgabe nicht gelöst, sondern nur um eine Stufe verschoben, denn nun ergibt sich die Frage, wie dieses Programmladeprogramm in die Maschine kommt.

Eine Möglichkeit wäre, das Ladeprogramm konstruktiv in die Maschine einzubauen und dann jeweils bei Bedarf manuell auszulösen. Das würde verhältnismäßig großen konstruktiven Aufwand fordern, und man hat daher davon abgesehen, da sich ein jetzt zu besprechender Weg bietet, mit einer sehr einfachen konstruktiven Maßnahme das Auslangen zu finden.

Diese Maßnahme besteht darin, daß bei jedem eingegebenen Satz das letzte Zeichen des ersten Wortes, also das elfte Zeichen, automatisch geprüft wird. Dann und nur dann, wenn dieses letzte Zeichen ein „X" ist, verläßt die Maschine die normale Folge der Befehle und führt einen Sprung aus: Sie bringt die Adresse 6001 ins Adreßregister und führt daher als nächsten Befehl den auf der angegebenen Adresse befindlichen Befehl aus. Wir werden im folgenden sehen, wie sich diese Einrichtung für ein Ladeprogramm verwenden läßt. Vorher merken wir uns aber, daß wir stets darauf achten müssen, als elftes Zeichen des ersten Wortes eines Satzes nicht zufällig ein „X" zu verwenden. Dadurch würden Maschinenfunktionen ausgelöst werden, die wir nicht beabsichtigen.

Jetzt zurück zur Laderoutine: Zunächst bringen wir *einen* interessierenden Satz verhältnismäßig leicht in den inneren Speicher. Wir schaffen manuell die Adresse 8000 ins Adreßregister und starten die Maschine. Die Maschine entnimmt dann den ersten Befehl den Eingabeschaltern des Konsols, das durch die Adresse 8000 aufgerufen ist. Auf diesen Schaltern haben wir vorher 61 zzzz zzzz z eingestellt. Dadurch gelangt der nächste Satz aus der Eingabe auf die Plätze 6001 bis 6008 und, falls er aus acht Befehlen bestanden hat, dann befinden sich diese acht Befehle jetzt in der Maschine (vgl. S 123).

Eine erste Laderoutine ist dadurch gegeben, sie besitzt aber nur sehr beschränkten Wert. Das zu ladende Programm darf höchstens aus acht Befehlen bestehen, würden wir nämlich vorsehen, weitere Befehle mit derselben Methode zu laden, so würde der nächste Satz wieder auf die Plätze 6001 bis 6008 gelangen und damit die bereits geladenen Befehle überschreiben. Außerdem müßte es sich um ein Programm handeln, das nicht die Eingabe irgendwelcher Daten erfordert, da dies wieder die bereits besetzten Plätze 6001 bis 6008 beanspruchen würde. Tatsächlich werden uns Programme begegnen, die alle gewünschten Eigenschaften besitzen.

Jetzt wollen wir aber versuchen, das Ladeprogramm so auszubauen, daß wir Programme beliebiger Länge laden können. Das ist nur so möglich, daß bereits geladene Befehle aus der Eingabezone fortgeschafft und auf gewünschte Plätze gebracht werden. Zu diesem Zweck wird jeder Satz im Eingabemedium nur einen zu ladenden Befehl enthalten, die übrigen Worte werden selbst ein kleines Programm darstellen, das den zu ladenden Befehl auf den gewünschten Platz schafft. Im einzelnen hat ein solcher Satz im Eingabemedium folgendes Aussehen:

Wort 1	11 6004 zzzz X
Wort 2	34 xxxx zzzz z
Wort 3	41 8000 zzzz z
Wort 4	zu ladender Befehl
Wort 5 bis 8	zz zzzz zzzz z

xxxx ist dabei die Adresse, auf die der zu ladende Befehl gelangen soll.

Nun schaffen wir diesen Satz auf die gerade geschilderte Weise in die Eingabezone. Wir bringen die Adresse 8000 manuell ins Adreßregister, stellen auf den Eingabeschaltern des Konsols die Zahl 61 zzzz zzzz z ein und starten die Maschine. Daraufhin geschieht folgendes: Wegen der Adresse 8000 im Adreßregister, die sich auf die Eingabeschalter des Konsols bezieht, gelangt 61 zzzz zzzz z ins Befehlsregister. Der Befehl wird ausgeführt, und die acht Worte des Satzes kommen in den Eingabepuffer, dessen Inhalt damit lautet

6001	Wort 1	11 6004 zzzz X
6002	Wort 2	34 xxxx zzzz z
6003	Wort 3	41 8000 zzzz z
6004	Wort 4	zu ladender Befehl
6005 bis 6008	Wort 5 bis 8	zz zzzz zzzz z

Als nächstes gelangt wegen des X im letzten Zeichen von Wort 1 die Adresse 6001 ins Adreßregister und damit der Befehl 11 6004 zzzz X zur Ausführung. Er bewirkt, daß der zu ladende Befehl von 6004 in den Zähler kommt. Durch das X in der letzten Stelle wird die Ausführung des Befehls nicht beeinträchtigt, nur der Code 11 6004 ist wesentlich.

Wir haben also hier tatsächlich mit einem Befehl eine Operation vorgenommen, die wir sonst nur mit Zahlen auszuüben pflegen. Nach Ausführung dieses Befehls gelangt der Befehl auf dem nächsten Speicherplatz 6002 zur Ausführung. Er bewirkt das Speichern des Zählerinhalts, also des zu ladenden Befehls auf den gewünschten Platz. Der nächste Befehl wird dem Platz 6003 entnommen und bringt die Maschine wieder zurück aufs Konsol. Von da an wiederholt sich der ganze Vorgang mit dem nächsten Satz im Eingabemedium, so daß nun der im nächsten Satz enthaltene Befehl geladen wird usw.

Es ist klar, daß auf genau die gleiche Art und Weise nicht nur Befehle, sondern auch Konstante aus dem Eingabemedium auf gewünschte Speicherplätze gebracht werden können. Wir haben dies unter anderem bereits in Programm C 4 vorweggenommen, wo die Konstanten in der Befehlsliste an die gleichen Plätze geschrieben wurden wie die Befehle.

Im allgemeinen bringt man in einem der leeren Worte 5 bis 8 Ordnungsmerkmale unter, etwa den Titel des Programms, die Nummer des

Blocks, aus dem der Befehl stammt, und unter Umständen auch noch eine fortlaufende Nummer des Befehls. Dies erleichtert das Identifizieren von Befehlen, indem man eine Klarschrift des Inhalts des Eingabemediums anfertigt.

Man könnte die geschilderte Laderoutine „selbstladend" nennen, weil sie außer manueller Einstellung am Konsol keiner weiteren Maßnahmen bedarf, um jede gewünschte Anzahl von Befehlen zu laden. Dem Vorteil, eine selbstladende Routine zu sein, steht der Nachteil der Schwerfälligkeit und Platzverschwendung im Eingabemedium und die damit verbundene Zeitverschwendung bei der Eingabe gegenüber. Man verwendet selbstladende Routinen daher in der Praxis höchstens für kurze Programme. Bei langen Programmen bringt man zuerst ein Programmladeprogramm, also ein Superprogramm in die Maschine, das nun seinerseits selbstladend sein muß, aber nicht lang ist. Daraufhin lädt man das eigentliche Programm, wobei das Superprogramm so beschaffen ist, daß bis zu acht Worte des eigentlichen Programms gelesen und an die richtigen Plätze gebracht werden können. Wir werden ein solches Superprogramm erst schreiben können, bis wir gelernt haben, mit Adressen zu rechnen. Vorläufig begnügen wir uns damit, daß wir nun eine grundsätzliche, wenn auch umständliche Möglichkeit besitzen, Programme in gewünschte Speicherplätze des internen Speichers zu laden.

Sobald das Programm geladen ist, müssen wir die eigentliche Rechnung starten. Dazu ist es erforderlich, der Maschine den Platz xxxx anzugeben, auf dem der erste Befehl zu finden ist. Am besten geschieht dies so, daß dem Programm am Schluß ein „Startsatz" angefügt wird, der folgendes Aussehen besitzt:

Wort 1   41 xxxx zzzz X
Wort 2 bis 8   zz zzzz zzzz z

Er bewirkt folgendes. Zunächst gelangt Wort 1 auf Platz 6001, dann wird wegen des X in der 11. Stelle von Wort 1 der nächste Befehl dem Platz 6001 entnommen. Er lautet „Springe nach xxxx", also an den Platz, auf dem der erste Befehl des Programms zu finden ist.

Manuelles Starten eines Programms mit Hilfe der Eingabeschalter am Konsol ist ebenfalls möglich, aber zeitraubender.

Die wiederholte Benützung eines Programms wickelt sich also derart ab, daß das Programm im Eingabemedium vorliegt und jeweils bei Bedarf in die Maschine geladen wird. Der Operateur an der Maschine wird dabei die Befehlsliste des Programms nicht mehr lesen. Es wird aber notwendig sein, ihm für jedes Programm eine kurze Beschreibung an die Hand zu geben, die alle für die praktische Benützung wesentlichen Angaben enthält. Im Falle des Programms C 4 könnte eine solche Kurzbeschreibung etwa so lauten:

Programm Nr. C 4

Arbeiterkammerumlage AKU

selbstladend

Format der Eingabe: Wort 1 .... Name

                              Wort 2 .... Arbeiterkammerumla-

                                              genpflichtiger Bezug,

                                            Darstellung $\underline{4,2}$

                              Wort 3 bis 8 ... leer

Format der Ausgabe: Wort 1 .... Name

                              Wort 2 .... AKU

                                            Darstellung $\underline{2,2}$

                              Wort 3 bis 8 ... leer

selbststartend*

* falls im Eingabemedium wirklich ein eigener Startsatz an das Programm angefügt wurde.

2. Arithmetische Operationen

a) Arithmetische Operationen mit dem Adreßteil

Wir haben diesem Kapitel die Überschrift „Das Rechnen mit Befehlen" gegeben, haben aber bisher nur eine Operation von Zahlen auf Befehle übertragen, nämlich das Speichern eines Befehls an einem geeignet gewählten neuen Platz. Nunmehr wollen wir dazu übergehen, arithmetische Operationen mit Befehlen vorzunehmen, und zwar wird es sich zunächst darum handeln, zur Adresse Zahlen zu addieren und solcherart eine „Adreßmodifikation" vorzunehmen.

Ein Beispiel, bei dem zweckmäßig mit Adressen gerechnet wird, stellt das Löschen des Speichers dar. Wir erinnern uns, daß der Speicher seine Informationen auch nach Abschalten der Maschine beliebig lange behält. Falls wir also für irgendwelche Arbeiten, z. B. zum Aufsummieren statistischer Daten, leere Speicherplätze benötigen, müssen wir das Löschen der gespeicherten Information durch ein eigenes Programm bewerkstelligen. Dieses Programm ist so beschaffen, daß es die Zahl 00000 00000 — auf jedem Platz speichert.

Das Löschen auf „Minus Null" kann später das Prüfen eines Programms erleichtern. Wenn nämlich zuerst alle Plätze auf 00000 00000 + gelöscht werden und im Laufe der Rechnung später die Zahl Null auf einem Platz gespeichert wird, so läßt sich nachher nicht mehr feststellen, ob die Null ordnungsgemäß gespeichert wurde oder ob sie noch vom Löschen des Speichers stammt. Verwenden wir dagegen beim Löschen ein Minuszeichen, dann können solche Schwierigkeiten nicht eintreten.

Ein Programm, das den Speicher auf Minus Null löscht, könnte zunächst so aussehen:

Adresse des Befehls	Abk.	Befehl		Erläuterung
		OP ADR		
4000	—	00 0000 0000 —		Konstante
4001	LMQ	31 4000 zzzz z		$-0 \to (M)$
4002	SMQ	32 0000 zzzz z		$-0 \to (0000)$
4003	SMQ	32 0001 zzzz z		$-0 \to (0001)$
4004	SMQ	32 0002 zzzz z		$-0 \to (0002)$
4005	SMQ	32 0003 zzzz z		$-0 \to (0003)$
		usw.		

Die Unzweckmäßigkeit dieses Programms ist offensichtlich. Für das Löschen jedes Speicherplatzes muß ein eigener Befehl geschrieben und auch gespeichert werden. Das Programm wird dadurch unbrauchbar lang. Mit Hilfe einer Schleife dagegen kann das Löschprogramm folgendes Aussehen erhalten (Abb. 12): Zum Speicherplan ist zu sagen: Wir suchen das ganze Programm in der Eingabezone, also auf den Plätzen 6001 bis 6008 unterzubringen, um es in einem einzigen Satz laden zu können. Dies ist in folgender Weise möglich.

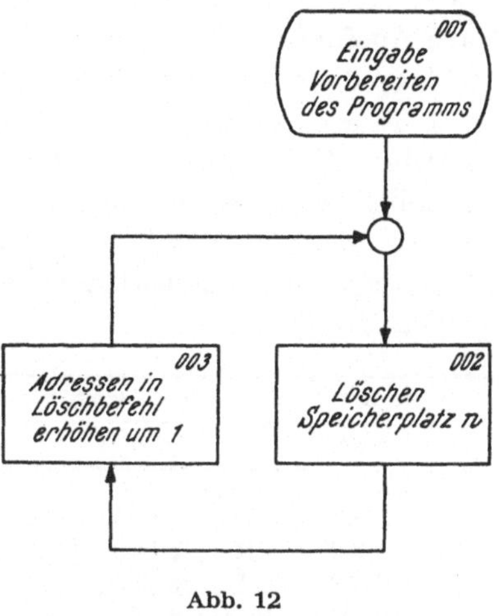

Abb. 12

Block	Adresse des Befehls	Abk.	Befehl		Erläuterung	Numerisches Beispiel
			OP	ADR		
001	6001	LSL	16 6002	zzzz X		34000 00000 00000 00000 —
002	6002	SPR	34 0000	0000 +	$-0 \to (0000)$ [1]	

---

[1] Wir erinnern uns, daß Nullen oder Vorzeichen in den Stellen 7 bis 11 eines Befehls seine Ausführung nicht beeinflussen.

In 6001 entsteht im rechten Speicher die Größe Minus Null, die wir daher nicht als Konstante im Programm vorzusehen brauchen.

In 6002 wird Speicherplatz 0000 auf −0 gelöscht. Nun erhöhen wir die Adresse in Befehl 6002 um 1. Dabei beachten wir, daß der Befehl bereits im linken Zähler steht. Wir sehen daher die Konstante

| 000 | 6008 | — | 00 0001 0000 − | Konstante | |

auf Platz 6008 vor und fahren folgendermaßen fort

| 003 | 6003 | ALI | 05 6008 zzzz z | | (L)   34000 10000 − |
| | 6004 | SPL | 36 6002 zzzz z | Speichern
34 0001 0000 − | |

Damit befindet sich auf Platz 6002 ein Befehl, der die Konstante Minus Null nicht mehr auf Platz 0000, sondern auf Platz 0001 speichert. Diesen Befehl führen wir als nächstes aus, was zuvor einen Sprung erfordert.

| 003 | 6005 | SPG | 41 6002 zzzz z | zurück n. Bl. 002 |

Nach Ausführung dieses neuen Befehls auf 6002 wird wieder durch 6003 und 6004 die Adresse des Speicherbefehls 6002 um 1 erhöht, so daß er nunmehr 34 0002 0000 − lautet. Durch seine Ausführung wird Platz 0002 auf Minus Null gelöscht, und so geht es weiter bis Platz 4999 gelöscht ist. Anschließend tritt die unmögliche Adresse 5000 auf und die Maschine hält an. Zusammen mit der Konsoleinstellung (8000) = 61 zzzz zzzz z ist das Programm selbstladend und besteht zusammenfassend aus folgenden Befehlen:

Block	Adresse des Befehls	Abk.	Befehl OP ADR	Erläuterung	Numerisches Beispiel
001	6001	LSL	16 6002 zzzz X		34000 00000 00000 00000 −
002	6002	SPR	34 0000 0000 +	−0 → (0000)	
003	6003	ALI	05 6008 zzzz z		(L) 34000 10000 −
	6004	SPL	36 6002 zzzz z	speichern 34 nnnn 0000 −	
	6005	SPG	41 6002 zzzz z	zurück n. Bl. 002	
000	6008	—	00 0001 0000 −	Konstante	

Soll das Anhalten der Maschine nach dem Löschen von 4999 vermieden werden, dann muß zwischen Block 002 und 003 eine Entscheidung untergebracht werden, die die Maschine mit Hilfe eines Sprungbefehls nach 8000 zum Konsol zurückbringt. Dann kann nach dem Speicherlöschen unmittelbar die Laderoutine des nächsten Programms folgen, da am Konsol nach wie vor der Befehl 61 zzzz zzzz z eingestellt ist. Das liefert folgendes Programm (Abb. 13):

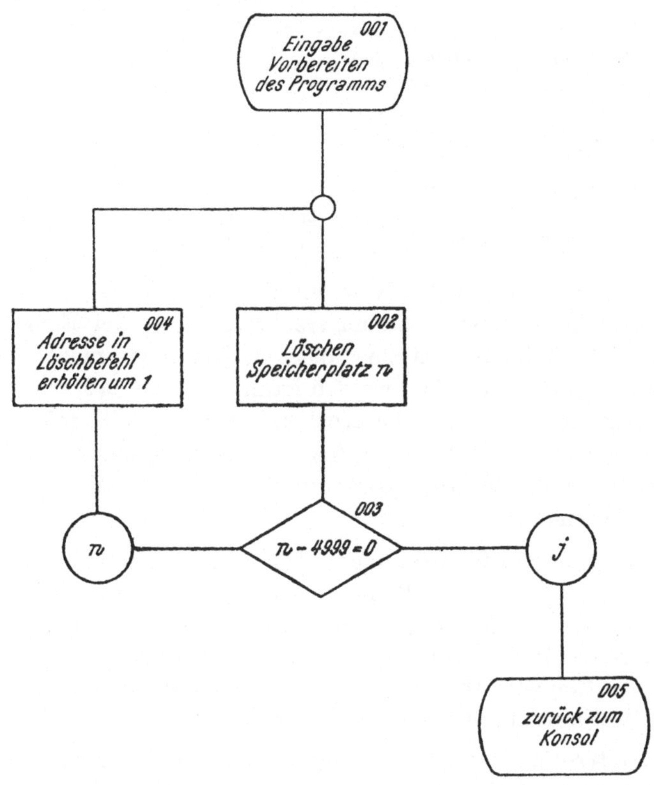

Abb. 13

Block	Adresse des Befehls	Abk.	Befehl		Erläuterung	Numerisches Beispiel
			OP	ADR		
001	6001	LSL	16 6002 zzzz z			34000 00000 00000 00000 —
002	6002	SPR	34 0000 0000 +		—0 → (0000)	
003	6003	SLI	06 7001 zzzz z			00499 90000 00000 00000 +
000	7001	—	34 4999 0000 —		Konstante	

Die Konstante auf 7001 ist so gewählt, daß Null genau dann im linken Zähler steht, wenn der Speicherbefehl 6002 bereits zu 34 4999 0000 — modifiziert wurde und daher alle Plätze gelöscht sind.

003 | 6004 | SPN | 43 8000 zzzz z | bei 0 a. Konsol |

Im Zähler muß jetzt 1 zur Befehlsadresse addiert werden, vorerst aber müssen die 34 4999 0000 —, die in 6003 subtrahiert wurden, wieder dazugegeben werden. Das geschieht gleich in einem durch die Konstante 6008.

004	6005	ALI	05 6008 zzzz z			(L)	34000 10000 —
000	6008	—	34 5000 0000 —	Konstante			

Der Rest des Programms bleibt unverändert.

004	6006	SPL	36 6002 zzzz z	speichern
				34 0001 0000 —
	6007	SPG	41 6002 zzzz z	zurück n. Bl. 002

Dieses Programm besitzt den Nachteil, daß es neun Worte beansprucht und nicht mehr in einem Satz unterzubringen ist. Bei Eingabe durch Lochkarten z. B. hätte dies zur Folge, daß es nicht mehr durch eine einzige Ladekarte eingegeben werden kann, sondern daß, wie wir es bei Erläuterung der Laderoutine besprochen haben, etwa für jeden der neun Befehle eine eigene selbstladende Karte verwendet werden müßte. Erst die Einführung von Indexregistern im folgenden Abschnitt wird auch hier Abhilfe schaffen.

Das Addieren von Konstanten zu Adressen erweist sich nicht nur bei Löschprogrammen als vorteilhaft. Es kann überall dort verwendet werden, wo das gleiche Rechenprogramm auf Größen anzuwenden ist, die sich an aufeinanderfolgenden Speicherplätzen befinden. Beispiele hierfür sind die Addition von 100 auf konsekutiven Plätzen gespeicherten Zahlen oder die Bestimmung der größten dieser Zahlen.

Eine weitere häufige Anwendungsmöglichkeit dieser Technik bieten Auszählungen statistischer Art. Zum Beispiel kann ein Grundstückverzeichnis folgender Art vorliegen. Neben Ordnungsmerkmalen ist jeweils die Größe des Grundstückes und seine Kulturgattung (Wald, Wiese, Feld, Ödland usw.) bekannt. Will man nun die Gesamtflächen wissen, die für die einzelnen Kulturgattungen benützt werden, dann hat man das Material nach Kulturgattungen zu sortieren und anschließend die Flächen jeder Gattung für sich auszusummieren. Will man das Sortieren vermeiden, dann muß der Rechenautomat auf Grund der angegebenen Kulturgattung die in Frage stehende Fläche jeweils bei den Flächen derselben Kulturgattung mitzählen. Das kann nur so geschehen, daß auf Grund der Kulturgattung die Adresse des Speicherplatzes bestimmt wird, zu dessen Inhalt die gerade behandelte Fläche hinzuzuzählen ist.

Auch bei den im nächsten Kapitel erwähnten Verschiebeprogrammen wird von der Addition von Konstanten zu Adressen Gebrauch gemacht.

b) Arithmetische Operationen mit dem Operationsteil

Auf Grund der in B 3 beschriebenen Eigenschaften der Arithmetik von TEICO ist es möglich, zwei Befehle, z. B. 01 0123 zzzz z und 02 3210 zzzz z zu addieren. Das Ergebnis lautet

$$
\begin{array}{l}
01\ 0123\ \text{zzzz z} \\
02\ 3210\ \text{zzzz z} \\
\hline
03\ 3333\ \text{zzzz z}
\end{array}
$$

Zufällig ist in unserem Fall sogar wieder ein sinnvoller Befehl entstanden. Daß sich diese Art von Operationen praktisch verwenden läßt, werden wir bei der Behandlung der Unterprogramme erfahren.

3. Indexregister

Als häufige Operation, die beim Rechnen mit Befehlen auszuführen ist, haben wir das Addieren von Konstanten zur Adresse des Befehls kennengelernt. Um diese oft verwendeten Adreßmodifikationen zu erleichtern, besitzen manche Maschinen eine konstruktive Vorsorge, die als „Indexregister" bezeichnet wird. Bei der Verwendung von Indexregistern muß nicht der in der Maschine gespeicherte Befehl modifiziert werden, sondern der jeweilige Inhalt des Indexregisters wird automatisch zur Befehlsadresse addiert, während der Befehl selbst unverändert gespeichert bleibt. Wir wollen die Möglichkeiten, die sich dadurch ergeben, bei TEICO studieren und dazu annehmen, daß TEICO zwei Indexregister besitzt.

Zunächst besprechen wir einige Befehle, die sich auf die Indexregister beziehen. Es sind dies die folgenden:

LAX   Laden Indexregister i   51 xxxx zzz i z

Durch diesen Befehl wird der Inhalt der Speicherzelle xxxx in das Indexregister i (i = 1, 2) gebracht. Genauer, die Ziffern auf den Plätzen 3 bis 6 der Speicherzelle xxxx gelangen ins Indexregister. Die Speicherzelle enthält im allgemeinen eine zehnstellige Zahl oder einen Befehl, das Indexregister ist dagegen vierstellig, und nur jene Ziffern, die dem Adreßteil des Befehls entsprechen, können in das vierstellige Indexregister kommen. Damit liegt gleichzeitig ein weiteres Beispiel vor, wie die meist durch Zwischenräume besetzten Plätze 7 bis 11 der TEICO-Instruktionen zum Auslösen von Maschinenfunktionen verwendet werden können.

Ein weiterer Befehl dieser Kategorie ist

SPX   Speichern Indexregister i   52 xxxx zzz i z

Der Inhalt des i-ten Indexregisters wird in der Zelle xxxx gespeichert.

AIX   Erhöhen Indexregister i   53 nnnn zzz i z

Der Inhalt des Indexregisters i wird um den Betrag nnnn erhöht. nnnn ist also hier ähnlich wie beim schon von früher bekannten Befehl Stellenversetzen *keine* Adresse, sondern eine numerische Konstante.

SIX   Erniedrigen Indexregister   54 nnnn zzzz z

Der Inhalt des Indexregisters i wird um den Betrag nnnn erniedrigt.

SNX   Springen bei Null   55 yyyy zzz i z

Wenn im Indexregister i die Zahl 0 steht, dann wird der nächste Befehl dem Platz yyyy entnommen, wenn nicht, folgt der nächste Befehl in normaler Reihenfolge.

SGX   Springen bei gleich   56 yyyy zzzz z

Bei Übereinstimmung der Zahlen in den Indexregistern 1 und 2 wird der nächste Befehl dem Platz yyyy entnommen. Bei Verschiedenheit folgt der nächste Befehl in normaler Reihenfolge. Dieser Befehl wird im Text nicht verwendet, er erweist sich aber z. B. bei der Summation von Doppelreihen als zweckmäßig.

SSX   Index setzen und Springen   57 yyyy zzzz z

Der Inhalt des Befehlszählers (das ist die Adresse des Befehls 57 yyyy zzz i z) wird in das Indexregister i gebracht. Anschließend wird der nächste Befehl dem Platz yyyy entnommen.

Mit Hilfe der eben aufgezählten Befehle können wir den Inhalt der Indexregister verändern. Es handelt sich hierbei jedoch um Hilfsmaßnahmen. Der eigentliche Zweck der Indexregister besteht darin, mit ihrer Hilfe *Befehle* zu verändern. Dies geschieht dadurch, daß an der zehnten Stelle des Befehls statt des Zeichens z ein i (i = 1, 2) gesetzt wird. Dann wird der Inhalt des Indexregisters i zur Adresse des Befehls addiert und anschließend der Befehl ausgeführt. Der Befehl selbst befindet sich auch nach Ausführung dieser Operation unverändert auf seinem Speicherplatz.

Als Beispiel nehmen wir an, daß das Indexregister 2 die Zahl 3001 enthält. Kommt nun der Befehl 01 0004 zzz2 z, dann wird der Inhalt des Indexregisters 2 zur Befehlsadresse addiert und anschließend der Befehl 01 3005 zzzz z ausgeführt. Der genannte Befehl bewirkt also, daß der Inhalt von Platz 3005 zum Zählerinhalt addiert wird.

In diesem Fall spricht man davon, daß der Befehl 01 0004 zzzz z „indiziert" wurde. Er wird durch das Setzen des Index 2 in der zehnten

Stelle in modifizierter Form ausgeführt. In einer Maschine mit Indexregistern ist konstruktiv dafür Sorge getragen, daß alle Befehle indiziert werden können, soweit dies überhaupt auf sinnvolle Ergebnisse führt.

Die Verwendung von Indexregistern scheint nach dem obigen eine weithergeholte Technik zu sein. Tatsächlich ist sie aber dazu angetan, die Programmierarbeit wesentlich zu erleichtern, wie wir im folgenden an Hand von Beispielen nachweisen wollen. Das erste Beispiel soll das Speicherlöschprogramm aus D 2a betreffen. Unter Verwendung des Indexregisters 1 könnte es folgendes Aussehen erhalten:

Block	Adresse des Befehls	Abk.	Befehl
			OP ADR
001	6001	LSL	16 6002 zzzz X

Dieser Befehl dient nur mehr zum Erzeugen der Konstanten Minus Null im rechten Zähler. Der Inhalt des linken Zählers wird nicht mehr benützt.

001	6002	LAX	51 8002 zzz1 z

Die Ziffern 0000, die sich auf den Stellen 3 bis 6 des rechten Zählers befinden, gelangen damit ins Indexregister. Dadurch haben wir die Funktion „Löschen Indexregister" erreicht.

002	6003	SPR	34 0000 zzz1 z

Zur Adresse 0000 dieses Befehles wird nun der Inhalt 0000 des Indexregisters addiert. Daher wird der Inhalt —0 des rechten Zählers auf Platz 0 gespeichert.

003	6004	AIX	53 0001 zzz1 z

Der Inhalt des Indexregisters wird um 1 erhöht.

003	6005	SPG	41 6003 zzzz z

Anschließend wird wieder Befehl 6003 ausgeführt, nun aber mit der Adresse

0000 (Befehl) + 0001 (Indexregister)

Das heißt, nun wird Platz 0001 gelöscht, darauf wird das Indexregister 1 von 0001 auf 0002 erhöht usw. Eingespart wurde ein Speicherplatz (6008) und die Programmschleife enthält nun nur drei Befehle (6003 bis 6005) anstatt der früheren vier (6002 bis 6005). Das fertige Programm lautet somit

Block	Adresse des Befehls	Abk.	Befehl	
			OP	ADR
001	6001	LSL	16 6002	zzzz X
	6002	LAX	51 8002	zzzl z
002	6003	SPR	34 0000	zzzl z
003	6004	AIX	53 0001	zzzl z
	6005	SPG	41 6003	zzzz z

Der Vorteil der Verwendung von Indexregistern wird noch offensichtlicher bei der zweiten Version des Löschprogramms, wo die Maschine nach Löschen des Speichers aufs Konsol zurückkehrt.

Block	Adresse des Befehls	Abk.	Befehl	
			OP	ADR
001	6001	LSL	16 6002	zzzz X

Wieder dient der erste Befehl nur zum Erzeugen der Konstanten —0. Wir löschen aber diesmal die Speicherplätze nicht vom 0-ten beginnend bis zum 4999sten, sondern in umgekehrter Reihenfolge. Wir erreichen damit, daß der 0-te Platz als letzter gelöscht wird, und werden dadurch den Befehl SNX „Springen bei Null" besonders zweckmäßig einsetzen können. In Ausführung dieser Absicht laden wir ein Indexregister mit der Konstanten 4999, die wir auf Platz 6008 bereitstellen, so daß unser Programm folgenden Fortgang nimmt.

000	6008	—	00 4999 0000 +
001	6002	LAX	51 6008 zzzl z

Die eigentliche Löschoperation wird wie früher durch einen indizierten Speicherbefehl bewerkstelligt.

002	6003	SPR	34 0000 zzzl z

Nun erfolgt die Prüfung, ob sämtliche Speicher gelöscht wurden, was genau dann der Fall ist, wenn das Indexregister 1 die Zahl 0 enthält. In diesem Fall soll die Maschine aufs Konsol mit der Adresse 8000 zurückkehren.

003	6004	SNX	55 8000 zzzl z

Andernfalls wird der Inhalt des Indexregisters 1 um 1 erniedrigt

004	6005	SIX	54 0001 zzzl z

und anschließend der nächstniedrige Platz durch Befehl 6003 gelöscht.

004	6006	SPG	41 6003 zzzz z

Zusammenfassend erhalten wir daher ein Programm, das nur aus sieben Befehlen besteht und daher den großen Vorteil besitzt, in einem einzigen Satz der Eingabe Platz zu finden.

Block	Adresse des Befehls	Abk.	Befehl	
			OP	ADR
001	6001	LSL	16 6002	zzzz X
	6002	LAX	51 6008	zzz1 z
002	6003	SPR	34 0000	zzz1 z
003	6004	SNX	55 8000	zzz1 z
004	6005	SIX	54 0001	zzz1 z
	6006	SPG	41 6003	zzzz z
000	6008	—	00 4999 0000	+

Alle am Schluß von D 2a genannten Aufgaben lassen sich vorteilhaft unter Verwendung von Indexregistern behandeln. Eine weitere Verwendungsmöglichkeit von Indexregistern ist in Abschnitt E 5 beim Anschluß von Unterprogrammen beschrieben.

E. Unterprogramme

Wir wenden uns nunmehr einem Kapitel zu, das völlig neue Gesichtspunkte der Programmiertechnik beinhaltet. Wenn man das Programmieren im Maschinencode, soweit wir es bisher betrieben haben, als die Volksschule des Programmierens bezeichnet, dann kann man die Verwendung von Unterprogrammen als Mittelschule betrachten. Die Hochschule wird die Verwendung von Pseudocodes in Kapitel F darstellen.

Der Verwendung von Unterprogrammen liegt folgender Gedanke zugrunde. Wir haben bis jetzt alle Rechenaufgaben in einfachste Schritte, z. B. in Additionen, Subtraktionen, Multiplikationen, Divisionen, Vergleiche, Speicherbefehle usw. zerlegt und jeden dieser Schritte durch einen Maschinenbefehl verwirklicht. Dieses Vorgehen ist uns selbstverständlich und wir sind daher geneigt, seine entscheidende Bedeutung zu übersehen. Es wäre unmöglich, verschiedenartige Aufgaben auf ein und derselben Maschine zu behandeln, wenn wir nicht imstande wären, alle Aufgaben auf dieselben gerade genannten Elementarschritte zurückzuführen.

Es gibt nun viele Probleme, bei denen ganze Gruppen von Elementarschritten in immer der gleichen Folge wiederkehren. Beispiele hierfür sind etwa die Berechnung von sin x, die bei trigonometrischen Aufgaben immer wieder auftritt, oder die Berechnung der Lohnsteuer, die sich bei allen Lohnberechnungen wiederholt. Sowohl sin x als auch die Lohnsteuer lassen sich mit Hilfe der Elementarschritte des Addierens, Subtrahierens, Multiplizierens, Vergleichens usw. bestimmen. Wir wollen uns aber über das Wie nicht den Kopf zerbrechen, sondern im Laufe eines Programms lediglich feststellen, hier muß die Lohnsteuer berechnet werden, hier ist ein Sinus zu bestimmen. Mit anderen Worten, wir zerlegen die Aufgabe jetzt in größere Teilaufgaben, deren jede sich wieder aus Elementarschritten aufbauen läßt.

Während wir also bis zu diesem Kapitel mit Maurern vergleichbar waren, die sich bemühen, einzelne Wände durch Aufeinanderschichten von Ziegeln herzustellen, gelangen wir jetzt in die Position des Architekten, der zwar bestimmt, wo die Wände zu stehen haben, der sich aber nicht darum kümmert, wie die Ziegel in den Wänden liegen, sondern das den Handwerkern überläßt.

Sprechen wir wieder von Programmteilen statt von Wänden. Wir werden meist keinen Handwerker zur Verfügung haben, der den Programmteil „sin x" oder „Lohnsteuer" in seine Elementarschritte zerlegt. Wenn wir aber einen serienmäßig hergestellten Rechenautomaten besitzen, der in vielen Exemplaren auf der ganzen Welt vorhanden ist, können wir so gut wie sicher sein, daß schon irgendwann irgendwer ein Programm zur Berechnung des Sinus geschrieben hat, und ähnliches wird für die Bestimmung der Lohnsteuer gelten. Wir werden uns dann dieses Programm verschaffen, was kein Problem darstellt, da die Hersteller der Maschinen für die Verbreitung solcher Programme sorgen, und dann dieses Programm einfach abschreiben.

Im Laufe der Zeit werden wir uns eine ganze Bibliothek von Programmen bereitstellen, die wir im Bedarfsfall abschreiben können. Die Bibliothek eines Mathematikers wird dabei Programme für die elementaren Funktionen, für einige höhere Funktionen, wie etwa Besselfunktionen, numerische Integration, Verfahren zur Lösung von Differentialgleichungen und linearen Gleichungssystemen usw. enthalten. Der Kaufmann oder Verwaltungsfachmann wird Programme für die Lohnsteuer, die Arbeiterkammerumlage, Krankenversicherungsbeiträge, Kinderbeihilfe, Tilgungspläne u. dgl. m. besitzen. Bei Bedarf werden diese sogenannten Bibliotheksprogramme der Programmbücherei entnommen und als *Teil*programme oder *Unter*programme dem *Haupt*programm einverleibt werden.

Der Grundgedanke der Verwendung von Unterprogrammen (im folgenden auch mit UP abgekürzt) ist somit ein sehr durchsichtiger; was uns beschäftigen wird, ist die Art und Weise, wie wir die Unterprogramme dem Hauptprogramm eingliedern. Es kann dies auf sehr einfach verständliche, aber mühsame und schwerfällige Art geschehen, wie wir in den Abschnitten über offene Unterprogramme sehen werden. In den Abschnitten über geschlossene Unterprogramme werden wir im Gegensatz dazu eine scharfsinnigere Methode kennenlernen, Unterprogramme mit einem Minimum an Arbeitsaufwand zu benützen, nur wird diese Methode an das Verständnis größere Anforderungen stellen.

Zum Schluß muß ich die Freude eines Teiles der Leser über die Verwendung von Unterprogrammen dämpfen. Während die Mathematiker sich sehr weitgehende Arbeitserleichterungen durch die Verwendung von Unterprogrammen schaffen konnten, trifft dies für die Kaufleute nur in beschränktem Maße zu. Die Mathematiker sind in der glücklichen Lage, daß die Funktion sin x auf der ganzen Welt genau das gleiche bedeutet. Die Verwaltungsbeamten dagegen sehen sich in jedem Land anderen gesetzlichen Bestimmungen zur Errechnung der Lohnsteuer gegenüber, so daß es so gut wie kein universell verwendbares Bibliotheksprogramm gibt. In manchen Belangen, z. B. bei der Betriebsabrechnung, geht dies so weit, daß einzelne Betriebe individuelle Unterschiede im Arbeitsablauf gewohnt sind, was den Austausch von Unterprogrammen erschwert und ihre Adaptierung für jeden Einzelfall notwendig macht.

1. Offene Unterprogramme

Wir stellen uns als Aufgabe die Berechnung einer vierten Wurzel. Genauer, wir wollen x aus der Beziehung

$$x \Leftarrow {}_+\sqrt[4]{y}$$

berechnen. Dabei sollen y und x von der Form 0,10 sein.

Die Berechnung einer vierten Wurzel ließe sich mit Hilfe eines sinngemäß verallgemeinerten archimedischen Verfahrens bzw. — was auf dasselbe hinauskommt — mit Hilfe des Newton-Verfahrens durchführen. Wir wollen statt dessen die Berechnung der vierten Wurzel mit Hilfe der Beziehung

$$\sqrt{\sqrt{y}} = \sqrt[4]{y}$$

auf die zweimalige Berechnung einer Quadratwurzel zurückführen und versuchen, bei der Berechnung der Quadratwurzel möglichst weitgehend Gebrauch von unserem Wurzelprogramm C 5 zu machen. Führen wir noch zur Abkürzung

$$_+\sqrt{y} = r$$

ein, so wird

$$\sqrt[4]{y} = \sqrt{r}$$

Das bedeutet, daß wir die Operationen

$$_+\sqrt{y} \Rightarrow r$$
$$_+\sqrt{r} \Rightarrow x$$

also tatsächlich die zweimalige Anwendung des Quadratwurzelziehens, vorzunehmen haben. Das Flußdiagramm dieser Aufgabe kann so aussehen (Abb. 14),

Die eigenartige Bezeichnung der Blöcke hat folgenden Sinn: Jeder Block entspricht der einmaligen Anwendung des Quadratwurzelprogramms. Dieses besteht aber selbst aus fünf Blöcken. Wir werden daher in der Befehlsliste als dritte Stelle die entsprechende Blocknummer des Quadratwurzelprogramms C 5 einsetzen, was uns die Übersicht erleichtern soll.

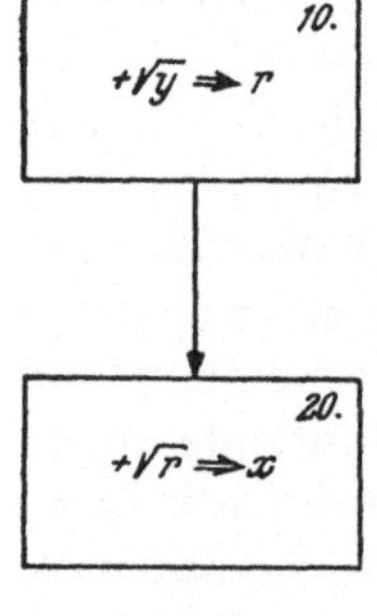

Abb. 14

Den Speicherplan bauen wir so auf, daß zunächst in Block 10 das Programm C 5 für $_+\sqrt{t} \Rightarrow w$ möglichst unverändert ablaufen kann. Das bedeutet, daß y hier denselben Speicherplatz einnehmen muß wie dort t, nämlich 0001, und daß es sich auch in den eingegebenen Sätzen an der gleichen Stelle, also in Wort 1, befinden muß; das ergibt

Größe	Bedeutung	Darst.	Adresse Platz	Anmerkung
y	Radikand	0,10	6001	Eingabe
			7001	Ausgabe
r	Zwischenergebnis	0,10	7002	in Block 10.
			6001	in Block 20.
x	Ergebnis	0,10	7002	in Block 20.
99999 99999 $+$	0-ter Näherungswert	0,10	0001	r_0 in Block 10.
				x_0 in Block 20.
r_i	i-ter Näherungswert	0,10	7002	in Block 10.
x_i	i-ter Näherungswert	0,10	7002	in Block 20.
r_i'		0,10	8001	in Block 10.
x_i'		0,10	8001	in Block 20.
00000 00002 $+$		10,0	0002	für Division
		0,10		für Entscheidung
Programm			ab 0010	

Nun können wir tatsächlich das Quadratwurzelprogramm C 5 Befehl um Befehl übernehmen. Geändert sind lediglich die Blocknummern durch den vorgesetzten Einser. Auf das Mitführen eines Zahlenbeispiels wurde verzichtet, und in der Spalte Anmerkungen wurden die neuen Bezeichnungen, also x statt t und r statt w, angegeben.

Block	Adresse des Befehls	Abk.	Befehl		Erläuterung
			OP	ADR	
101	0010	EIN	61	zzzz zzzz z	Eingabe y
	0011	LAR	11	0001 zzzz z	r_0
	0012	SPR	34	7002 zzzz z	$r_0 \rightarrow r_i$
102	0013	LAL	15	6001 zzzz z	y
	0014	DIV	04	7002 zzzz z	$y : r_i \Rightarrow r_i'$
103	0015	LAR	11	8001 zzzz z	r_i'
	0016	SRE	02	7002 zzzz z	$r_i' - r_i$
	0017	LBR	17	8002 zzzz z	$\lvert r_i' - r_i \rvert$
	0018	SRE	02	0002 zzzz z	$\lvert r_i' - r_i \rvert - 2 \cdot 10^{-10}$
	0019	SPM	42	0025 zzzz z	Ende?
104	0020	LAR	11	7002 zzzz z	r_i
	0021	ARE	01	8001 zzzz z	$r_i + r_i'$
	0022	DIV	04	0002 zzzz z	$(r_i + r_i') : 2 \Rightarrow r_{i+1}$
	0023	SMQ	32	7002 zzzz z	$r_{i+1} \rightarrow r_i$
	0024	SPG	41	0013 zzzz z	zurück nach Block 102
105	0025	LAR	11	6001 zzzz z	y
	0026	SPR	34	7001 zzzz z	speichern y

Im alten Programm hatte sich an Befehl 0026 in Block 005 die Ausgabe angeschlossen. Jetzt muß an seine Stelle die abermalige Berechnung der Quadratwurzel treten. Allerdings geht dies nicht mehr ganz so mühelos vor sich, da wir auf die geänderten Adressen achten müssen. Der Radikand r steht jetzt nicht mehr auf Platz 6001, sondern bereits auf Platz 7002. Wir können r auf Platz 6001 zurückschaffen, was durch die Befehle

201	0027	LAR	11 7002 zzzz z	r
	0028	SPR	34 6001 zzzz z	speichern r

bewerkstelligt wird.

Wir dürfen aber nicht übersehen, daß das Programm nun nicht mehr auf Platz 0010 beginnt, da dieser Platz ja durch das erste Wurzelprogramm besetzt ist. Daher ändern sich die Plätze sämtlicher Befehle, wie dies bei der untenstehenden Fortsetzung des Programms ersichtlich ist. Diese Tatsache hat ihrerseits wieder zur Folge, daß die Anschlußadressen in den Sprungbefehlen zu ändern sind, denn beim Befehl 0042 in Block 204 muß das Programm an den Beginn von Block 202, also auf den Platz 0031 zurückkehren, während in Block 104 die betreffende Anschrift 0013 gelautet hat. Wenn man das alles berücksichtigt und noch beachtet, daß die Eingabe entfallen kann, da sich r bereits in der Maschine befindet, gelangt man zu folgender Fortsetzung:

201	0029	LAR	11 0001 zzzz z	x_0
	0030	SPR	34 7002 zzzz z	$x_0 \rightarrow x_i$
202	0031	LAL	15 6001 zzzz z	r
	0032	DIV	04 7002 zzzz z	$r : x_i \Rightarrow x_i{}'$
203	0033	LAR	11 8001 zzzz z	$x_i{}'$
	0034	SRE	02 7002 zzzz z	$x_i{}' - x_i$
	0035	LBR	17 8002 zzzz z	$|x_i{}' - x_i|$
	0036	SRE	02 0002 zzzz z	$|x_i{}' - x_i| - 2 \cdot 10^{-10}$
	0037	SPM	42 0043 zzzz z	Ende?
204	0038	LAR	11 7002 zzzz z	x_i
	0039	ARE	01 8001 zzzz z	$x_i + x_i{}'$
	0040	DIV	04 0002 zzzz z	$(x_i + x_i{}') : 2 \Rightarrow x_{i+1}$
	0041	SMQ	32 7002 zzzz z	$x_{i+1} \rightarrow x_i$
	0042	SPG	41 0031 zzzz z	zurück nach Block 202

In Block 5 entfallen jene beiden Befehle, die im Programm C 5 den Operationen 0025 und 0026 entsprachen, da r hier uninteressant ist und der Radikand y sich schon seit Befehl 0026 auf Platz 7001 befindet. Als Schluß des Programms genügen daher der Ausgabebefehl und die Angabe der Konstanten.

205	0043	AUS	62 zzzz zzzz z	Ausgabe y, x
	0044	SPG	41 0010 zzzz z	zurück zum Beginn
000	0001	—	99 9999 9999 +	Konstante
	0002	—	00 0000 0002 +	Konstante

Die vollständige Befehlsliste bekommt somit folgendes Aussehen:

Block	Adresse des Befehls	Abk.	Befehl		Erläuterung
			OP	ADR	
101	0010	EIN	61	zzzz zzzz z	Eingabe y
	0011	LAR	11	0001 zzzz z	r_0
	0012	SPR	34	7002 zzzz z	$r_0 \rightarrow r_i$
102	0013	LAL	15	6001 zzzz z	y
	0014	DIV	04	7002 zzzz z	$y : r_i \Rightarrow r_i{}'$
103	0015	LAR	11	8001 zzzz z	$r_i{}'$
	0016	SRE	02	7002 zzzz z	$r_i{}' - r_i$
	0017	LBR	17	8002 zzzz z	$\lvert r_i{}' - r_i \rvert$
	0018	SRE	02	0002 zzzz z	$\lvert r_i{}' - r_i \rvert - 2 \cdot 10^{-10}$
	0019	SPM	42	0025 zzzz z	Ende?
104	0020	LAR	11	7002 zzzz z	r_i
	0021	ARE	01	8001 zzzz z	$r_i + r_i{}'$
	0022	DIV	04	0002 zzzz z	$(r_i + r_i{}') : 2 \Rightarrow r_{i+1}$
	0023	SMQ	32	7002 zzzz z	$r_{i+1} \rightarrow r_i$
	0024	SPG	41	0013 zzzz z	zurück nach Block 102
105	0025	LAR	11	6001 zzzz z	y
	0026	SPR	34	7001 zzzz z	speichern y
201	0027	LAR	11	7002 zzzz z	r
	0028	SPR	34	6001 zzzz z	speichern r
	0029	LAR	11	0001 zzzz z	x_0
	0030	SPR	34	7002 zzzz z	$x_0 \rightarrow x_i$
202	0031	LAL	15	6001 zzzz z	r
	0032	DIV	04	7002 zzzz z	$r : x_i = x_i{}'$
203	0033	LAR	11	8001 zzzz z	$x_i{}'$
	0034	SRE	02	7002 zzzz z	$x_i{}' - x_i$
	0035	LBR	17	8002 zzzz z	$\lvert x_i{}' - x_i \rvert$
	0036	SRE	02	0002 zzzz z	$\lvert x_i{}' - x_i \rvert - 2 \cdot 10^{-10}$
	0037	SPM	42	0043 zzzz z	Ende?
204	0038	LAR	11	7002 zzzz z	x_i
	0039	ARE	01	8001 zzzz z	$x_i + x_i{}'$
	0040	DIV	04	0002 zzzz z	$(x_i + x_i{}') : 2 \Rightarrow x_{i+1}$
	0041	SMQ	32	7002 zzzz z	$x_{i+1} \rightarrow x_i$
	0042	SPG	41	0031 zzzz z	zurück nach Block 202
205	0043	AUS	62	zzzz zzzz z	Ausgabe y, x
	0044	SPG	41	0010 zzzz z	zurück zum Beginn
000	0001	—	99	9999 9999 +	Konstante
	0002	—	00	0000 0002 +	Konstante

Als wesentliches Merkmal eines offenen Unterprogramms stellen wir fest, daß unser Programm das Unterprogramm bei jedem Auftreten — insgesamt also zweimal — explizit enthält, was kein sehr empfehlenswertes Vorgehen ist. Die Unannehmlichkeit liegt dabei weniger darin, daß wir das Programm zweimal abschreiben müssen, weil wir diese Arbeit bis zu einem gewissen Grad vermeiden können, wie sich anschließend zeigen wird. Der entscheidende Nachteil ist vielmehr darin zu suchen, daß für zwei im wesentlichen identische Befehlsfolgen zweimal kostbarer Speicherraum verbraucht wird. Hier wird erst die Besprechung der geschlossenen Unterprogramme in E 3 Abhilfe schaffen.

2. Offene Unterprogramme II

Wir haben uns die Aufgabe gestellt, das zweimalige Abschreiben des Unterprogramms zu vermeiden. Dies kann so geschehen, daß wir nicht die Befehlsliste des Programms C 5 verwenden und diese sinngemäß kopieren, sondern daß wir unmittelbar das bereits auf Eingabemedium befindliche Programm C 5 in die Maschine bringen und in der Befehlsliste unseres Programms, das wir nun zur Unterscheidung von den Unterprogrammen als „Hauptprogramm" bezeichnen, nur zum Ausdruck bringen, wann dieses bereits in der Maschine vorhandene Programm zu benützen ist und was nach seiner Ausführung zu geschehen hat. Wir müssen den „Anschluß des Unterprogramms an das Hauptprogramm" vollziehen.

Um dies tun zu können, müssen wir einige wesentliche Hindernisse beseitigen: Die beiden Wurzelprogramme unserer Befehlsliste E 1 haben zwar jedesmal Programm C 5 benützt, aber jedesmal mit kleinen Abänderungen. Das erste Mal ist die Ausgabe entfallen, das zweitemal die Eingabe. Außerdem waren beim zweiten Mal gewisse Adreßänderungen vorzunehmen, um das Programm auf noch leeren Plätzen unterbringen zu können.

Wir wollen versuchen, solche Ausnahmen, die die Verwendung eines Unterprogramms erschweren, zu vermeiden und jedes Nachdenkenmüssen bei seiner Verwendung möglichst weitgehend auszuschalten. Dieses Ziel wird dadurch erreicht, daß wir das Wurzelprogramm C 5 für die Verwendung als Unterprogramm umschreiben. Das umgeschriebene Programm wird nur Teile enthalten, die bei der Verwendung als Unterprogramm auf jeden Fall brauchbar sind, wir werden also beispielsweise die Ein- und Ausgabebefehle weglassen und die Ein- und Ausgabe, sobald sie notwendig wird, im Hauptprogramm vornehmen. Ein solches Umschreiben des Programms C 5 ist sicher mit erheblicher Mühe verbunden. Wir müssen uns aber vor Augen halten, daß wir mit

dieser einmaligen Mühe in die Lage kommen werden, das Unterprogramm
dauernd leichter benützen zu können als in seiner jetzigen Form. Selbst
eine kleine Vereinfachung in der Benützung gegenüber Programm C 5
wird sich im Laufe der Zeit also bezahlt machen und die jetzt aufge-
wendete Mühe rechtfertigen.

Das Beachten der geänderten Adressen bei der zweiten Verwendung des Unterprogramms umgehen wir dadurch, daß wir das Unterprogramm in zwei bzw. mehreren Versionen bereithalten, wobei sich
diese Versionen an verschiedenen Speicherplätzen befinden, und bei Bedarf in fertig geprüftem und einwandfreiem Zustand in die Maschine eingeben. Die Einzelheiten dieser Idee sind im Anschluß ausgeführt.

Bemerken möchte ich hier noch, daß es tatsächlich nicht notwendig ist,
ein Unterprogramm in mehreren Ausführungen an verschiedenen Plätzen
bereitzuhalten. Es genügt, jedes Unterprogramm einmal und dazu ein auf
alle Unterprogramme der Programmbibliothek anwendbares „Verschiebeprogramm“ zu besitzen, das alle Adressen eines Unterprogramms um
einen konstanten Betrag verändert und das Unterprogramm damit um
eine gewünschte Anzahl von Plätzen verschiebt. In D 2a haben wir gesehen, wie ein solches Verschiebeprogramm funktionieren könnte.

Unser Programm C 5 als Unterprogramm wird nun so aussehen, daß
zunächst der Speicherplan folgende Gestalt annimmt:

Größe	Bedeutung	Darst.	Adresse	Anmerkung
t	Radikand	0,10	8001	vor Start des UP
			0003	sonst
w	Wurzel	0,10	0004	während Ablauf des UP
			8001	nach Ablauf des UP
w_i	i-ter Näherungswert	0,10	0004	
w_i'		0,10	8001	
99999 99999 +	0-ter Näherungswert w_0	0,10	0001	
00000 00002 +		10,0	0002	für Division
		0,10		für Entscheidung
Programm			0005	
			bis 0020	

t und w befinden sich jetzt nicht mehr in der Ein- und Ausgabe, da die
Ein- und Ausgabe nicht Sache des Unterprogramms ist. t muß sich
beim Start des Programms in 8001 befinden, und w ist nach Beendigung
des Programms eben dort gespeichert. Warum das so ist, wird unten
erklärt. Das Programm beginnt bereits auf Platz 0005, um Speicherraum zu sparen.

Die Befehlsliste lautet nun folgendermaßen:

Block	Adresse des Befehls	Abk.	Befehl OP ADR		Erläuterung
001	0005	S MQ	32 0003	zzzz z	$t \rightarrow (0003)$
	0006	LAR	11 0001	zzzz z	w_0
	0007	SPR	34 0004	zzzz z	$w_0 \rightarrow w_i$
002	0008	LAL	15 0003	zzzz z	t
	0009	D IV	04 0004	zzzz z	$t : w_i \Rightarrow w_i'$
003	0010	LAR	11 8001	zzzz z	w_i'
	0011	SRE	02 0004	zzzz z	$w_i' - w_i$
	0012	LBR	17 8002	zzzz z	$|w_i' - w_i|$
	0013	SRE	02 0002	zzzz z	$|w_i' - w_i| - 2 \cdot 10^{-10}$
	0014	SPM	42 0020	zzzz z	Ende?
004	0015	LAR	11 0004	zzzz z	w_i
	0016	ARE	01 8001	zzzz z	$w_i + w_i'$
	0017	D IV	04 0002	zzzz z	$(w_i + w_i') : 2 \Rightarrow w_{i+1}$
	0018	S MQ	32 0004	zzzz z	$w_{i+1} \rightarrow w_i$
	0019	SPG	41 0008	zzzz z	zurück nach Block 002
005	0020	LMQ	31 0004	zzzz z	w [1]
000	0001	—	99 9999 9999	+	Konstante
	0002	—	00 0000 0002	+	Konstante

Dieses Programm befindet sich im Eingabemedium. Den Benützer interessiert aber gar nicht, wie die Befehlsliste im einzelnen aussieht. Er will die Wurzel aus t erhalten, auf welche Weise dies geschieht, ist ihm gleichgültig. Für den Benützer genügt daher eine Liste mit folgenden Informationen:

Unterprogramm für $w \Leftarrow + \sqrt{t}$

t muß sich beim Start des Programms im Multiplikatorenregister befinden und $\neq$ 99999 99999 $+$ sein.

Wenn t die Form 0,10 besitzt, dann erhält man w wieder in der Form 0,10.

w befindet sich nach Beendigung des Programms im Multiplikatorenregister.

Das Programm besetzt die Plätze 0001 bis 0020.

Der erste Befehl steht auf Platz 0005.

Der erste Befehl des Hauptprogramms nach Ablauf des Unterprogramms muß auf Platz 0021 stehen[2].

---

[1] Befehl 0020 könnte wegbleiben, da sich auf 8001 bereits w_i' befindet und diese Größe ebensogut wie w_i von Platz 0004 als Näherungswert für w dienen kann.

[2] Daher wird 0021 auch als „Rückkehradresse" bezeichnet.

Die Liste enthält keine Anweisung, wo sich t nach Beendigung des Programms befindet. Das ist für den Benützer auch unwichtig, da er wissen muß, wo t in seinem Hauptprogramm steht. Dagegen sind alle Informationen der Liste wesentlich, wie wir bei der Erstellung des Hauptprogramms sehen werden.

Nun brauchen wir dieses gleiche Unterprogramm ein zweites Mal auf anderen Plätzen. Wir wählen dafür etwa die Plätze zwischen 0101 und 0120. Das neue Unterprogramm entsteht nun völlig mechanisch aus der Befehlsliste auf Seite 140, indem wir zu allen Adressen mit Ausnahme der 8000er Adressen 100 addieren und die 8000er Adressen festlassen, so daß wir für dieses Unterprogramm keinen eigenen Speicherplan brauchen werden. Selbstverständlich muß auch auf den Plätzen 0001 und 0002 die Addition von 100 im Adreßteil unterbleiben, da sich an diesen beiden Plätzen Konstante befinden. Wie schon erwähnt, würde uns die Mühe des nochmaligen Anschreibens in der Praxis durch ein Verschiebeprogramm abgenommen.

Block	Adresse des Befehls	Abk.	Befehl		Erläuterung
			OP	ADR	
001	0105	SMQ	32	0103 zzzz z	$t \to (0103)$
	0106	LAR	11	0101 zzzz z	w_0
	0107	SPR	34	0104 zzzz z	$w_0 \to w_i$
002	0108	LAL	15	0103 zzzz z	t
	0109	DIV	04	0104 zzzz z	$t : w_i \Rightarrow w_i'$
003	0110	LAR	11	8001 zzzz z	w_i'
	0111	SRE	02	0104 zzzz z	$w_i' - w_i$
	0112	LBR	17	8002 zzzz z	$\lvert w_i' - w_i \rvert$
	0113	SRE	02	0102 zzzz z	$\lvert w_i' - w_i \rvert - 2 \cdot 10^{-10}$
	0114	SPM	42	0120 zzzz z	Ende?
004	0115	LAR	11	0104 zzzz z	w_i
	0116	ARE	01	8001 zzzz z	$w_i + w_i'$
	0117	DIV	04	0102 zzzz z	$(w_i + w_i') : 2 \Rightarrow w_{i+1}$
	0118	SMQ	32	0104 zzzz z	$w_{i+1} \to w_i$
	0119	SPG	41	0108 zzzz z	zurück nach Block 002
005	0120	LMQ	31	0104 zzzz z	w
000	0101	—	99	9999 9999 +	Konstante
	0102	—	00	0000 0002 +	Konstante

Auch dieses UP soll sich fix und fertig in der Maschine befinden.

Die Anweisung für die Benützung des Unterprogramms muß nun folgendermaßen aussehen:

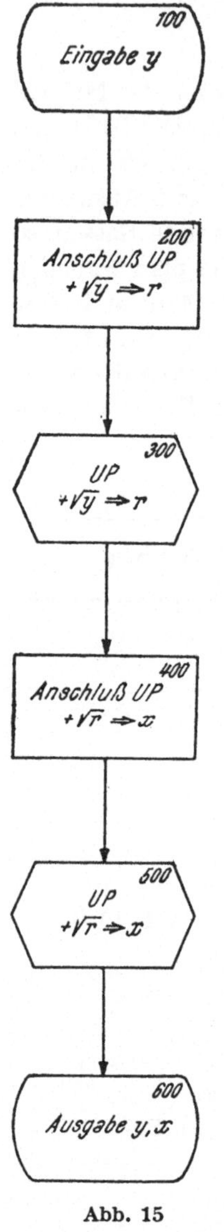

Abb. 15

Unterprogramm für $w \Leftarrow + \sqrt{t}$

t muß sich beim Start des Programms im Multiplikatorenregister befinden und $\neq 99999\ 99999 +$ sein.

Wenn z die Form 0,10 besitzt, dann erhält man w wieder in der Form 0,10.

w befindet sich nach Beendigung des Programms im Multiplikatorenregister.

Das Programm besetzt die Plätze 0101 bis 0120.

Der erste Befehl steht auf Platz 0105.

Der erste Befehl nach Beendigung des Programms muß auf Platz 0121 stehen.

Zum Unterschied von E 1 haben wir also beim zweiten Unterprogramm nicht auf die Konstanten $99999\ 99999 +$ und $00000\ 00002 +$ zurückgegriffen, die sich bereits im ersten Unterprogramm befanden. Das kostet Platz, hat aber den großen Vorteil, daß das Programm dadurch für sich allein benützbar bleibt

Jetzt wollen wir darangehen, das Hauptprogramm für $x = {}_+ \sqrt[4]{y}$ zu schreiben. Das Flußdiagramm lautet (Abb. 15):

Für die Unterprogramme haben wir dabei ein eigenes Zeichen verwendet, um sie deutlich hervorzuheben.

Der Speicherplan enthält lediglich folgende Angaben:

Größe	Bedeutung	Darst.	Adresse	Anmerkung
y	Radikand	0,10	6001	Eingabe
			7001	Ausgabe
x	Ergebnis	0,10	7002	Ausgabe
UP 300			0001 bis 0020	$\sqrt{y} \Rightarrow r$
UP 500			0101 bis 0120	$\sqrt{r} \Rightarrow x$
Hauptprogramm			ab 0201	

Die Befehlsliste für das Hauptprogramm ist rasch geschrieben

Block	Adresse des Befehls	Abk.	Befehl OP ADR	Erläuterung
100	0201	EIN	61 zzzz zzzz z	Eingabe y
200	0202	LMQ	31 6001 zzzz z	y
	0203	SMQ	32 7001 zzzz z	speichern y

Jetzt sind alle Voraussetzungen für den Start des UP $_+\sqrt{y} \Rightarrow r$ erfüllt und wir erreichen seinen ersten Befehl durch den Sprung

200	0204	SPG	41 0005 zzzz z	Sprung nach UP $\sqrt{y} \Rightarrow r$

Das Unterprogramm selbst läuft ohne unser weiteres Zutun ab und tritt daher in der Befehlsliste nicht in Erscheinung. Nach seiner Beendigung befindet sich r im MQ-Speicher und hat damit bereits die richtige Position für das Programm $x = {}_+\sqrt{r}$. Der nächste Befehl des Hauptprogramms muß auf 0021 stehen und leitet das zweite UP ein.

400	0021	SPG	41 0105 zzzz z	Sprung nach UP $\sqrt{r} \Rightarrow x$

Jetzt läuft das zweite UP ab und wir müssen nur noch für die richtige Ausgabe durch das Hauptprogramm sorgen. x befindet sich im MQ-Speicher und kann sofort nach 7002 gebracht werden.

Wollten wir dabei das Hauptprogramm konsequent auf Plätzen mit Nummern über 200 fortsetzen, dann müßten wir Befehl 0121 zu einem Sprung auf Platz 0205 benützen. Da die Plätze ab 0121 aber ohnehin frei sind, können wir in der angeschriebenen Weise fortfahren.

600	0121	SMQ	32 7002 zzzz z	speichern x
	0122	AUS	62 zzzz zzzz z	Ausgabe y, x
	0123	SPG	41 0201 zzzz z	zurück zum Beginn

Zusammenfassend sieht das Hauptprogramm nun folgendermaßen aus:

Block	Adresse des Befehls	Abk.	Befehl		Erläuterung
			OP ADR		
100	0201	EIN	61 zzzz zzzz z		Eingabe y
200	0202	LMQ	31 6001 zzzz z		y
	0203	SMQ	32 7001 zzzz z		speichern y
	0204	SPG	41 0005 zzzz z		Sprung nach UP $\sqrt{y} \Rightarrow r$
400	0021	SPG	41 0105 zzzz z		Sprung nach UP $\sqrt{r} \Rightarrow x$
600	0121	SMQ	32 7002 zzzz z		speichern x
	0122	AUS	62 zzzz zzzz z		Ausgabe y, x
	0123	SPG	41 0201 zzzz z		zurück zum Beginn

und muß in seiner Beschreibung einen Hinweis enthalten, daß vor seiner Benützung die beiden Unterprogramme 300 und 500 zu laden sind. Das Hauptprogramm enthält nur acht Befehle und erfordert so ein Minimum an Schreibarbeit. Allerdings besetzt es, abgesehen von Ein- und Ausgabe, mit den Unterprogrammen 48 Plätze des Speichers, ist also verhältnismäßig umfangreich.

3. Geschlossene Unterprogramme

Wir könnten dadurch Speicherplatz einsparen, daß wir zum Unterschied von oben stets das gleiche Unterprogramm verwenden, wie oft es auch auftritt. Wir wollen in diesem Kapitel überlegen, welche Schwierigkeiten dabei in Erscheinung treten und wie sie überwunden werden können.

Beginnen wir mit dem Flußdiagramm, das nun folgendermaßen aussehen kann (Abb. 16):

In dieser Form läßt sich die Aufgabe mit unseren Kenntnissen ohne weiteres codieren. Das Flußdiagramm besitzt aber eine schwache Stelle, und das ist die Entscheidung von Block 004, die nur verhältnismäßig umständlich zu verwirklichen ist (etwa durch Addition von 1 in einem bestimmten Speicher, so oft das Unterprogramm abläuft, und Prüfen des Speicherinhalts in Block 004). Das mag in unserer recht einfachen Aufgabe noch angehen, wir werden aber in den Gleitkommaoperationen Unterprogramme kennenlernen, die im Laufe eines Programms hundertmal und öfter benützt werden. Hier wäre die zusätzliche Schreibarbeit nicht mehr zu rechtfertigen, da nun eine Vielzahl von Entscheidungen notwendig wäre, um die richtige Fortsetzung nach Ablauf des Unterprogramms zu finden.

Der Ausweg aus dieser Lage muß die Entscheidung in Block 004 vermeiden und trotzdem die richtige Fortsetzung finden. Wir entwickeln nun den Grundgedanken, der dies ermöglicht und verwenden den Rest

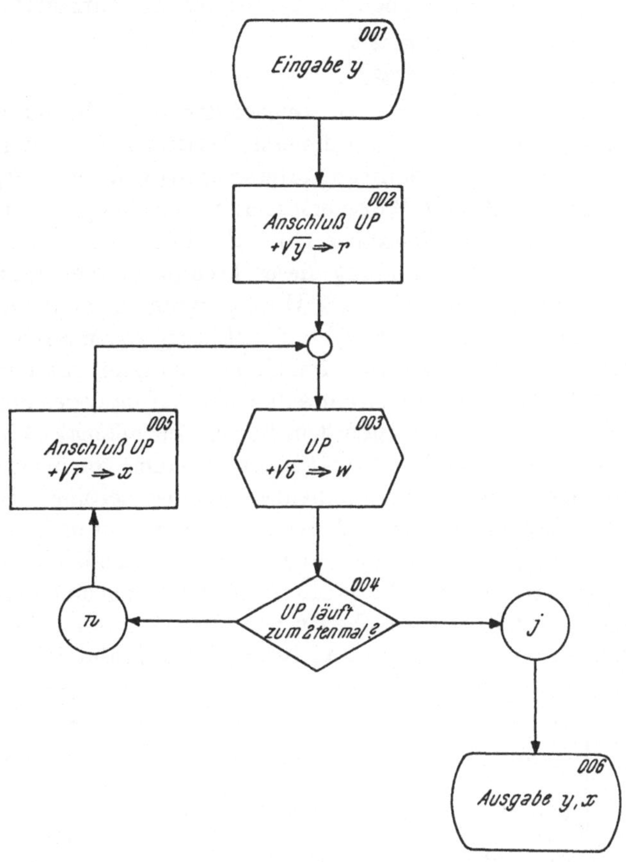

Abb. 16

des Abschnitts dazu, diesen Gedanken am Beispiel von $x = \sqrt[4]{y}$ auszuführen.

Wir entnehmen der Gebrauchsanweisung des Unterprogramms auf Seite 140, daß der Anschlußbefehl auf Platz 0021 stehen muß. Wir bringen nun im Hauptprogramm jeweils unmittelbar vor Benützung des Unterprogramms einen Sprungbefehl auf diesen Platz, von dem aus der jeweils richtige Platz des Hauptprogramms erreicht wird. Auf diese Weise wird die gewünschte Fortsetzung gefunden und die Entscheidung 004 entbehrlich.

Diese Technik ergänzen wir noch durch eine unwesentliche, aber nützliche Einzelheit. Das Speichern eines Sprungbefehls auf Platz 0021 erfordert zwei Befehle für TEICO, nämlich einen, um den Befehl ins Rechenwerk zu bringen, wobei wir diesmal den Zähler benützen, und einen zweiten, der den Sprungbefehl aus 8001 auf den Platz 0021 speichert

1. LAR   11 xxxx zzzz z
2. SPR   34 0021 zzzz z

wobei xxxx die Adresse angibt, an welcher der Sprungbefehl zu finden ist. Wir schreiben aber jeweils nur die erste Instruktion aus und nehmen die zweite, die keine veränderliche Adresse enthält, an den Beginn des Unterprogramms. Auf diese Weise ersparen wir uns bei jeder Benützung des Unterprogramms das Schreiben eines Befehls.

Nun wollen wir die Anwendung dieser Technik in allen Einzelheiten kennenlernen. Im Speicherplan des Unterprogramms muß am Schluß ein Platz für den gespeicherten Anschlußbefehl vorgesehen werden. Außerdem ist der Speicherbefehl selbst im Unterprogramm unterzubringen, was aber lediglich das Hinzufügen eines Befehls am Anfang des Programms bedeutet, wobei diese Arbeit außerdem nur ein für allemal zu leisten ist und nicht bei jeder Verwendung des Unterprogramms von neuem anfällt.

Freilich bemerken wir, daß es gar nicht so leicht ist, bei einem Programm einen Befehl einzuflicken. Wenn wir das Programm nicht um zwei weitere Sprungbefehle verlängern wollen, was auch keine sehr glückliche Lösung darstellt, sehen wir uns genötigt, die ganze Befehlsliste noch einmal zu schreiben, da sich nach dem eingeschobenen Befehl die Adressen aller Befehle ändern[1]. Das ergibt in unserem Fall für Speicherplan und Befehlsliste:

Größe	Bedeutung	Darst.	Platz	Anmerkung
t	Radikand	0,10	8001	vor Start des UP
			0003	sonst
w	Wurzel	0,10	0004	während Ablauf des UP
			8001	nach Ablauf des UP
w_i	i-ter Näherungswert	0,10	0004	
w_i'		0,10	8001	
99999 99999 +	0-ter Näherungswert w_0	0,10	0001	
00000 00002 +		10,0	0002	für Division
		0,10		für Entscheidung
Programm			0005	
			bis 0021	
41 xxxx zzzz z	Anschlußbefehl ans		8002	vor Start des UP
	Hauptprogramm		0022	sonst

[1] Bei langen Programmen hilft man sich durch die Verwendung „Relativer Adressen", auf die hier nicht eingegangen wird. Manche Rechenautomaten (z. B. X 1 von Electrologica) besitzen konstruktive Vorsorgen, die die Benützung Relativer Adressen erleichtern.

Block	Adresse des Befehls	Abk.	Befehl		Erläuterung
			OP ADR		
001	0005	SPR	34 0022	zzzz z	speichern Anschlußbefehl
	0006	SMQ	32 0003	zzzz z	$t \to (0003)$
	0007	LAR	11 0001	zzzz z	w_0
	0008	SPR	34 0004	zzzz z	$w_0 \to w_i$
002	0009	LAL	15 0003	zzzz z	t
	0010	DIV	04 0004	zzzz z	$t : w_i \Rightarrow w_i'$
003	0011	LAR	11 8001	zzzz z	w_i'
	0012	SRE	02 0004	zzzz z	$w_i' - w_i$
	0013	LBR	17 8002	zzzz z	$|w_i' - w_i|$
	0014	SRE	02 0002	zzzz z	$|w_i' - w_i| - 2 \cdot 10^{-10}$
	0015	SPM	42 0021	zzzz z	Ende?
004	0016	LAR	11 0004	zzzz z	w_i
	0017	ARE	01 8001	zzzz z	$w_i + w_i'$
	0018	DIV	04 0002	zzzz z	$(w_i + w_i') : 2 \Rightarrow w_{i+1}$
	0019	SMQ	32 0004	zzzz z	$w_{i+1} \Rightarrow w_i$
	0020	SPG	41 0009	zzzz z	zurück nach Block 002
005	0021	LMQ	31 0004	zzzz z	w
000	0001	—	99 9999 9999	+	Konstante
	0002	—	00 0000 0002	+	Konstante

Für den Benützer ist das Aussehen dieses Unterprogramms wieder uninteressant; zu kennen hat er lediglich folgende Angaben

UP für $\qquad\qquad + \sqrt{t} \Rightarrow w$

t muß sich beim Start des Programms im Multiplikatorenregister befinden und $\neq$ 99999 99999 + sein.

Wenn t die Form 0,10 besitzt, dann erhält man w wieder in der Form 0,10.

Ein Sprung auf den 1. Befehl des Hauptprogramms nach Ablauf des UP muß sich im rechten Zähler befinden.

w steht nach Beendigung des Programms im Multiplikatorenregister.

Das Programm besetzt die Plätze 0001 bis 0022.

Der erste Befehl des Programms steht auf Platz 005.

Mit dieser Kenntnis ausgerüstet können wir die eigentliche Programmierarbeit beginnen. Dem Ablaufschema geben wir folgendes Aussehen (Abb. 17):

Dabei wurde nach Block 300 ein „variabler Konnektor" verwendet, der nicht durch eine Konstante numeriert ist, sondern eine Variable a enthält. Ein variabler Konnektor wirkt wie ein Schalter, der zweier oder mehrerer Stellungen fähig ist. In Block 200 wird dieser Schalter (durch das Speichern des richtigen Anschlußbefehls) in die Stellung 2 gebracht,

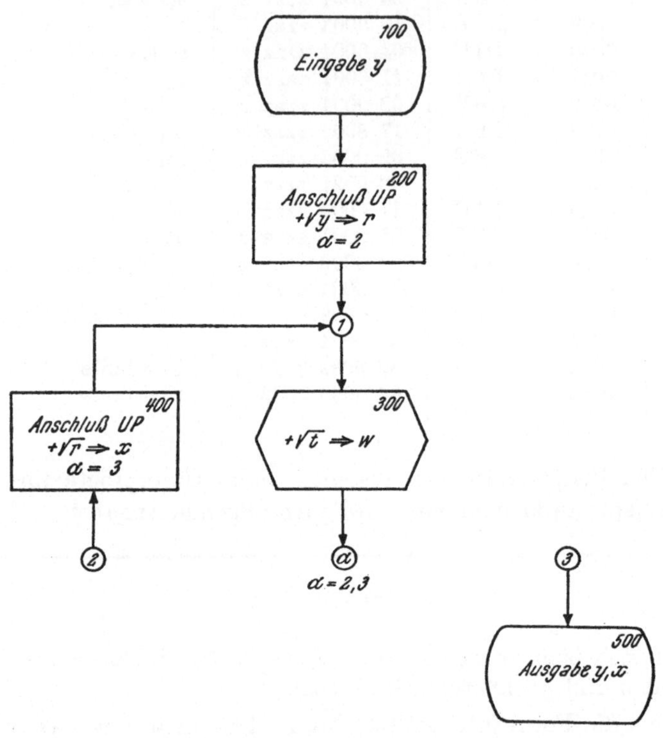

Abb. 17

und in Block 400 erhält er die Lage 3, so daß stets die richtige Fortsetzung des Programms gewährleistet ist. Der Speicherplan des Hauptprogramms lautet

Größe	Bedeutung	Darst.	Platz	Anmerkung
y	Radikand	0,10	6001	Eingabe
			7001	Ausgabe
x	Ergebnis	0,10	7002	
UP 300	$\sqrt{t} \Rightarrow w$		0001 bis 0022	
Hauptprogramm			ab 0201	

Die Befehlsliste ist nun rasch verfaßt

Block	Adresse des Befehls	Abk.	Befehl		Erläuterung
			OP	ADR	
100	0201	EIN	61	zzzz zzzz z	Eingabe y
200	0202	LMQ	31	6001 zzzz z	y
	0203	SMQ	32	7001 zzzz z	speichern y für Ausgabe
	0204	LAR	11	0206 zzzz z	Anschlußbefehl laden
	0205	SPG	41	0005 zzzz z	Sprung nach UP
	0206	SPG	41	0207 zzzz z	Anschlußbefehl für $\alpha = 2$
400	0207	LAR	11	0209 zzzz z	Anschlußbefehl laden
	0208	SPG	41	0005 zzzz z	Sprung nach UP
	0209	SPG	41	0210 zzzz z	Anschlußbefehl für $\alpha = 3$
500	0210	SMQ	32	7002 zzzz z	speichern x
	0211	AUS	62	zzzz zzzz z	Ausgabe y, x
	0212	SPG	41	0201 zzzz z	zurück zum Beginn

Es mag nicht überflüssig sein, zu überlegen, in welcher Reihenfolge die Befehle dieses Programms ablaufen:

0201 Eingabe

0202 y steht in M

0203 y kommt in die Ausgabe

0204 schafft den Befehl 41 0207 zzzz z auf Platz 8002

0205 bringt die Programmkontrolle an den Beginn

0005 des Unterprogramms. Das UP läuft ab. Es speichert zunächst den Befehl 41 0207 zzzz z auf Platz 0022. Dann berechnet es $\sqrt{y} \Rightarrow r$.
Am Schluß gelangt durch Befehl

0021 die Größe r in das Multiplikatorenregister. Dann wird der Befehl am folgenden Platz

0022 ausgeführt. Dort steht aber jetzt der Sprung nach

0207 Der Befehl auf 0207 bringt den Befehl 41 0210 zzzz z auf Platz 8002. Nun wiederholt sich alles wie oben, nur daß an entscheidender Stelle ein Sprung nicht nach 0207, sondern nach 0210 erfolgt

0208 bringt die Programmkontrolle an den Beginn

0005 des UP. Das UP läuft ab. Es speichert zunächst den Befehl 41 0210 zzzz z auf Platz 0022 (und überschreibt somit den dort befindlichen Befehl 41 0207 zzzz z; damit ist der variable Konnektor von $\alpha = 2$ auf $\alpha = 3$ gestellt). Dann berechnet das UP $\sqrt{r} \Rightarrow x$. Am Schluß gelangt durch Befehl

0021 die Größe x nach 8001. Dann wird der Befehl auf

0022 ausgeführt. Dort steht aber jetzt der Sprung nach

0210 Damit ist der letzte Block erreicht und die Fortsetzung klar.

Wer sich nicht zurechtfindet, kann sich für den Anschluß von Unterprogrammen mit folgendem Rezept zufriedengeben: Zuerst sind alle Größen auf jene Plätze zu bringen, die in der Beschreibung des Unterprogramms genannt sind (in unserem Fall muß der Radikand auf 8001 stehen). Dann erfolgt der eigentliche Anschluß eines geschlossenen Unterprogramms durch die immer gleiche Folge der drei Befehle

$$\begin{array}{ll} \text{LAR} & 11 \\ \text{SPG} & 41 \\ \text{SPG} & 41 \end{array}$$

Falls diese drei Befehle auf den Plätzen n, $n+1$ und $n+2$ stehen, dann erhält man die Adressen in den Befehlen nach dem Schema

$$\begin{array}{llll} n & \text{LAR} & 11\,n+2\,\text{zzzz z} \\ n+1 & \text{SPG} & 41\,\text{xxxx zzzz z} \\ n+2 & \text{SPG} & 41\,n+3\,\text{zzzz z} \end{array}$$

wobei xxxx der Platz ist, der den ersten Befehl des Unterprogramms enthält. Anschließend wird auf den Plätzen $n+3$ ff. das Hauptprogramm weitergeschrieben.

Der erste dieser drei Befehle bringt den dritten in den Zähler. Der zweite setzt das Unterprogramm in Gang und der dritte führt auf Platz $n+3$, also die Fortsetzung des Hauptprogramms zurück.

Unser Hauptprogramm enthält nun 12 Befehle gegenüber 8 bei der Verwendung offener Unterprogramme. Insgesamt sind aber einschließlich des gespeicherten Unterprogramms nur mehr 34 Plätze besetzt gegenüber früher 48.

Der eigentliche Anschluß des Unterprogramms ist hier durch drei Befehle, also mit vertretbarem Aufwand, möglich. Im nächsten Abschnitt werden wir sehen, daß sich noch ein Befehl einsparen läßt, wenn wir im Unterprogramm einen weiteren Befehl und eine Konstante anfügen.

4. Geschlossene Unterprogramme II

Der letzte Abschnitt gipfelte in der Feststellung, daß der Anschluß geschlossener Unterprogramme schematisch durch die drei Befehle

$$\begin{array}{llll} n & \text{LAR} & 11\,n+2\,\text{zzzz z} \\ n+1 & \text{SPG} & 41\,\text{xxxx zzzz z} \\ n+2 & \text{SPG} & 41\,n+3\,\text{zzzz z} \end{array}$$

bewerkstelligt wird. Nun ersetzen wir den ersten Befehl durch

$$\begin{array}{lll} n & \text{LAR} & 11\,n \quad \text{zzzz z} \end{array}$$

Diese Instruktion bringt statt des Befehls auf $n+2$ sich selbst in den Zähler, und dort steht jetzt

$$11\,n \qquad \text{zzzz z}$$

statt $\qquad\qquad 41\,n + 3\ \text{zzzz z}$

Wir erhalten aber den richtigen Zählerinhalt, indem wir

$$30\ 0003\ \text{zzzz z}$$

in den Zähler addieren. Damit haben wir zwar den Befehl $41\,n + 3$ zzzz z
errechnet und daher das Anschreiben dieses Befehls erspart. Wir müssen
aber dafür unser Programm um die Konstante 30 0003 zzzz z und um
den Addierbefehl, der diese Konstante in den Zähler bringt, vermehren.

Wenn wir uns trotzdem für diese Methode entscheiden, dann deshalb,
weil weder die Konstante 30 0003 zzzz z noch der Addierbefehl in irgend
einer Weise vom Hauptprogramm abhängen. Sie können daher beide
ins Unterprogramm genommen werden, und im Hauptprogramm sind
statt bisher drei Anschlußbefehlen nur mehr zwei notwendig, da der
dritte durch das Unterprogramm errechnet wird.

Da damit im Hauptprogramm ein Platz eingespart wird, genügt tatsächlich die Addition von 30 0002 zzzz z, wodurch nach Beendigung
des Unterprogramms die Programmkontrolle auf den Platz $n + 2$ zurückgebracht wird.

Der Anschluß eines Unterprogramms ist nun noch schwerer zu verstehen als früher, er ist aber schematisch sehr leicht, nämlich durch die
beiden Befehle

$$n \qquad \text{LAR} \qquad 11\,n \qquad \text{zzzz z}$$
$$n + 1 \quad \text{SPG} \qquad 41\ \text{xxxx zzzz z}$$

zu bewerkstelligen.

Wir führen alles am Beispiel von $\sqrt{t} \Rightarrow w$ nochmals aus. Das Flußdiagramm ändert sich nicht, der Speicherplan nur geringfügig:

Größe	Bedeutung	Darst.	Platz	Anmerkung
t	Radikand	0,10	8001	vor Start des UP
			0004	sonst
w	Wurzel	0,10	0005	während Ablauf des UP
			8001	nach Ablauf des UP
w_i	i-ter Näherungswert	0,10	0005	
w_i'		0,10	8001	
99999 99999 $+$	0-ter Näherungswert w_0	0,10	0001	
00000 00002 $+$		10,0	0002	für Division
		0,10		für Entscheidung
30000 2zzzz z	Konstante		0003	zum Herstellen des Anschlußbefehls
11 n zzzz z			8002	bei Start des UP
	Anschlußbefehl		0024	
Programm			0006 bis 0023	

Die Befehlsliste lautet

Block	Adresse des Befehls	Abk.	Befehl		Erläuterung	Numerisches Beispiel
			OP	ADR		
					vor Start UP	$11n$ zzzz z
						(M) t
001	0006	ARE	01	0003 zzzz z	Anschlußbefehl	41 n+2 zzzz z
	0007	SPR	34	0024 zzzz z	speichern Anschl.	
	0008	SMQ	32	0004 zzzz z	$t \rightarrow (0004)$	
	0009	LAR	11	0001 zzzz z	w_0	
	0010	SPR	34	0005 zzzz z	$w_0 \rightarrow w_i$	
002	0011	LAL	15	0004 zzzz z	t	
	0012	DIV	04	0005 zzzz z	$t : w_i \Rightarrow w_i'$	
003	0013	LAR	11	8001 zzzz z	w_i'	
	0014	SRE	02	0005 zzzz z	$w_i' - w_i$	
	0015	LBR	17	8002 zzzz z	$\|w_i' - w_i\|$	
	0016	SRE	02	0002 zzzz z	$\|w_i' - w_i\| - 2 \cdot 10^{-10}$	
	0017	SMP	42	0023 zzzz z	Ende?	
004	0018	LAR	11	0005 zzzz z	w_i	
	0019	ARE	01	8001 zzzz z	$w_i + w_i'$	
	0020	DIV	04	0002 zzzz z	$(w_i + w_i') : 2 \Rightarrow w_{i+1}$	
	0021	SMQ	32	0005 zzzz z	$w_{i+1} \rightarrow w_i$	
	0022	SPG	41	0011 zzzz z	zurück n. Block 002	
005	0023	LMQ	31	0005 zzzz z	w	
000	0001	—	99	9999 9999 +	Konstante	
	0002	—	00	0000 0002 +	Konstante	
	0003	—	30	0002 zzzz z	Konstante	

Für den Benützer ist dieses Unterprogramm wieder einzig und allein
dann interessant, wenn es sich bereits auf einem Eingabemedium befindet und nur seine Beschreibung gelesen zu werden braucht. Da wir
aber nun zwei Methoden zum Anschluß von Unterprogrammen kennen,
müssen wir in der Beschreibung des Unterprogramms anmerken, welche
Methode verwendet werden muß. Wir tun dies so:

Unterprogramm für $+\sqrt{t} \Rightarrow w$

$t \neq 99999\ 99999$ muß sich beim Start im Multiplikatorenregister
befinden.

w steht nach Beendigung des Programms im Multiplikatorenregister.

Wenn t die Form 0,10 besitzt, dann erhält man w wieder in der
Form 0,10.

Das Programm besetzt die Plätze 0001 bis 0024.

Der Anschluß erfolgt durch die Befehle

     n 11 n zzzz z

    $n+1$ 41 0006 zzzz z

Wollen wir die Verwendung dieses Unterprogramms wieder an Hand von $y \Leftarrow \sqrt[4]{x}$ erläutern, so ändert sich das Ablaufschema nicht und der Speicherplan nur durch die Angabe, daß das Unterprogramm nun zwei Plätze mehr besetzt. Die Befehlsliste erhält folgendes Aussehen:

Block	Adresse des Befehls	Abk.	Befehl		Erläuterung
			OP	ADR	
100	0201	EIN	61	zzzz zzzz z	Eingabe y
200	0202	LMQ	31	6001 zzzz z	y
	0203	SMQ	32	7001 zzzz z	speichern y
	0204	LAR	11	0204 zzzz z	} Anschluß UP, $a = 2$
	0205	SPG	41	0006 zzzz z	
400	0206	LAR	11	0206 zzzz z	} Anschluß UP, $a = 3$
	0207	SPG	41	0006 zzzz z	
500	0208	SMQ	32	7002 zzzz z	speichern x
	0209	AUS	62	zzzz zzzz z	Ausgabe y, x
	0210	SPG	41	0201 zzzz z	zurück zum Beginn

Die hier geschilderte Methode ist die beste für Einadreßmaschinen, wenn diese keine besondere konstruktive Vorsorge für den Anschluß von Unterprogrammen besitzen, wie es z. B. bei den UNIVACs und der Z 22 der Fall ist.

5. Geschlossene Unterprogramme unter Verwendung von Indexregistern

Der Einbau von Unterprogrammen läßt sich mit Hilfe eines Indexregisters weiter vereinfachen. Im Hauptprogramm ist nur mehr ein Befehl zum Starten des Unterprogramms notwendig und im Unterprogramm wird das Speichern des Anschlußbefehls entbehrlich, da mit einem festen Sprungbefehl am Ende des Unterprogramms das Auslangen gefunden wird.

Wir erläutern die Verwendung von Indexregistern bei der Einschaltung von Unterprogrammen an Hand unseres Beispiels $x \Leftarrow {}_{+}\sqrt[4]{y}$. Wir benützen dabei Speicherplan und Befehlsliste des Unterprogramms in Abschnitt E 3. Im Speicherplan wird die letzte Zeile mit der Größe 41 xxxx zzzz z entbehrlich. In der Befehlsliste entfällt der Speicherbefehl für den Anschluß des Hauptprogramms, was wir bei der Angabe der durch das Programm besetzten Plätze berücksichtigen müssen.

Größe	Bedeutung	Darst.	Platz	Anmerkung
t	Radikand	0,10	8001	vor Start des UP
			0003	sonst
w	Wurzel	0,10	0004	während Ablauf des UP
			8001	nach Ablauf des UP
w_i	i-ter Näherungswert	0,10	0004	
w_i'		0,10	8001	
99999 99999 $+$	0-ter Näherungswert	0,10	0001	
00000 00002 $+$		10,0	0002	für Division
		0,10		für Entscheidung
Programm			0006	
			bis 0022	

Die Befehlsliste beginnt auf Platz 0006 mit

Block	Adresse des Befehls	Abk.	Befehl		Erläuterung
			OP	ADR	
001	0006	SMQ	32 0003	zzzz z	$t \Rightarrow (0003)$

Nun geht es weiter wie in E 3.

Das Ende des Unterprogramms wird nach wie vor durch den Befehl

003	0015	SPM	42 0021	zzzz z	Ende?

eingeleitet, der das Programm bei

$$|w_i' - w_i| - 2 \cdot 10^{-10} < 0$$

nach 0021 bringt. Dort steht

005	0021	LMQ	31 0004	zzzz z	w

und nun kam früher auf Platz 0022 der variable Anschlußbefehl des
Hauptprogramms, der vorsorglich am Beginn des Unterprogramms dort
gespeichert worden war. Statt dieses variablen Befehls steht nun der
indizierte Sprungbefehl

005	0022	SPG	41 0001	zzz1 z	Anschluß HP

der zusammen mit dem unten angeführten Hauptprogramm die richtige
Fortsetzung des Programms gewährleistet.

Die Anweisung für die Benützung des Unterprogramms lautet nunmehr:

Unterprogramm für $\qquad _{+}\sqrt{t} \Rightarrow w$

$t \neq 99999\ 99999$ muß sich beim Start im Multiplikatorenregister befinden.

w steht nach Beendigung des Programms im Multiplikatorenregister.

Wenn t die Form 0,10 besitzt, dann erhält man w wieder in der Form 0,10.

Das Programm besetzt die Plätze 0001 bis 0022 (mit Ausnahme von 0005).

Der Anschluß erfolgt mit Hilfe des Indexregisters 1 durch den Befehl

$\qquad$ nnnn   SSX   57 0006 zzz1 z

Das Hauptprogramm beginnt wie in E 3 mit

Block	Adresse des Befehls	Abk.	Befehl		Erläuterung
			OP	ADR	
100	0201	EIN	61	zzzz zzzz z	Eingabe y
200	0202	LMQ	31	6001 zzzz z	y
	0203	SMQ	32	7001 zzzz z	speichern y für Ausgabe

Die folgenden Befehle dagegen werden ersetzt durch

	0204	SSX	57 0006 zzz1 z	Anschluß UP, $a = 2$

Damit wird der Inhalt des Befehlszählers in das Indexregister 1 gebracht, das daher nach Ausführung dieses Befehls die Zahl 0204 enthält. Anschließend erfolgt der Sprung zum ersten Befehl des Unterprogramms auf 0006. Das Unterprogramm selbst verändert den Inhalt des Indexregisters 1 nicht und endet mit dem Befehl

005	0022	SPG	41 0001 zzz1 z	Anschluß HP

Gesprungen wird daher nach dem Platz mit der Nummer [Inhalt des Indexregisters 1 + 0001], das ist also 0204 + 0001 = 0205, somit genau der nächste Platz des Hauptprogramms, das nunmehr mit

400	0205	SSX	57 0006 zzz1 z	Anschluß UP, $a = 3$

der 0205 ins Indexregister bringt, fortgesetzt werden kann. Wieder läuft das Unterprogramm ab und kehrt kraft des Befehls

005	0022	SPG	41 0001 zzz1 z	Anschluß HP

nun auf Platz 0205 + 0001 = 0206 des Hauptprogramms zurück. Dort geht es wie früher mit

500	0206	SMQ	32 7002 zzzz z	speichern x
	0207	AUS	62 zzzz zzzz z	Ausgabe y, x
	0208	SPG	41 0201 zzzz z	zurück zum Beginn

weiter.

Wir überzeugen uns, daß der Anschluß eines Unterprogramms mit Hilfe eines Indexregisters nur mehr einen einzigen Befehl erfordert, so daß nunmehr die größtmögliche Bequemlichkeit bei der Benützung von Unterprogrammen erreicht wurde.

6. Gleitkommaoperationen und andere spezielle Unterprogramme

In C 5 hatten wir erwähnt, daß es Maschinen ohne Multiplikationsbefehl gibt, bei denen die Multiplikation als wiederholte Addition programmiert werden muß. Eine solche Konstruktion mußte uns damals nahezu unbrauchbar für alle Aufgaben mit Multiplikationen erscheinen. Wir wollen die Lage im Lichte unserer Kenntnis über Unterprogramme nochmals betrachten.

Formulieren wir folgende Aufgabe: Zwei höchstens fünfstellige Zahlen a und b befinden sich auf den Plätzen 0001 und 0002. Ihr Produkt c soll in 0003 gespeichert werden. Für TEICO erfordert dies folgende Befehle, die ab 0101 stehen sollen:

Adresse des Befehls	Abk.	Befehl OP ADR	Erläuterung
0101	LMQ	31 0001 zzzz z	a
0102	LMU	13 0002 zzzz z	$a \cdot b \Rightarrow c$
0103	SPR	34 0003 zzzz z	speichern c

Nun nehmen wir an, daß TEICO weder einen Multiplikationsbefehl noch Indexregister besitzt, daß dafür aber ein Unterprogramm für Multiplikation mit folgenden Angaben zur Verfügung steht

UP für $\qquad\qquad\qquad a \cdot b \Rightarrow c$

a von der Form $\overline{5,0|}$ am Beginn in M.

b von der Form $\overline{5,0|}$ am Beginn im linken Zähler.

c am Ende in der Form 10,0 im rechten Zähler.

Das Unterprogramm besetzt die Plätze 1001 bis 1033.

Anschluß durch

$\qquad$ 01 $n \qquad$ zzzz z[1]

$\qquad$ 41 1001 zzzz z

---

[1] statt 11 $n \qquad$ zzzz z wegen des b im linken Zähler.

Dann könnte unser Programm folgendes Aussehen erhalten:

Adresse des Befehls	Abk.	Befehl		Erläuterung
		OP	ADR	
0101	LMQ	31	0001 zzzz z	a
0102	LAL	15	0002 zzzz z	b
0103	ARE	01	0103 zzzz z	⎫
0104	SPG	41	1001 zzzz z	⎬ Anschluß UP
0105	SPR	34	0003 zzzz z	speichern c

d. h. es enthält jetzt fünf statt der früheren drei Befehle. Es wäre aber nun, da wir Unterprogramme benützen können, sicher übertrieben zu sagen, daß eine Maschine ohne Multiplikation unbrauchbar ist. Sie erfordert mehr Schreibarbeit für ihre Programmierung, dafür aber weniger technischen Aufwand, so daß ihre geringeren Kosten für manche Benützer die mühsame Bedienung aufwiegen mögen. Zwei weitere Dinge dürfen dabei allerdings nicht übersehen werden: Die Maschine verliert Speicherraum, da das Hauptprogramm länger ist, vor allem aber das Unterprogramm gespeichert werden muß; außerdem läuft das Unterprogramm wesentlich langsamer ab als ein fest verdrahteter Multiplikationsbefehl.

Aus allen geschilderten Gründen besitzen die meisten Maschinen eigene Befehle für die vier Grundrechnungsarten und machen von der Verwendung von Unterprogrammen keinen Gebrauch. Dabei werden die Grundrechnungsarten im festen Komma ausgeführt, was in B 3 bereits erläutert wurde. Darüber hinaus besitzt eine Reihe von Maschinen Einrichtungen, um auch im Gleitkomma rechnen zu können, und wo solche Einrichtungen fehlen, treten an ihre Stelle geeignete Unterprogramme. Wir wollen im folgenden zunächst kurz auf den Sinn und die Bedeutung des Rechnens im Gleitkomma eingehen und anschließend Fragen erörtern, die sich bei Gleitkommaoperationen auf Rechenautomaten ergeben.

Bei technischen Berechnungen muß oft erhebliche Mühe darauf verwendet werden, alle auftretenden Zahlen von mitunter sehr verschiedener Größenordnung in den Speichern des Rechenautomaten unterzubringen. Die Loschmidtsche Zahl 6065 00000 00000 00000 00000 oder die Wellenlänge von Gammastrahlung 0,00000 00000 57 cm sind Beispiele hierfür. Während Rechnungen, in denen diese Konstanten auftreten, noch mit einiger Mühe zu bewältigen sind, wird die Programmierung dann geradezu hoffnungslos, wenn keine präzisen Angaben über die Größe aller auftretenden Ergebnisse und Zwischenergebnisse gemacht werden können. Dies kann z. B. dann eintreten, wenn eine Größe durch Summation einer Reihe berechnet wird. Die gesuchte Größe ist vielleicht um viele Größenordnungen kleiner als die bei dieser Summation auftretenden Teilsummen. Stellt sich ein solcher Tatbestand erst während der Rechnung heraus, dann tritt Überlauf ein und Maschinenstops sind die Folge. Sieht man dagegen im Programm reichlich Platz für größere Partialsummen vor, dann verliert man bei Maschinen mit festen Dezimalstellen entweder Dezimalstellen oder Platz. Es wäre daher anzustreben, eine Rechenmethode zu entwickeln, die die Stellung des Kommas selbsttätig registriert und immer die höchstmögliche Anzahl von wesentlichen Ziffern bewahrt. Eine solche Möglichkeit ist in den Gleitkommaoperationen gegeben.

Gleitkommaoperationen erfordern zu ihrer Durchführung, daß alle auftretenden Zahlen in einer speziellen Form angeschrieben sind, die wir zunächst erklären wollen. Die vorhin erwähnten Konstanten 6065 00000 00000 00000 00000 und 0,00000 00000 57 werden üblicherweise unter Zuhilfenahme von Zehnerpotenzen in der Form

$$6{,}065 \cdot 10^{23}$$

und

$$0{,}57 \cdot 10^{-10}$$

geschrieben. Dabei macht diese Darstellung das Anschreiben der Nullen, die nur zur Festlegung des Dezimalpunktes dienen, entbehrlich, erfordert dafür aber die Verwendung von Hochzahlen. Die angeführte Schreibweise ist überdies nicht eindeutig, da die Ausdrücke

$$0{,}57 \cdot 10^{-10}$$

und

$$5{,}7 \cdot 10^{-11}$$

dieselben Dezimalzahlen darstellen.

Das Rechnen mit derartigen Zahlen bietet keine besonderen Schwierigkeiten. Führen wir z. B. die Multiplikation $6{,}065 \cdot 10^{23}$ mal $0{,}57 \cdot 10^{-10}$ durch. Wir erhalten nach Rundung auf zwei gültige Ziffern

$$6{,}065 \cdot 10^{23} \cdot 0{,}57 \cdot 10^{-10} = (6{,}065 \cdot 0{,}57) \cdot (10^{23} \cdot 10^{-10}) = 3{,}5 \cdot 10^{13}$$

Sinngemäß gleiches gilt für die Division.

Bei der Addition von $0{,}57 \cdot 10^{-10}$ und $3{,}6 \cdot 10^{-11}$ trachten wir zunächst die Zahlen so umzuformen, daß sie gleiche Exponenten erhalten. Die weitere Rechnung verläuft dann in bekannter Weise.

$$0{,}57 \cdot 10^{-10} + 3{,}6 \cdot 10^{-11} = 5{,}7 \cdot 10^{-11} + 3{,}6 \cdot 10^{-11} = (5{,}7 + 3{,}6) \cdot 10^{-11} =$$
$$= 9{,}3 \cdot 10^{-11}$$

Sinngemäß gleiches gilt für die Subtraktion. Insbesondere stellen wir fest, daß die Anwendung der vier Grundrechnungsarten immer wieder auf Zahlen der gleichen Bauart führt.

Anstatt eine Zahl in der Form $\gamma \cdot 10^{g}$ anzugeben, können wir uns auf die Angabe des Faktors γ und der Hochzahl g beschränken. Wir führen für diese beiden Bestandteile einer Zahl eigene Bezeichnungen ein und nennen γ die Mantisse und g den Exponenten. Die Mantisse wird im allgemeinen eine Dezimalzahl sein, während es sich beim Exponenten nur um eine ganze Zahl handeln kann.

Die darzustellenden Zahlen werden somit stets in zwei Faktoren zerlegt, von denen der eine voll anzugeben ist, während vom zweiten nur die Hochzahl angeschrieben werden muß. Da diese Hochzahl gleichzeitig den Zehnerlogarithmus des zweiten Faktors bildet, spricht man von „halblogarithmischer Darstellung". Der erste Faktor wird unverändert, der zweite dagegen durch seinen Logarithmus gegeben.

Bis hierher konnten wir die halblogarithmische Darstellung ohne Bezugnahme auf Rechenautomaten erörtern, nun haben wir uns aber vor Augen zu halten, daß bei der Verwendung von halblogarithmisch dargestellten Zahlen in Rechenautomaten für jede Zahl zwei Angaben, nämlich Mantisse und Exponent, zu speichern sind. Diese beiden Bestandteile können in verschiedenen Speicherplätzen untergebracht werden. In diesem Fall sprechen wir von „Zweiwortdarstellung". Die Zweiwortdarstellung liefert verhältnismäßig einfache Rechenprogramme, verbraucht aber viel Platz.

Man verwendet daher praktisch fast ausschließlich die „Einwortdarstellung", bei der Mantisse und Exponent im selben Speicherplatz stehen. Üblicherweise trifft man dabei folgende Festsetzung: Der Exponent darf höchstens zweistellig sein und wird in den beiden letzten Stellen des Wortes (mit Ausnahme der Vorzeichenstelle) untergebracht. Die übrigen Stellen sind zur Aufnahme der Mantisse bestimmt. Bei TEICO würde dies so aussehen, daß die Stellen eins bis acht jedes Wortes für die Mantisse vorbehalten bleiben, in den Stellen neun und zehn befände sich der Exponent und in der Stelle elf nach wie vor das Vorzeichen.

Man erkauft also die Tatsache, daß nun leicht ein größerer Zahlenbereich erfaßt werden kann, damit, daß die einzelnen Zahlen nur mehr mit achtstelliger statt wie bisher mit zehnstelliger Genauigkeit angegeben werden können. Eine neue Schwierigkeit besteht in der Berücksichtigung des Vorzeichens. Die Vorzeichenstelle des Wortes soll nach wie vor für das Vorzeichen der darin enthaltenen Zahl vorbehalten bleiben, das wir mit der Mantisse verbunden denken. Nun kann aber die Kennziffer ebenfalls zweierlei Vorzeichen annehmen, und für die Speicherung dieses Vorzeichens fehlt es an Platz. Wir behelfen uns dadurch, daß wir zum Exponenten die Zahl 49 addieren und diesen um 49 ver-

mehrten Exponenten als „Kennziffer“ angeben. Auf diese Weise erhalten
Zahlen mit Exponenten zwischen -49 und $+50$ Kennziffern zwischen
0 und $+99$, so daß wir in diesem Zahlenbereich mit positiven Kennziffern
das Auslangen finden und keine zusätzliche Vorzeichenstelle benötigen.
Selbstverständlich ist dies bei den Rechenregeln für halblogarithmisch
dargestellte Zahlen zu beachten. Wir werden unten darauf eingehen.

Unsere bisherigen Angaben über die halblogarithmische Darstellung
von Zahlen setzen uns in die Lage, Zahlen aus einem großen Zahlenbereich mühelos zu behandeln. Sie lösen aber noch nicht das zweite
Problem, das wir uns in diesem Zusammenhang gestellt hatten, nämlich
die automatische Berücksichtigung des Rechenkommas, der wir uns nunmehr zuwenden wollen.

Wir setzen dazu fest, daß bei der Mantisse das Rechenkomma stets
am gleichen Platz stehen muß, und zwar links vor der ersten Stelle des
Wortes. Damit erhält z. B. 3,1 folgende Form

$$0{,}31 \cdot 10^1$$

Angabe des Kommas ist nun nicht mehr nötig, die Zahl lautet nach dem
oben Gesagten in den Speichern von TEICO

$$3100\ 0000\ 50\ +$$

Andere mögliche Darstellungen für 3,1 wären

$$0310\ 0000\ 51\ + \qquad \text{(entspricht } 0{,}031 \cdot 10^2)$$
$$0031\ 0000\ 52\ + \qquad \text{(entspricht } 0{,}0031 \cdot 10^3)$$
$$0003\ 1000\ 53\ + \qquad \text{(entspricht } 0{,}00031 \cdot 10^4)$$

usw.

Dagegen wäre eine Darstellung mit der Kennziffer 49 unmöglich, da das
Komma der Mantisse dann zwischen 3 und 1 zu stehen käme und sich
somit nicht mehr links von der ersten Stelle des Wortes befände.

Unter allen angegebenen Darstellungen ist die erste dadurch ausge-
zeichnet, daß in der höchsten Stelle eine von Null verschiedene Ziffer
auftritt. Man nennt eine solche Darstellung „normalisiert“ zum Unterschied von den anderen angeführten Darstellungen, die als „nicht-
normalisiert“ bezeichnet werden. Der Vorteil der normalisierten Darstellung wird offensichtlich, wenn wir statt 3,1 die Zahl $\pi = 3{,}14159\,26535$
darstellen. Es gibt folgende Möglichkeiten

$$3141\ 5927\ 50\ +$$
$$0314\ 1593\ 51\ +$$
$$0031\ 4159\ 52\ +$$
$$0003\ 1416\ 53\ +$$
$$0000\ 3142\ 54\ +$$

usw.

Die normalisierte Darstellung ist also jene, bei der die meisten Dezimalziffern berücksichtigt werden können und bei der deshalb die größte Rechengenauigkeit erreichbar ist. Wir werden bei Gleitkommaoperationen daher nach Tunlichkeit normalisierte Darstellungen verwenden.

Aus einer nichtnormalisierten Darstellung erhalten wir eine normalisierte Darstellung durch entsprechende Stellenverschiebung nach links, bis in der höchsten Stelle eine von Null verschiedene Ziffer steht. So kann ein Rechenautomat, der π in der nichtnormalisierten Darstellung 0000 3142 54 $+$ erhält, mit Hilfe eines geeigneten Programms ohne menschliches Zutun zur normalisierten Darstellung 3142 0000 50 übergehen, wobei die rechten vier Stellen der Mantisse mit Nullen aufgefüllt wurden. Wir haben damit zwar eine normalisierte Darstellung gewonnen, die vierstellige Genauigkeit der nichtnormalisierten Zahl aber nicht mehr steigern können. Die fünfte bis achte Mantissenstelle enthält Ziffern, die durch die Normalisierung entstanden sind und mit den entsprechenden Dezimalen von π nichts mehr zu tun haben. Wir stellen daher nochmals fest: Es empfiehlt sich, stets normalisierte Zahlen zu verwenden und halblogarithmisch dargestellte Zahlen bereits vor der Eingabe zu normalisieren.

Wenn wir uns auf normalisierte Zahlen beschränken, so lautet die kleinste bzw. größte positive Zahl, die nun in einem Wort von TEICO gespeichert werden kann

$$1000\ 0000\ 00\ +$$
bzw. $$9999\ 9999\ 99\ +$$

das entspricht den Zahlen

$$0{,}1 \cdot 10^{-49}$$
$$0{,}9999\ 9999 \cdot 10^{50}$$

Im negativen Bereich lauten die entsprechenden Grenzen

$$1000\ 0000\ 00\ -$$
bzw. $$9999\ 9999\ 99\ -$$

was den Zahlen

$$-0{,}1 \cdot 10^{-49}$$
bzw. $$-0{,}9999\ 9999 \cdot 10^{50}$$

entspricht.

Mit diesem Zahlenbereich findet man im allgemeinen mit einer einzigen Ausnahme das Auslangen: Er enthält nicht die Zahl Null. Wir setzen daher fest, daß 0 die Darstellung 0000 0000 00 besitzen soll, und werden bei den Programmen für das Rechnen mit halblogarithmisch dargestellten Zahlen auf diese Festsetzung Rücksicht zu nehmen haben.

Bei der Eingabe werden wir dafür Sorge tragen, daß alle eingegebenen Zahlen den an sie gestellten Anforderungen genügen, was praktisch ohnehin stets der Fall sein wird. Es könnte nun aber der Fall eintreten, daß im Laufe von Rechenoperationen Zahlen entstehen, die dem Betrage nach größer als $0{,}9999\,9999 \cdot 10^{50}$ bzw. kleiner als $0{,}1 \cdot 10^{-49}$ sind. Um auch dieser Möglichkeit zu begegenen, setzt man im allgemeinen fest, daß im ersten Fall die Maschine unter Anzeige eines Überlaufs stoppen soll, im zweiten Fall soll die fragliche Zahl durch Null ersetzt werden.

Wir ergänzen diese Ausführungen durch Beispiele. Zunächst führen wir die Multiplikation

$$12{,}345678\ldots \text{ mal } 2{,}3456789 \ldots$$

durch und denken uns, daß die beiden Faktoren in normalisierter Gleitkommadarstellung vorliegen. Die Rechnung

$$[1234\,5678\,51\,+] \cdot [2345\,6789\,50\,+]$$

erfordert nun folgende Schritte:

Die beiden Mantissen $1234\,5678$ und $2345\,6789$ werden von den Kennziffern getrennt und so multipliziert, als ob es ganze Zahlen wären, was als Ergebnis das Produkt $0289\,5899\,6390\,7942$ liefert. Anschließend werden die beiden Kennziffern addiert, wobei das erhaltene Resultat nun um $49 + 49 = 98$ größer ist als der Exponent des gesuchten Produkts, da die Kennziffern jedes Faktors um 49 größer waren als der betreffende Exponent. Wenn wir also eine Kennziffer für das Produkt verlangen, die nur um 49 größer als der Exponent ist, müssen wir von der erhaltenen 101 wieder 49 abziehen und kommen so zu $101 - 49 = 52$.

Damit sind Mantisse und Kennziffer des Produkts bekannt, die Mantisse allerdings ist sechzehnstellig statt achtstellig und die ersten acht Stellen sind nicht normalisiert. Wir normalisieren daher die Mantisse zu $2895\,8996\,3907\,9420$ und erniedrigen, da die Mantisse um eine Stelle nach links geschoben wurde, die Kennziffer um 1, was 51 ergibt. Nun vereinigen wir die ersten acht Stellen der Mantisse wieder mit der Kennziffer und erhalten endgültig und unter Berücksichtigung des Vorzeichens $2895\,8996\,51\,+$. Auf eine Rundung der weggelassenen Mantissenstellen verzichten wir, da das zusätzliche Schwierigkeiten beim Normalisieren zur Folge hätte.

Wir wollen davon absehen, ein Maschinenprogramm für die Gleitkommamultiplikation explizit anzugeben. Es läßt sich an Hand der obigen Ausführungen leicht erstellen, wenn man den sehr zweckmäßigen Befehl 22 zur Verfügung hat: „Stellenversetzen nach links und zählen, VLZ." Er bewirkt, daß die Zahl im Akkumulator solange nach links geschoben wird, bis die höchste Stelle von Null verschieden ist. Gleichzeitig wird in der äußersten rechten Akkumulatorstelle die Anzahl der Stellenversetzungen mitgezählt. Mehr als neun Stellenversetzungen sind nicht möglich. Hat keine Stellenversetzung stattgefunden, dann wird lediglich die äußerste rechte Akkumulatorstelle auf Null gelöscht.

Betrachten wir als zweites die Addition $3,1415927 + (-3,1415826)$. Die Summanden lauten normalisiert 3141 5927 50 + und 3141 5826 50 —. Da die Kennziffern übereinstimmen, genügt es, die Mantissen zu addieren und die gemeinsame Kennziffer anzuschreiben. Wir erhalten die Mantisse 0000 0101 und im Verein mit der Kennziffer 50 die nichtnormalisierte Summe 0000 0101 50 +. Normalisierung bringt das Resultat 1010 0000 45 +.

Auch hier ist ein Maschinenprogramm für die Durchführung der Gleitkommaaddition leicht anzugeben.

Wir haben damit die gewünschte automatische Berücksichtigung des Rechenkommas erreicht und können mit Hilfe der Gleitkommaoperationen in einem großen Zahlenbereich schalten und walten. Wesentlich ist dabei nicht, daß wir imstande sind, die einschlägigen Programme zu schreiben; wir brauchen lediglich in der Lage zu sein, Angaben in halblogarithmische Darstellung zu verschlüsseln und die Ergebnisse wieder zu entziffern. Von den Programmen selbst können wir annehmen, daß sie für jede serienmäßig hergestellte Rechenmaschine als fertige Unterprogramme zur Verfügung stehen. Diese Unterprogramme können wir auf Grund unserer Kenntnisse mit einem Minimum an Arbeit verwenden.

Die einzige, mitunter allerdings sehr unangenehme Beeinträchtigung, die beim Gleitkommarechnen eintreten kann, ist die „Auslöschung", die bei der oben angeführten Addition aufgetreten ist. Die höchsten Stellen der beiden bearbeiteten Zahlen hatten sich gegenseitig weggehoben, so daß nur drei von Null verschiedene Stellen übriggeblieben waren. Nach der Normalisierung lag jedoch wieder eine auf acht Ziffern vorgegebene Zahl 1010 0000 45 + vor. Es wäre aber fatal, sich auf alle acht Stellen dieser Zahl zu verlassen, da die letzten fünf keinerlei reelle Bedeutung besitzen. Die Nullen am Schluß, die hier als Warnung vor der Herabminderung der Genauigkeit angesehen werden können, könnten beim Weiterrechnen durch andere ebenso unwesentliche Ziffern ersetzt werden, so daß nun nichts mehr auf die Anzahl der noch richtigen Ziffern hinweist. Diese Feststellung gilt bei Gleitkommaoperationen allgemein. Es ist nicht möglich, sichere Aussagen über die Anzahl der richtigen Stellen im Endergebnis zu machen.

Einen möglichen Ausweg aus dieser Lage, der jedoch bisher noch nicht beschritten wurde, hat F. L. BAUER angegeben. In einer eigenen Stelle sollen die Linksverschiebungen beim Normalisieren gezählt werden, da jede Linksverschiebung dem Auffüllen der letzten Stelle mit einer unwesentlichen Null entspricht und daher einen Genauigkeitsverlust um eine

Ziffer zur Folge hat. Die Nachteile, die diesem Vorschlag bisher entgegenstehen, sind die, daß noch eine weitere Mantissenstelle geopfert werden müßte, was bei der unzureichenden Wortlänge der meisten Maschinen nicht angenehm ist, und daß die Gleitkommaprogramme noch verwickelter, daher auch noch wesentlich langsamer würden.

Die Lage beim Gleitkommarechnen ist daher heute etwa mit der Lage der numerischen Mathematik zu Zeiten von C. F. Gauß vergleichbar. Auch damals wurden numerische Methoden oft mit gutem Erfolg angewendet, und die Frage der Konvergenz und Fehlerabschätzung überließ man einer späteren Generation.

Wir haben die Gleitkommaoperationen hier als Beispiel für Unterprogramme herangezogen, die sehr weitgehende Verwendung finden und deshalb eine ausgefeilte Technik zur Verwendung von Unterprogrammen wünschenswert scheinen lassen. Das rechtfertigt nachträglich noch einmal die Mühe, die wir auf Unterprogramme verwendet haben, um so mehr als es noch andere häufig verwendete Unterprogramme von allgemeiner Bedeutung gibt. Ein Beispiel hierfür ist das Rechnen mit doppelter Genauigkeit, bei dem mit Hilfe von Unterprogrammen aus einer zehnstelligen Maschine eine zwanzigstellige gemacht wird, wobei jede Zahl nunmehr selbstverständlich zwei Speicherplätze belegt und die arithmetischen Operationen mit diesen Zahlen entsprechend verwickelt sind. Ein anderes Beispiel stellt das Rechnen mit komplexen Zahlen dar, bei denen Real- und Imaginärteil je auf einem eigenen Speicherplatz untergebracht sind und Rechenoperationen in Komplexen wieder durch Unterprogramme verwirklicht werden.

F. Programmieren in Pseudocodes

Wir haben oft genug betont, daß sich die Befehlsliste für eine Maschine von der Fachsprache des Mathematikers oder Kaufmanns wesentlich unterscheidet. Die Fachsprachen der einzelnen Disziplinen und die zugehörigen Formelapparate sind durch jahrtausendelangen Gebrauch und fortwährende Verbesserungen „problemorientiert" geworden. Die Befehlsliste eines Rechenautomaten dagegen ist „maschinenorientiert". Die Schwachstromtechniker, die sich der Aufgabe gegenübersahen, programmgesteuerte Rechenautomaten zu bauen, haben jene Befehlsstruktur verwirklicht, die für sie am leichtesten konstruktiv zu bewältigen war: Die Rechenoperationen sind durch Zahlen oder Buchstaben verschlüsselt, die Rechengrößen werden nicht durch ihre Bedeutung oder durch adäquate Symbole gekennzeichnet, sondern durch die Angabe von Adressen beschrieben, und mathematische Formelzeichen, wie z. B. Klammern, müssen beim Programmieren durch Anschreiben der Befehle in der richtigen Reihenfolge berücksichtigt werden. Durch alle diese Forderungen hat das Codieren jene Gestalt angenommen, die wir in den vorangehenden Kapiteln beschrieben haben: Es mag bei einer ersten Lektüre interessant erschienen sein, als Beruf betrieben ist es mühsam, langweilig und fehleranfällig. Die — bestenfalls hundert — Maschinenbefehle mit ihrer numerischen oder alphabetischen Verschlüsselung weiß man bald auswendig, aber die Adressen der Daten, die sich von Problem zu Problem ändern, müssen immer sorgfältig nachgesehen und evident gehalten werden. Hier liegt eine der häufigsten und gefährlichsten Fehlerquellen. Die Befehlsadressen wieder sind im allgemeinen aufeinanderfolgende Zahlen, und bei einem Programm von tausend oder mehr Befehlen verursachen sie geistlose, menschenunwürdige Schreibarbeit.

Die Unmöglichkeit, Formelzeichen zu verwenden, führt schließlich dazu, daß sogenannte „Organisationsbefehle", wie Transport von einem Speicherplatz auf den anderen, Anschluß von Unterprogrammen, Arrangieren der Ein- und Ausgabe und andere mehr, oft die eigentlichen Rechenbefehle überwiegen.

Und diese Misere wird multipliziert durch die Tatsache, daß sie bei jeder Maschinentype immer von neuem, aber immer in etwas anderer Weise auftritt und Programme desselben Problems für verschiedene Maschinentypen verschieden aussehen, so daß insbesondere Wissenschaftler, die mühsam gelernt haben, ihre Probleme auf *einer* Maschine zu bearbeiten, einem anderen Automaten völlig hilflos gegenüberstehen.

Wir könnten nun warten, bis die Konstrukteure der Rechenautomaten hier Abhilfe geschaffen haben. Wie schon erwähnt, ist eine größere Einheitlichkeit der Maschinensprachen in nicht allzu ferner Zukunft zu erwarten. Ob die maschinenorientierten Befehlssprachen allerdings jemals durch problemorientierte abgelöst werden, läßt sich derzeit nicht absehen.

Die angeführten Schwierigkeiten beim Codieren im Verein mit der Unmöglichkeit, Abhilfe durch die Konstrukteure zu erwarten, hat die Maschinenbenützer — zunächst die Mathematiker — dazu bewogen, von sich aus Abhilfe zu schaffen. Hier war Europa bahnbrechend; vor allem RUTISHAUSER mit seiner bei ihrem Erscheinen im Jahre 1952 zuwenig beachteten Arbeit über automatische Rechenplanfertigung ist hier zu nennen.

Der Grundgedanke ist dabei ein durchsichtiger: Die Befehlsliste wird in einem Code verfaßt, den wir als Pseudocode bezeichnen und der nichts oder nicht viel mit dem Maschinencode gemeinsam hat. Im Anschluß daran wird der Rechenautomat selbst dazu herangezogen, aus dem im Pseudocode geschriebenen Programm ein Maschinenprogramm herzustellen. Er tut dies mit Hilfe eines Übersetzungsprogramms von der Pseudosprache in die Maschinensprache. Dieses Übersetzungsprogramm muß seinerseits selbstverständlich im Maschinencode verfaßt werden, dafür aber nur ein einziges Mal für jede Paarung von Pseudocode und Maschinencode.

Solche Übersetzungsprogramme lassen sich grundsätzlich angeben, sie sind dann besonders interessant, wenn die Pseudosprache mehr problemorientiert ist als die Maschinensprache, oder auch nur einfacher zu handhaben oder mit weniger Schreibarbeit verbunden.

Tatsächlich gibt es für viele Maschinen solche Pseudocodes, die dem Maschinencode in vielfacher Hinsicht überlegen sind, so daß sich das Programmieren mit Pseudocodes immer steigender Beliebtheit erfreut. Besonders in den Vereinigten Staaten gibt es ganze Recheninstitute, in denen nur mehr eine auserwählte Minderheit den Maschinencode kennt, während die Mehrzahl der Mitarbeiter überhaupt nur mit Hilfe von Pseudocodes mit dem Rechenautomaten des Instituts verkehrt. Und zumindest in einem Fall verwendet auch jene Minderheit, die noch der Maschinensprache mächtig ist, für ihre eigenen Programme ausschließlich Pseudocodes.

Wir wollen uns daher am Schluß des Buches etwas für solche Pseudosprachen und ihre Handhabung interessieren. Wir werden uns dabei auf die Beschreibung einiger Pseudocodes und ihrer Anwendung beschränken, wir werden uns aber *nicht* damit befassen, wie die im Maschinencode geschriebenen Übersetzungsprogramme aus der Pseudosprache in die Maschinensprache aussehen. Daß das letztere den Rahmen dieses Buches sprengen würde, erkennt man am besten daran, daß für eine der erfolgreichsten Pseudosprachen (IBM Fortran) die Konstruktion der Sprache und die Anfertigung des Übersetzungsprogramms insgesamt 30 Arbeitsjahre in Anspruch genommen haben. (Diese 30 Jahre wurden dadurch, daß ein ganzes Team beteiligt war, innerhalb weniger Jahre verbraucht.)

Bei unserer Beschäftigung mit Pseudosprachen werden wir an Hand der Beschaffenheit der Übersetzungsprogramme zwei große Gruppen unterscheiden: die interpretierenden Verfahren und die kompilierenden Verfahren.

Bei *interpretierenden* Verfahren wird jeder Befehl unmittelbar vor seiner Ausführung in die Maschinensprache umgesetzt (interpretiert). Tritt er etwa im Verlauf einer Schleife dreißigmal auf, dann ist auch dreißigmalige Umrechnung notwendig. Pseudoprogramm und Übersetzungsprogramm müssen in diesem Fall während der produktiven Rechnung in der Maschine Platz finden.

Bei den *kompilierenden* Verfahren wird vor Beginn der eigentlichen Rechnung das Pseudoprogramm mit Hilfe eines Übersetzungsprogramms in die Maschinensprache umgerechnet, wobei jeder Pseudobefehl nur ein einziges Mal behandelt zu werden braucht. Das errechnete Maschinenprogramm wird ausgegeben und kann nun als gewöhnliches Maschinenprogramm weiterverwendet werden. Die produktive Rechnung ist daher erst im Anschluß an die Übersetzung des Programms möglich.

Wir wollen im folgenden beide Arten von Programmen an Hand typischer Beispiele für interpretierende bzw. kompilierende Verfahren besprechen. Zu diesem Zweck werden wir jeweils zuerst für TEICO geeignete Verfahren jeder Kategorie angeben und diese Verfahren dann an Hand eines Beispiels erläutern. Der Leser wird hier erkennen, daß die Kenntnis *einer* Sprache, nämlich der Maschinensprache, das Erlernen aller übrigen wesentlich erleichtert. Wir werden uns bei der Beschreibung der Pseudosprachen verhältnismäßig kurz fassen können und doch dabei die gleiche Fertigkeit im Gebrauch der Pseudosprachen erlangen, wie wir sie nach Lektüre der Kapitel C bis E im Gebrauch der Maschinensprache erworben haben.

1. Interpretierende Verfahren

Bei interpretierenden Verfahren wird, wie schon beschrieben, jeder Befehl der Pseudosprache vor seiner Ausführung in den Maschinencode uminterpretiert. Die Folge ist ein empfindliches Absinken der Rechengeschwindigkeit. Dabei dauert die Interpretation um so länger, je mehr sich die Pseudosprache von der Maschinensprache unterscheidet. Das ist ein Grund, warum man bei interpretierenden Verfahren stets Pseudocodes antrifft, die große Ähnlichkeit mit dem Maschinencode zumindest insoweit aufweisen, daß sie ebenso wie der Maschinencode maschinenorientiert sind. Problemorientierte Pseudosprachen werden uns erst bei den kompilierenden Verfahren begegnen.

Die Vorteile der interpretierenden Verfahren sind darin zu suchen, daß interpretierende Verfahren meist die Schreibarbeit erheblich erleichtern und überdies gestatten, das Programm sehr dicht zu schreiben, das heißt, sie benötigen für einen gegebenen Ablauf von Befehlen weniger Speicherraum als die Maschinencodes.

Interpretierende Verfahren haben sich bei einer engen Klasse von Problemen durchgesetzt, und zwar bei technisch-wissenschaftlichen Aufgaben, die nur ein einziges Mal zur Durchführung kommen und nicht allzu lange Rechenzeit in Anspruch nehmen, bei denen es sich daher nicht lohnt, große Mühe in das Programm zu investieren.

Wir beschreiben im folgenden ein interpretierendes System für TEICO, das einem Verfahren nachgebildet wurde, welches Angehörige der Bell Telephon Laboratories für eine serienmäßig erzeugte Maschine entwickelt haben und das daher den Namen „Bell-Code" trägt. Dieses System weist folgende Merkmale auf. Es macht aus der Einadreßmaschine TEICO formal eine Dreiadreßmaschine, die nicht mehr im Festkomma, sondern im Gleitkomma rechnet. Außerdem sind sämtliche elementaren Funktionen, wie Quadratwurzel, Sinus, Arcustangens, Exponentialfunktion, Logarithmus usw., durch einen einzigen Befehl zu bilden.

Im einzelnen erhalten die Pseudobefehle — die nach wie vor in den elfstelligen Wörtern von TEICO Platz finden sollen — folgendes Aussehen

$$p \; aaa \; bbb \; ccc \; z$$

p kennzeichnet die Operation, aaa, bbb und ccc sind Adressen, die wir auch als a-, b- und c-Adresse bezeichnen wollen. Da es sich nun um dreistellige Adressen handelt, sind durch sie nur mehr die ersten 1000 Speicherplätze von TEICO ansprechbar, und zwar

0001 durch die Pseudoadresse 001
0002 durch die Pseudoadresse 002
. . . .
0999 durch die Pseudoadresse 999

Eine Erläuterung der Befehle zeigt im einzelnen folgendes:

$$1 \; aaa \; bbb \; ccc \; z, \; \text{Addition}$$

Der Befehl 1 aaa bbb ccc z addiert den Inhalt von aaa zum Inhalt von bbb und speichert das Ergebnis in ccc, womit die typische Funktion einer Dreiadreßmaschine erreicht ist. Zusätzlich zu ccc befindet sich das Ergebnis auch am Platz 000, der eine Sonderstellung als Ergebnisspeicher einnimmt. Formelmäßig läßt sich dieser Sachverhalt so darstellen

$$(a) + (b) \rightarrow (0), (c)$$

Folgende weitere Grundrechnungsarten sind möglich:

2 aaa bbb ccc z, Subtraktion

$$(a) - (b) \rightarrow (0), (c)$$

3 aaa bbb ccc z, Multiplikation

$$(a) \cdot (b) \rightarrow (0), (c)$$

4 aaa bbb ccc z, Division

$$(a) : (b) \rightarrow (0), (c)$$

5 aaa bbb ccc z, negative Multiplikation

$$-(a) \cdot (b) \rightarrow (0), (c)$$

9 aaa zzz ccc z, Verschiebung

$$(a) \rightarrow (0), (c)$$

hier sind nur mehr zwei Adressen aaa und ccc wesentlich, die b-Adresse bleibt unberücksichtigt, soll aber zzz lauten.

Wir sind dadurch, daß p einstellig gehalten wurde, zunächst nur imstande, zehn verschiedene Rechenoperationen auszuführen. Es stellt sich jedoch heraus, daß diese zehn Operationen genügen, um alle Rechenbefehle auszuführen, bei denen drei wesentliche Adressen beteiligt sind. Bei allen anderen Operationen können wir feststellen, daß zwei oder weniger Adressen eingehen. So erfordert z. B. die Rechenoperation „Wurzelziehen" die Angabe der Adresse des Radikanden und des Ergebnisses, so daß *eine* Adresse unberücksichtigt bleibt. Dies wollen wir so ausnützen, daß wir verabreden: Für alle diese Operationen soll p gleich 0 sein und in diesem Fall die a-Adresse keine Adresse, sondern einen Befehl bedeuten. Einige Beispiele folgen:

0 300 bbb ccc z, Quadratwurzel

Der Befehl 0 300 bbb ccc z speichert $\sqrt{(b)}$ auf den Plätzen *ccc* und *000*. Wie bei allen Operationen wird die Wurzel im Gleitkomma gebildet, so daß auf die Lage des Dezimalpunktes nicht Rücksicht genommen zu werden braucht.

0 350 bbb ccc z, Absolutbetrag

$$|(b)| \rightarrow (0), (c)$$

0 302 bbb ccc z, natürlicher Logarithmus

$$ln \ (b) \rightarrow (0), (c)$$

0 305 bbb ccc z, Arcustangens

$$arctg \ (b) \rightarrow (0), (c); \ (c) \text{ im Bogenmaß}$$

Diese Liste könnte auf alle elementaren Funktionen ausgedehnt werden, wir beschränken uns auf die angeführten Beispiele.

Ebenso sind Sprungbefehle in der Form 0 xxx bbb ccc z möglich. Hierher gehört z. B. die Vorzeichenprüfung

0 201 bbb ccc z

Ist der Inhalt des Ergebnisspeichers ≥ 0, so wird (b) als nächste Instruktion ausgeführt. Ist er < 0, so ist c der Platz der nächsten Instruktion. Noch einfacher ist der unbedingte Sprung

0 203 zzz ccc z

bei dem c den Platz der nächsten Instruktion angibt. Die b-Adresse ist irrelevant, soll aber zzz lauten.

Auf die explizite Erklärung einer Reihe weiterer Befehle verzichten wir. Besondere Vorsorge ist durch das Vorhandensein eines eigenen Befehls dafür getroffen, daß Unterprogramme leicht angeschlossen werden können. Ein anderer Befehl dient dazu, aus dem Bell-Code in den Maschinencode überzugehen.

Für die Eingabe steht ein Befehl zur Verfügung, der nach wie vor Satz um Satz in die Maschine bringt, anschließend aber imstande ist, eine Anzahl von aufeinanderfolgenden Wörtern aus der Eingabezone an aufeinanderfolgende Plätze des inneren Speichers zu bringen. Der Befehl

0 400 bbb ccc z

bringt einen vollen Satz in die Eingabezone und schafft anschließend die Wörter mit den Nummern 1 bis ccc — bbb + 1 auf die Plätze mit den (Pseudo-) Adressen bbb, bbb + 1, . . ., ccc. Durch den Befehl

0 400 237 240 z

z. B. wird ein Satz eingelesen und seine Wörter 1 bis 4 gelangen anschließend auf die Plätze 237, 238, 239, 240. Selbstverständlich muß immer

$$0 \leq ccc - bbb < 8$$

sein.

Sinngemäß Gleiches läßt sich für die Ausgabe sagen, nur daß dort der entsprechende Befehl

$$0 \; 410 \; bbb \; ccc \; z$$

lautet. Er bringt den Inhalt aller Speicherplätze zwischen bbb und ccc — die Grenzen eingeschlossen — in die Ausgabezone, und zwar auf aufeinanderfolgende Plätze, beginnend mit 7001, und führt anschließend zur Ausgabe eines vollen Satzes.

Der Start eines Bell-Programms erfolgt auf Platz 1333. In Wirklichkeit wird damit das Übersetzungsprogramm gestartet, das eigentliche Programm dagegen muß immer auf Platz 001 beginnen und das Übersetzungsprogramm ist so eingerichtet, daß es stets den Befehl auf 001 als ersten interpretiert.

Besser als weitere Erklärungen wird das unten angeführte Beispiel, das die Berechnung von $\sqrt{x + iy}$ betrifft, imstande sein, die Handhabung des Bell-Codes zu erläutern.

Wir stellen uns die Aufgabe, die Quadratwurzel aus der komplexen Zahl x + iy in der Form u + iv darzustellen, wobei wir uns auf einen der beiden Wurzelwerte beschränken, da der andere durch Änderung des Vorzeichens daraus hervorgeht. Man überzeugt sich leicht, daß die eine der beiden Wurzeln

$$u + iv = \sqrt{x + iy}$$

eindeutig durch die Formeln

$$u = + \sqrt{\frac{x + \sqrt{x^2 + y^2}}{2}}$$

$$v = sgn \; y \cdot \sqrt{\frac{-x + \sqrt{x^2 + y^2}}{2}}$$

gegeben ist. (sgn y wird „signum y" gelesen und bedeutet das Vorzeichen von y.) Wenn wir noch die Abkürzung

$$w = + \sqrt{x^2 + y^2}$$

einführen, erhalten wir zur Bewältigung unserer Aufgabe folgendes Flußdiagramm (Abb. 18).

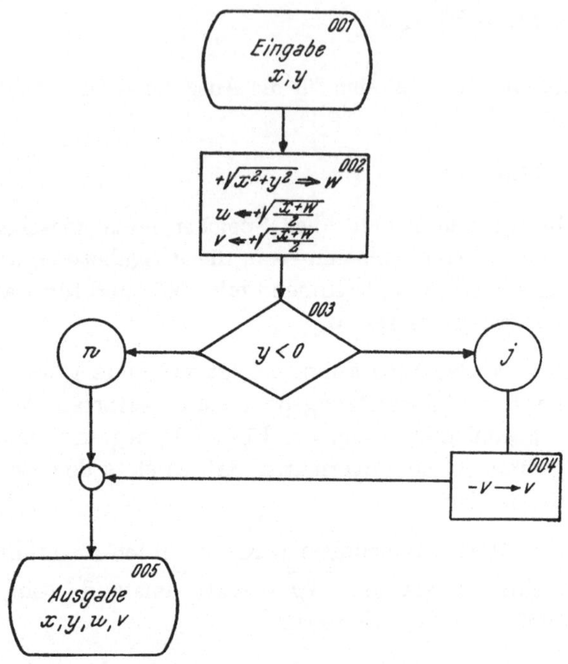

Abb. 18

Der Speicherplan lautet:

Größe	Bedeutung	Adresse	Anmerkung
x	Realteil des Radikanden	Wort 1	Eingabe
		200	Rechnung
		Wort 1	Ausgabe
y	Imaginärteil des	Wort 2	Eingabe
	Radikanden	201	Rechnung
		Wort 2	Ausgabe
u	Realteil des Ergebnisses	202	Rechnung
		Wort 3	Ausgabe
v	Imaginärteil des	203	Rechnung
	Ergebnisses	Wort 4	Ausgabe
w	$|x + iy|$	204	
x^2		205	
2	Konstante	206	
-1	Konstante	207	
Programm		ab 0001	
Programmstart		1333	

Die Spalte „Darstellung" mit Angaben über die Kommastellung kann unterbleiben, da wir nunmehr automatisch im Gleitkomma rechnen und alle Angaben bereits durch Mantisse und Kennziffer in Einwortdarstellung eingegeben werden müssen, worauf wir die Ergebnisse in der gleichen Form erhalten.

Unter Benützung des Speicherplans erhalten wir folgende Befehlsliste:

Block	Adresse des Befehls	Befehl		Erläuterung
		OP	ADR	
001	0001	0 400 200 201 z		Eingabe x, y
002	0002	3 200 200 205 z		$x^2 \to 205$
	0003	3 201 201 000 z		$y^2 \to 000$
	0004	1 000 205 000 z		$x^2 + y^2 \to 000$
	0005	0 300 000 204 z		$w \to 000, 204$

Wir benützen soviel als möglich den Ergebnisspeicher 000, um dadurch Rechenzeit zu sparen.

0006	1 000 200 000 z		$x + w \to 000$
0007	4 000 206 000 z		$\dfrac{x + w}{2} \to 000$
0008	0 300 000 202 z		$u \to 202$
0009	2 204 200 000 z		$-x + w \to 000$
0010	4 000 206 000 z		$\dfrac{-x + w}{2} \to 000$
0011	0 300 000 203 z		$+\sqrt{\dfrac{-x + w}{2}} \to 203$

Bis hierher waren kaum Kommentare nötig. Nun folgt die Vorbereitung der Entscheidung. Dazu muß die Größe y zuerst in den Ergebnisspeicher gebracht werden.

003	0012	9 201 000 000 z	$y \to 000$

Jetzt wird das Vorzeichen des Ergebnisspeichers 000 geprüft und das Programm in Abhängigkeit vom Ausgang dieser Prüfung fortgesetzt.

	0013	0 201 xxx 014 z	$y \geqq 0$?

Im Falle $y < 0$ ist 0014 der Platz der nächsten Instruktion, im Falle $y \geqq 0$ wird der nächste Befehl dem Platz xxx entnommen. Im Fall $y < 0$ haben wir $+\sqrt{\dfrac{-x + w}{2}}$ durch $-\sqrt{\dfrac{-x + w}{2}}$ zu ersetzen, was wir durch Multiplikation der Wurzel mit der auf 207 gespeicherten Konstanten -1 erreichen.

| 004 | 0014 | 3 203 207 203 z | $-\sqrt{\dfrac{-x+w}{2}} \rightarrow +\sqrt{\dfrac{-x+w}{2}}$ |

Im Fall $y \geqq 0$ hat sich die Ausgabe unmittelbar an den Befehl 0013 anzuschließen, so daß die Adresse **xxx** dort 015 lauten muß.

| | 0013 | 0 201 015 014 z | $y \geqq 0?$ |

Der Ausgabebefehl selbst hat die Form

| 005 | 0015 | 0 410 200 203 z | Ausgabe $x, y; u, v$ |

Der Befehl

| | 0016 | 0 203 000 001 z | zurück zum Beginn |

leitet die Wiederholung des Programms ein.

Zuletzt müssen wir wieder die Konstanten anschreiben, diesmal aber in einer für Gleitkommarechnung geeigneten Einwortdarstellung.

| 000 | 0206 | 2000 0000 50 + | Konstante 2 |
| | 0207 | 1000 0000 50 − | Konstante −1 |

Damit lautet das Programm endgültig:

Block	Adresse des Befehls	Befehl		Erläuterung
		OP	ADR	
001	0001	0 400 200 201 z		Eingabe x, y
002	0002	3 200 200 205 z		$x^2 \rightarrow 205$
	0003	3 201 201 000 z		$y^2 \rightarrow 000$
	0004	1 000 205 000 z		$x^2 + y^2 \rightarrow 000$
	0005	0 300 000 204 z		$w \rightarrow 000, 204$
	0006	1 000 200 000 z		$x + w \rightarrow 000$
	0007	4 000 206 000 z		$\dfrac{x + w}{2} \rightarrow 000$
	0008	0 300 000 202 z		$u \rightarrow 202$
	0009	2 204 200 000 z		$-x + w \rightarrow 000$
	0010	4 000 206 000 z		$\dfrac{-x + w}{2} \rightarrow 000$
	0011	0 300 000 203 z		$+\sqrt{\dfrac{-x + w}{2}} \rightarrow 203$
003	0012	9 201 000 000 z		$y \rightarrow 000$
	0013	0 201 015 014 z		$y \geqq 0?$
004	0014	3 203 207 203 z		$-\sqrt{\dfrac{-x + w}{2}} \rightarrow +\sqrt{\dfrac{-x + w}{2}}$
005	0015	0 410 200 203 z		Ausgabe $x, y; u, v$
	0016	0 203 000 001 z		zurück zum Beginn
000	0206	2 000 000 050 +		Konstante 2
	0207	1 000 000 050 −		Konstante −1

Auch für die Prüfung des Programms sind im Bell-Code besondere Vorsorgen getroffen. Die Rechnung läuft nämlich nur dann in der gewohnten Weise ab, wenn der Eingabeschalter für das Vorzeichen am Konsol von TEICO auf „+" steht. Wird er dagegen auf „—" gestellt, dann werden nach jedem Befehl der tatsächlich ausgeführte Befehl, sein Platz der augenblickliche Inhalt des Indexregisters, die a- und die b-Adresse, sowie der numerische Inhalt des Ergebnisspeichers ausgegeben. Druckt man sich dieses Rechenprotokoll in Klarschrift, dann kann man, ohne die Maschine zu blockieren, in aller Ruhe am Schreibtisch den Ablauf des Programms verfolgen, die Ergebnisse mit dem vorbereiteten Zahlenbeispiel vergleichen und allfällige Fehler aufdecken.

Für die meisten Maschinen gibt es auch Prüfprogramme für Programme, die im Maschinencode geschrieben sind. Diese Prüfprogramme werden ähnlich wie das Bell-Programm gleichzeitig mit dem abzuwickelnden (Maschinen-) Programm geladen und geben dann ein Rechenprotokoll aus, durch welches das Prüfen des Maschinenprogramms von der Maschine weg an den Schreibtisch verlegt werden kann.

2. Kompilierende Verfahren

Bei den kompilierenden Verfahren kann eine Reihe verschiedener Stufen unterschieden werden. Wir sprechen hier von

1. Autocodern
2. Formelübersetzern
3. Simulatoren
4. Monitoren
5. Programmen in Umgangssprache

wobei die wichtigsten Verfahren ohne Zweifel den Gruppen 1 und 2 angehören.

Die *Autocoder* oder *symbolischen Programme* stellen eine erste Möglichkeit dar, von der maschinenorientierten Sprache zu einer problemorientierten Sprache überzugehen. Ihr namengebendes Merkmal besteht darin, daß in der Befehlsliste statt der Adresse Symbole verwendet werden, also Zeichen wie A, B, PI/2 usw. möglich sind, und die Maschine selbst beim Kompilieren die Zuordnung von Adressen zu diesen Symbolen vornimmt. Außerdem müssen die Operationscodes nicht mehr ziffernmäßig verschlüsselt vorliegen, sondern können mit Hilfe der schwer zu verwechselnden Abkürzungen von Tabelle 4 angegeben werden. Dagegen ist es notwendig, je Maschinenbefehl einen Pseudobefehl niederzuschreiben, so daß z. B. die Tatsache, daß es sich um eine Ein- bzw. Dreiadreßmaschine handelt, im symbolischen Programm erkennbar ist und somit die Maschinenorientiertheit des Programms nicht völlig überwunden ist. Die größte Bedeutung kommt symbolischen Programmen bei Magnettrommelanlagen zu, die zeitsparend programmiert werden müssen. Dort sind die Programme nämlich so ausgelegt, daß das Zuordnen der Adressen in einer Weise vorgenommen wird, daß ein Bestzeitprogramm entsteht. Wenn wir uns an die Mühe erinnern, die es in C 6 c gekostet hat, ein solches Programm manuell zu erstellen, können wir ermessen, welchen Vorteil dies bedeutet.

Formelübersetzer nennt man die am stärksten problemorientierten Verfahren. Algebraische Ausdrücke werden in einer Art und Weise, die dem üblichen mathematischen Formalismus ähnelt, unter Verwendung von Klammern, Plus- und Minuszeichen usw. angeschrieben. Elementare Funktionen, wie sin x und log x, können in dieser Bezeichnung verwendet werden. Kompliziertere Zusammenhänge, wie Besselfunktionen oder Legendresche Polynome, können dem Formelübersetzer jeweils bei Bedarf einverleibt werden. Freilich sind Operationen wie die Integration nach wie vor auf algebraische Operationen zurückzuführen.

Der logische Zusammenhang des Programms, Entscheidungen, Ein- und Ausgabe werden durch Befehle bewerkstelligt, für die unten Beispiele angegeben sind.

„Tue das und das"

„Springe nach Befehl sowieso"

„Lese", „schreibe"

„Fühle ab"

„Drucke"

„Wenn A $\geq$ 0, dann gehe nach Befehl 37"

Ein Formelübersetzer reduziert die Arbeitszeit für das Codieren in jedem Fall auf einen Bruchteil. Das umgerechnete Maschinenprogramm ist bei kleineren Maschinen meist nicht so wirkungsvoll wie ein mit der Hand geschriebenes, bei großen Maschinen und komplizierten Problemen dagegen mindestens ebenso gut wie ein von einem mittelmäßigen Programmierer verfaßtes Maschinenprogramm. Für die Suche und Berichtigung allfälliger Fehler sind in den Formelübersetzern meist besondere Unterprogramme eingebaut. Das geht so weit, daß vor jeder Rechnung das Programm bereits maschinell auf rein formale Fehler geprüft werden kann, wie z. B. geöffnete Klammern, die nicht durch eine geschlossene Klammer ergänzt sind, fehlende Indizes und anderes mehr. Mit den Formelübersetzern liegt der hoffnungsvollste Ansatz vor, die Kluft zwischen Formelsprache und Maschinensprache in absehbarer Zeit überbrücken zu können. Bahnbrechend auf diesem Gebiet war die schon zitierte Arbeit von RUTISHAUSER. Eines der ersten auf serienmäßig erzeugten Maschinen verwendeten Systeme war das im Literaturverzeichnis genannte FORTRAN. Zahlreiche ähnliche Formelsprachen sind im Entstehen begriffen oder bereits erprobt. Allerdings darf man nicht übersehen, daß derartige Systeme um so schwerer zu erstellen sind, je leichter sie schließlich der Benützer handhaben kann. Wir beschäftigen uns aber hier mit Formelübersetzern ausschließlich vom Standpunkt des Benützers und sprechen nicht über ihre Konstruktion. Nach meiner Überzeugung werden die Formelübersetzer in Zukunft derart an Bedeutung gewinnen, daß man schon heute den Kauf oder die Miete einer mittleren bzw. großen Maschine an die Bedingung knüpfen sollte, daß für dieses Gerät ein brauchbarer Formelübersetzer besteht.

Unter allen Formelsprachen nimmt ALGOL eine besondere Stellung ein. Genauso wie eine Vielzahl von Maschinensprachen existiert, sind heute zahlreiche Formelsprachen vorhanden, von denen FORTRAN, FLOWMATIK, RUNCIBLE oder IT nur die wichtigsten sind. Alle haben das Ziel, dem mathematischen Formalismus möglichst nahezukommen, alle unterscheiden sich aber in mehr oder weniger wesentlichen Einzelheiten. Sie tun dies, um die Maschine, für die sie geschrieben wurden, möglichst gut ausnützen zu können, was ein löbliches Bemühen ist. Bestehen bleibt die bedauerliche Tatsache der kleinen Unterschiede, die es beispielsweise unmöglich macht, ein Programm, das für Remingtongeräte in FLOWMATIC geschrieben wurde, auf einer IBM-Anlage laufen zu lassen, weil die entsprechenden Übersetzungsprogramme fehlen. Diesem Übelstand will ALGOL begegnen. ALGOL ist nicht mehr und nicht weniger als der Versuch, *eine* einheitliche Formelsprache für alle Rechenautomaten einzuführen. Dieser Vorschlag wurde von den Mathematikern aller Länder unterstützt, so daß hier gute Aussichten auf das Erreichen des gesteckten Zieles bestehen. Nicht so enthusiastisch war die Aufnahme auf seiten der geräteerzeugenden Industrie, die bei der Abfassung der Formelübersetzungsprogramme für die einzelnen Maschinen zumindest mitwirken sollte. Es leuchtet ein, daß ALGOL als allgemeine Sprache nicht imstande ist, besondere Merkmale einzelner Maschinen gut auszunützen, und daher sicher nicht so wirksame Programme liefert als ein eigens für diese Maschine geschriebenes Programm. Dieser Nachteil steht aber meines Erachtens in keinem Verhältnis zu dem gesteckten positiven Ziel einer einheitlichen Sprache, so daß die Benützer nachdrücklich auf eine einheitliche Formelsprache dringen sollten.

Simulatoren werden Pseudosprachen dann genannt, wenn sie mit dem Maschinencode einer anderen Maschine übereinstimmen. Der Sinn eines Simulators besteht nicht darin, Programme im Maschinencode einer anderen Maschine neu zu schreiben; die Absicht ist vielmehr, Maschinenprogramme, die auf einer anderen Maschine bereits erprobt sind, mit Hilfe des Übersetzungsprogramms für den Simulator in Programme für die zur Verfügung stehende Maschine umzuwandeln.

Erstellung und Verwendung eines *Monitors* ist mir nur in einem einzigen Fall bekannt; am Case Institute of Technology werden verschiedene Programme auf einem Magnetplattenspeicher untergebracht. Sie können nun mit Hilfe des Monitors wahlweise unterbrochen oder neu aufgerufen werden. Das Unterbrechungsprogramm wird völlig selbsttätig in einer Weise gespeichert, die es erlaubt, später ebenso selbsttätig an der unterbrochenen Stelle fortzusetzen. Auf diese Weise kann ein Operateur verschiedene Programme mit vorgegebenen Prioritäten abwickeln, ohne daß er die Programme selbst zu kennen braucht. Wegen des benötigten Speicherraumes sind die Verwendungsmöglichkeiten des Monitors begrenzt.

Programme in Umgangssprache verfolgen den Zweck, Rechenautomaten für Kaufleute und andere nicht mathematisch orientierte Fachgruppen benützbar zu machen. Die Befehle werden — wie schon der Titel sagt — in Umgangssprache erteilt und lauten z. B. „berechne die Umsatzsteuer", „stelle den Betriebsabrechnungsbogen auf" usw.

Im Herbst 1960 wurde die Konstruktion der ersten derartigen Sprache mit dem Namen COBOL (*C*ommon *B*usiness *O*riented *L*anguage) abgeschlossen. An ihrer Aufstellung waren vor allem die Firma Remington und amerikanische Militärdienststellen beteiligt, die dabei den Zweck verfolgten, ein kaufmännisches Gegenstück zum mehr algebraisch orientierten ALGOL zu schaffen.

Programmieren in Umgangssprache ist meines Erachtens für den ungeschulten Kaufmann nicht leichter zu erlernen wie irgend eine formale Maschinensprache. Der Grund hierfür liegt darin, daß alle diese Programme in Umgangssprache in Wirklichkeit sich gar nicht der Umgangssprache bedienen, sondern einer sehr stark formalisierten Sprache, bei der die Stellung jedes Wortes und die Struktur jedes Satzes genormt ist. Diese Sprache entnimmt lediglich ihre Wörter der Umgangssprache, was aber eher geeignet ist, den ungeschulten Benützer zu verwirren, da dieser in der Hoffnung an das Erlernen des Codes herangeht, Umgangssprache benützen zu können, er in Wirklichkeit aber eine ebenso formalisierte Sprache beherrschen muß, wie dies bei mathematischen Formelübersetzern der Fall ist. Dagegen haben Programme in Umgangssprache mit allen Formelübersetzern den Vorteil gemeinsam, daß sie die Arbeit des Codierens auf einen Bruchteil herabsetzen und vor diesen noch die Annehmlichkeit, daß sie von Laien gelesen und verstanden, wenn auch nicht geschrieben werden können. Auch für den Programmierer selbst kann dies vorteilhaft sein, wenn er ein altes Programm abzuändern hat, da er sich dann besonders rasch wieder zurechtfinden wird.

Wir wollen zum Schluß einen Autocoder und eine Formelsprache für TEICO so weit beschreiben, daß wir in die Lage versetzt werden, an Hand einfacher Beispiele Einblick in die Funktionsweise dieser Pseudosprachen zu gewinnen.

a) Symbolische Programme

Wir beschreiben im Anschluß einen speziellen Autocoder für TEICO, den wir SYP (*SY*mbolisches *P*rogramm) nennen wollen. Seine Befehlsstruktur ist die gleiche wie bei den Maschinenbefehlen. Jeder Befehl besteht aus zwei Teilen, dem Operationsteil und einem Teil, der den Operanden kennzeichnet. Diesen zweiten Teil wollen wir in Anlehnung an die Maschinenbefehle „Adresse" oder „Symbolische Adresse" nennen. Außerdem ist noch die Angabe des Platzes notwendig, auf dem der Befehl zu finden ist.

Die Operation wird bei SYP durch einen dreistelligen Komplex von Buchstaben gegeben, der der Bezeichnung aus Tabelle 4 entspricht. Alle Adressen sind in SYP grundsätzlich fünfstellig. Die Befehlsstruktur ist daher die folgende:

Adresse des   OP Adresse des
Befehls   Operanden
   xxxxx   NNN yyyyy zzz

Bei den Adressen der Befehle und der Operationen unterscheiden wir nun mehrere Kategorien:

1. Absolute Adressen
2. Symbolische Adressen
3. Blanke Adressen
4. Programmpunkte
5. Konstante

1. Absolute Adressen bestehen aus einer Leerstelle in der höchsten Position der Adresse, gefolgt von einer vierstelligen Zahl. Diese vierstellige Zahl wird beim Übersetzen des Programms nicht verändert, sondern als die wahre Befehls- bzw. Operationsadresse angesehen. Genauso wird in Befehlen wie „Stellenversetzen nach rechts und runden" die Anzahl der Stellenversetzungen in Form einer absoluten Adresse gegeben. Absolute Adressen bringen also keine Erleichterung gegenüber dem Maschinenprogramm. SYP-Beispiele für Befehle mit absoluten Adressen sind

      z0003   SPR z7002 zzz
oder
      z3999   VRR z0003 zzz

2. Symbolische Adressen bestehen aus einer frei gewählten Folge von fünf Zeichen aus dem Alphabet von TEICO, wobei die erste Stelle jedoch nicht leer sein darf. Sobald TEICO beim Umrechnen eines SYP-Programms auf eine symbolische Adresse trifft, ordnet sie dieser einen noch verfügbaren Speicherplatz zu. Tritt dieselbe symbolische Adresse mehrmals auf, dann wird sie von TEICO stets durch dieselbe

Speicheradresse ersetzt. Hier liegt die Hauptbedeutung von SYP. Wir können nunmehr z. B. einen Bezug mit B bezeichnen und einen Namen mit N (oder, wenn wir die Schreibarbeit nicht scheuen, sogar mit BEZUG und NAME), und so oft wir Rechenoperationen mit diesem BEZUG oder Speicheroperationen mit dem NAME(n) vornehmen wollen, brauchen wir nicht mehr die Adressen dieser Größen anzugeben, sondern können ihre Symbole verwenden, während die Zuordnung von Adressen durch TEICO besorgt wird. Auch bei Größen, die nicht im TEICO-Alphabet enthalten sind, kann man sich leicht helfen, indem man z. B. statt π das Symbol „PI“ einführt, das kaum zu Verwechslungen Anlaß geben dürfte. Beispiele für Befehle mit symbolischen Adressen im Operationsteil (und absoluten Adressen für den Platz des Befehls) sind:

```
z2002     MUL Bzzzz zzz
z2003     LAR Nzzzz zzz
```

Wieder war es nach B bzw. N nicht nötig, vier Leerstellen anzugeben. B bzw. N werden durch das Übersetzungsprogramm automatisch auf fünfstellige Adressen ergänzt.

3. Blanke Adressen. Steht eine Folge von Befehlen auf aufeinanderfolgenden Plätzen, was — wie wir wissen — die Regel bildet, dann brauchen wir nur die Adresse des ersten Befehls (absolut oder symbolisch) zu geben und können die Adressen aller folgenden Befehle freilassen. TEICO ordnet ihnen aufeinanderfolgende Anschriften zu. Das bedeutet eine wesentliche Einsparung an Schreibarbeit.

Unter den Operandenadressen sind zwei, die ebenfalls blank bleiben können, und zwar jene bei den Befehlen EIN und AUS. Bei diesen beiden Befehlen befinden sich im Maschinencode Zwischenräume, die nach dem eingangs Gesagten weggelassen werden dürfen. Beispiele für Befehle mit blanken Adressen sind:

```
z0001     EIN zzzzz zzz
          LAR Bzzzz zzz
```

Hier ist im ersten Fall die Datenadresse blank, im zweiten dagegen der Platz der Instruktion.

4. Programmpunkte dienen dazu, bei Sprungoperationen die Verwendung absoluter Adressen zu vermeiden. Sie sind besondere symbolische Adressen von der Form

       Ziffer — N — zzz

oder

       Ziffer — V — zzz

in den Operandenadressen und

       Ziffer — zzzz

in den zugehörigen Befehlsadressen.

Soll durch einen Sprungbefehl ein beliebiger Befehl des Programms erreicht werden, geschieht dies in folgender Weise: Im Sprungbefehl wird als Operandenadresse ein Programmpunkt eingesetzt, und zwar mit dem Buchstaben N, falls der Befehl, auf den gesprungen werden soll, *nach* dem Sprungbefehl steht, während der Buchstabe V zu verwenden ist, falls sich der Befehl, auf den gesprungen werden soll, *vor* dem Sprungbefehl befindet. Der Befehl, der angesprungen werden soll, erhält als Befehlsadresse denselben Programmpunkt.

Beim Übersetzen des Programms ordnet TEICO den einzelnen Programmpunkten absolute Adressen zu. Der Hauptvorteil der Programmpunkte besteht dabei darin, daß sie wiederholt verwendet werden können und daher die vom Übersetzungsprogramm aufgestellte Symboltabelle, die die Zuordnung der vom Übersetzungsprogramm gewählten absoluten Adressen zu den vom Programmierer gewählten Symbolen wiedergibt, nicht unnötig belasten.

Im einzelnen geht das Übersetzungsprogramm so vor, daß es z. B. dem Programmpunkt 7, sooft er als Befehlsadresse auftritt, eine neue absolute Adresse zuordnet. In den Operandenadressen von der Form 7 N wird dann stets die absolute Adresse des ersten nachfolgenden Programmpunkts 7 eingesetzt, und bei Operandenadressen von der Form 7 V findet die absolute Adresse des letzten vorhergehenden Programmpunkts 7 Verwendung. Beispiele für Programmpunkte finden sich im anschließend durchgeführten Programm..

Zu beachten ist, daß symbolische Adressen, die keine Programmpunkte sein sollen, stets so gewählt werden müssen, daß Verwechslungen mit Programmpunkten durch das Übersetzungsprogramm ausgeschlossen sind.

5. Konstante können genau wie bisher als zehnstellige Zahlen mit Vorzeichen geschrieben werden. Durch das Übersetzungsprogramm werden sie dadurch erkannt, daß auf die drei für die Operation bestimmten Plätze Ziffern zu stehen kommen.

Manchmal ist es zweckmäßig, einem Symbol eine absolute Adresse zuzuordnen. Wir erreichen dies dadurch, daß wir einen Pseudobefehl EQU (= äquivalent) einführen. So bedeutet z. B.

z6001   EQU Nzzzz zzz

daß für die Größe N der Platz 6001 reserviert werden soll, bzw. daß N auf diesem Platz zu finden ist.

Wenn wir unter Berücksichtigung aller dieser Vorschriften das Programm C 4 für die Arbeiterkammerumlage in SYP schreiben, so erhält es zusammen mit dem Speicherplan, in dem wir die gewählten Symbole erklärt haben, das folgende Aussehen:

Größe	Bedeutung	Darst.	Adresse	Anmerkung
N	Name	—	6001 7001	Eingabe Ausgabe
B	Bezug	4,2|	6002	
AKU	Arbeiterkammerumlage	2,2|	7002	
GR	00002 40000 +	4,2|		Grenzbezug, von dem an die Arbeiterkammerumlage konstant bleibt
HAKU	00000 01200 +	2,2|		Höchste Arbeiterkammerumlage
5	00000 00005 +	10,0		Konstante zur Bildung von ½%
	Programmstart		0010	

Block	Adresse des Befehls	Befehl		Erläuterung
		OP	ADR	
001	z 0 0 1 0	EIN z z z z z zzz		Eingabe N, b

Die Größen, die sich jetzt in der Eingabezone befinden, sind NAME und BEZUG. Diese Tatsache ist TEICO jedoch nicht bekannt. Wollen wir also im folgenden statt der absoluten Adressen 6001 und 6002 für NAME und BEZUG die gewählten Symbole N und B verwenden, dann müssen wir TEICO durch zwei EQU-Befehle von dieser Tatsache in Kenntnis setzen.

z 6 0 0 1	EQU N z z z z zzz	Definition N
z 6 0 0 2	EQU B z z z z zzz	Definition B

Beim ersten Befehl von Block 002 kann die Angabe der Befehlsadresse bereits unterbleiben.

002		LAR B z z z z zzz	B
		SRE GR z z z zzz	B − 2400,00
		SPM z z z z z zzz	kleiner Bezug?

Durch den Sprungbefehl wollen wir später den Beginn von Block 004 erreichen. Wir bereiten dies vor, indem wir den Programmpunkt 1N vorsehen.

	SPM 1 N z z z zzz	kleiner Bezug?
003	LAR HAKU z zzz	höchste AKU

Hier haben wir es bei der absoluten Adresse für die Arbeiterkammerumlage bewenden lassen. Wir hätten aber auch eine eigene symbolische Adresse für die Arbeiterkammerumlage einführen und dieser durch einen Equivalenzbefehl den Platz 7002 zuordnen können.

	SPG 2 N z z z zzz	nach Block 005

Wieder wurde ein Programmpunkt 2N verwendet. Nun beginnt Block
004 und wir müssen den Programmpunkt 1N in der Befehlsadresse vorsehen.

004	1N z z z	LMQ 5zzzz zzz	5
		LMU Bzzzz zzz	5B
		VRR z0003 zzz	runden
005	2 z z z z	SPR z7002 zzz	speichern AKU
		LAR Nzzzz zzz	N
		SPR z7001 zzz	speichern N

Hier *müssen* wir eine absolute Adresse verwenden, um nicht Verwechslungen mit N in der Eingabezone heraufzubeschwören.

		AUS zzzzz zzz	Ausgabe N, AKU
		SPG z0010 zzz	zurück zum Beginn

Auch die Konstanten sind in der beschriebenen Weise unterzubringen:

000	GRzzz	0 0 0 02400 00+	
	HAKUz	0 0 0 00012 00+	
	5zzzz	0 0 0 00000 05+	

so daß sich zusammenfassend das folgende Programm ergibt:

Block	Adresse des Befehls	Befehl		Erläuterung
		OP	ADR	
001	z 0 0 1 0	EIN z z z z zzz		Eingabe N, b
	z 6 0 0 1	EQU N z z z z zzz		Definition N
	z 6 0 0 2	EQU B z z z z zzz		Definition B
002		LAR B z z z z zzz		B
		SRE GR z z z zzz		B − 2400,00
		SPM 1N z z z zzz		kleiner Bezug?
003		LAR HAKUz zzz		höchste AKU
		SPG 2N z z z zzz		speichern AKU
004	1 z z z z	LMQ 5 z z z z zzz		nach Block 005
		LMU B z z z z zzz		5
		VRR z 0 0 0 3 zzz		5B
005	2 z z z z	SPR z 7 0 0 2 zzz		runden
		LAR N z z z z zzz		N
		SPR z 7 0 0 1 zzz		speichern N
		AUS z z z z z zzz		Ausgabe N, AKU
		SPG z 0 0 1 0 zzz		zurück zum Beginn
000	GRzzz	0 0 0 02400 00+		Konstante
	HAKUz	0 0 0 00012 00+		Konstante
	5zzzz	0 0 0 00000 05+		Konstante

Nochmals sei darauf hingewiesen, daß derartige Autocoder besonders
wirksam bei Magnettrommelmaschinen sind, weil sie gleichzeitig mit der
Übersetzung eine Bestzeitprogrammierung vornehmen.

Die Handhabung eines SYP-Programms wird noch durch folgende Möglichkeiten erleichtert: Durch einfache Einstellung von Konstanten an den Eingabeschaltern des Konsols gibt TEICO eine Symboltabelle und einen Speicherbelegungsplan aus. Die Symboltabelle weist zu jedem vom Programmierer gewählten Symbol die von TEICO zugeordnete Maschinenadresse aus. Der Speicherbelegungsplan gibt eine Übersicht über sämtliche im Programm für Konstante oder Befehle verwendete Speicher und zeigt dem Programmierer daher insbesondere auch, welche Speicherplätze noch verfügbar sind. Diese Tatsache wird ergänzt durch die Möglichkeit, gewisse Adressen oder Bereiche von Adressen im Speicher von TEICO für die Belegung durch das Übersetzungsprogramm zu sperren. Man macht davon z. B. Gebrauch, wenn man ein Unterprogramm verwenden will und zu seiner Speicherung einen bestimmten Abschnitt des Speicherraumes freihalten muß.

Die meisten Autocoder besitzen neben den im obenstehenden Unterabschnitt erläuterten „Mikrobefehlen" auch noch „Makrobefehle". Während jede Mikrooperation einem einzigen Maschinenbefehl entspricht, können durch Makrobefehle ganze Serien von Maschinenoperationen in einem einzigen Befehl des Autocoders zusammengefaßt werden. Diese Eigenschaft leitet bereits zu den im nächsten Unterabschnitt behandelten Formelübersetzern über.

b) Formelübersetzer

Wir beschreiben im folgenden einen Formelübersetzer, der verhältnismäßig primitiv ist und für komplizierte Probleme einer Ergänzung bedürfte, der aber verhältnismäßig einfach erklärt werden kann und doch alle wesentlichen Merkmale, die einen Formelübersetzer auszeichnen, wiedergibt. Wir wollen diese Formelsprache in möglichster Anlehnung an das vorhin erwähnte ALGOL entwerfen, ohne eine Beschreibung von ALGOL selbst zu geben. Mehrere Gründe können für diese letzte Absicht ins Treffen geführt werden:

Erstens würde ALGOL den Rahmen dieses Buches sprengen, zweitens ist im gleichen Verlag ein fünfbändiges Werk über ALGOL und die Formulierung mathematischer Verfahren in dieser Sprache geplant und drittens werden bei ALGOL, um die Einheitlichkeit auf der ganzen Welt zu wahren, alle durch Worte ausgedrückten Maschinenbefehle in englischer Sprache geschrieben: Es heißt also „Go to" für „Gehe nach", „If" für „Wenn", „begin" für „Anfang" usw., eine zusätzliche Schwierigkeit beim Erklären von ALGOL, die wir in dieser Einführung gern vermeiden wollen.

Da wir für unsere Sprache einen Namen brauchen, wollen wir sie in Anlehnung an das „Runcible" des Case Institute of Technology

„Nürnberger Trichter“ nennen. Das Ziel, das wir mit unserer Sprache erreichen wollen, besteht zunächst vage ausgedrückt in folgendem: Wir wollen Rechenvorschriften wie

$$\frac{x\,(a+b)}{a^2+b^2} \Rightarrow y$$

durch einen einzigen Befehl bilden können; und wir wollen auch logische Zusammenhänge, wie z. B.

$$\text{aus}\quad a \geqq b\quad \text{folgt}\quad y\,(a) = 10$$
$$\text{aus}\quad a < b\quad \text{folgt}\quad y\,(a) = 0$$

in einfacher Weise herzustellen in der Lage sein. Ich möchte betonen, daß es sich dabei nicht um überspitzte Forderungen handelt, sondern daß dieses Ziel durchaus im Bereich des Möglichen liegt. Um aber unsere Sprache benützen zu können, müssen wir uns über ihren Aufbau und über ihre Regeln ins klare kommen und eine Reihe von Begriffen einführen.

Unsere Sprache besteht aus drei Bausteinen

1. Ausdrücken
2. Befehlen
3. Erklärungen

Die **Ausdrücke** sind dabei Namen, Zahlen, Variable, Funktionen usw.

Die **Befehle** sind Anweisungen für den Ablauf der Rechenoperationen. Sie bestehen einerseits in der Vorschrift, Rechenoperationen zur Bildung von Ausdrücken auszuführen, andererseits aber auch in Angaben über die logische Abfolge des Programms, das Bilden von Schleifen, die Ausführung von Sprüngen usw.

Die **Erklärungen** haben die Bedeutung von Kommentaren zum Programm, sie sind einerseits für den Benützer des Programms bestimmt, um ihm das Verständnis und die Benützung des Programms zu erleichtern; andererseits sind sie an die Maschine gerichtet und enthalten Angaben für das Übersetzungsprogramm in die Maschinensprache, die dieses befähigen soll, möglichst wirksame Übersetzungen herzustellen. Solche Angaben sind: der Wertevorrat von Variablen, der Bedarf an Speicherplatz für indizierte Größen, die Häufigkeit, mit der Schleifen durchlaufen werden, das Format von Ein- und Ausgabe und anderes mehr. Wir wollen, um das Erklären unserer Sprache zu vereinfachen, annehmen, daß sowohl die Benützer der Programme als auch die Übersetzungsprogramme von solcher Vollkommenheit sind, daß Erklärungen mit wenigen Ausnahmen entbehrlich werden. Wir setzen uns daher im folgenden vor allem mit den Ausdrücken und Befehlen auseinander.

Bei den **Ausdrücken** unterscheiden wir folgende Kategorien:

a) Konstante
b) Variable
c) arithmetische Ausdrücke
d) Funktionen

Konstante können als ganze Zahlen oder halblogarithmisch gegeben werden. Dabei werden jene Zahlen, die mit einem Komma oder einem Exponenten versehen sind, im Gleitkomma weiterverarbeitet, alle anderen Zahlen dagegen als ganze Zahlen behandelt. Nur müssen wir alle Zahlen, also z. B. auch 10^{23}, in einer Weise in unserem Programm niederschreiben, die für TEICO verständlich ist. Es dürfen daher nur Zeichen Verwendung finden, die im TEICO-Alphabet enthalten sind, und insbesondere wird somit das Hochstellen des Exponenten 23 unmöglich. Die Notwendigkeit, nur für TEICO verständliche Zeichen zu verwenden, wird uns übrigens später noch einige Male beschäftigen.

Da das TEICO-Alphabet typisch für alle Rechenautomaten in dem Sinn ist, daß es das Minimum an üblichen Zeichen darstellt, werden wir auf diese Weise bei unserer Sprache nichts an Allgemeinheit einbüßen, denn wir wollten ja gerade vermeiden, eine Sprache zu schaffen, die nur für eine einzige Maschine, etwa TEICO, anwendbar bleibt. Soweit Konstante betroffen sind, gehen wir mit folgenden Festsetzungen vor, die wir gleich an Hand von Beispielen erläutern:

Umgangsschrift	Nürnberger Trichter
5	*5*
+5	*+5*
5	*5,* [1]
103,20	*103,20*
$4,12 \cdot 10^{23}$	*4,12×10H23N*

Lediglich in der letzten Zeile scheinen Unterschiede zwischen Umgangsschrift und Nürnberger Trichter auf. Wir grenzen den Exponenten durch die Buchstaben H (für hoch) und N (für nieder) ab. Kompliziertere Exponentialausdrücke lassen sich mit dieser Festsetzung genauso gut wiedergeben.

2^{3^4}	*2H3H4NN*
$(2^3)^4$	*2H3NH4N*

Variable treten ebenfalls ganzzahlig oder im Gleitkomma auf. Wir bezeichnen erstere mit „Z", letztere mit „X" und versehen beide Kate-

---

[1] wobei dieser Fünfer wegen des Kommas durch das Übersetzungsprogramm in Gleitkommadarstellung umgeschlüsselt wird.

gorien mit Indizes, um mehrere Variable innerhalb eines Programms unterscheiden zu können. Diese Indizes können selbst Ausdrücke sein, die erst berechnet werden müssen. In diesem Fall wird aber als tatsächlicher Index die nächstkleinere ganze Zahl verwendet. Beispiele für Variable sind

$$X1, \quad Z2, \quad Z33.$$

Arithmetische Ausdrücke entstehen, indem Konstante und Variable mit Hilfe der vier Grundrechnungsarten, vermehrt um die Bildung der Exponentialfunktion und unter allfälliger Verwendung von Klammern, miteinander verbunden werden. Dabei werden folgende Zeichen verwendet:

Mathematische Formelsprache	Nürnberger Trichter
$+$	$+$
$-$	$-$
$\cdot$	$\times$
$:$	$/$
x^b	$X1HZ1N$

wo x eine Gleitkommavariable $X1$ und b eine ganzzahlige Variable $Z1$ sein soll.

(, [, { usw.	(, (, (usw.
),], } usw.	),),) usw.

wobei als allgemeine Regel gilt, daß es besser ist, zuviel Klammern zu setzen als zuwenig.

Unter Verwendung der Bezeichnungen

x	$X1$
a	$Z1$
b	$Z2$

können wir folgende Beispiele für arithmetische Ausdrücke geben:

$$\frac{x(a+b)}{a^2+b^2}$$

$X1\times(Z1+Z2)/(Z1\times Z1+Z2\times Z2)$

oder

$X1\times(Z1+Z2)/(Z1H2N+Z2H2N)$

Das Weglassen des Multiplikationszeichens nach $X1$, das in der mathematischen Formelsprache üblich ist, ist im Nürnberger Trichter unzulässig.

$$\frac{x(a+b[a+b\{a+b\}])}{x^{a^2+b^2}}$$

$X1\times(Z1+Z2\times(Z1+Z2\times(Z1+Z2)))/$

$(X1HZ1H2N+Z2H2NN)$

Eine weitere große Annehmlichkeit des Nürnberger Trichters besteht darin, daß Zwischenräume beliebig verwendet oder weggelassen werden dürfen, so daß wir den letzten Ausdruck auch in der Form

$$X\,1z\,Hz\,Z\,1z\,H\,2N + Z\,2z\,H\,2\,Nz\,N$$

schreiben können.

Die Berechnung aller Ausdrücke geht im allgemeinen im Gleitkomma vor sich. Die einzige Ausnahme besteht darin, daß Ausdrücke, die lediglich ganzzahlige Konstante und Variable enthalten, auch nur auf ganze Zahlen genau berechnet werden.

Die Möglichkeit ganzzahliger Rechnung ist vor allem dann wesentlich, wenn es bei Divisionen nicht auf den Quotienten, sondern auf den Rest ankommt. Für die Bildung des Divisionsrestes bei ganzzahliger Rechnung ist im Nürnberger Trichter eine eigene Funktion vorhanden, auf die wir nicht gesondert eingehen. Wir sagen nur noch einige Worte über Funktionen im allgemeinen.

Funktionen sind entweder im Übersetzungsprogramm des Nürnberger Trichters enthalten oder sie werden ihm durch geeignete Befehle eingegliedert. In jedem Fall scheinen sie im Maschinenprogramm in der Form von geschlossenen Unterprogrammen auf, das heißt, mehrmalige Benützung derselben Funktion erfordert nur die einmalige Speicherung der Rechenvorschrift zu ihrer Herstellung. Die Verwendung einer Funktion im Programm erfolgt in der Weise, daß zunächst der Name der Funktion — eventuell in einer vereinbarten Abkürzung — angegeben wird. Diesem Namen folgt das zugehörige Argument, das von einer Veränderlichen oder auch von mehreren Variablen abhängen kann. Dieser gesamte Ausdruck ist überdies mit Anführungszeichen zu versehen.

Der Nürnberger Trichter enthält alle elementaren Funktionen sowie einige häufig auftretende nicht elementare Funktionen. Wir führen nur einige Beispiele an ($x \equiv X\,1$, $y \equiv X\,2$)

Mathematische Formelsprache	Nürnberger Trichter
$\sin x$	„*SIN X1*"
$+\sqrt{x}$	„*QW X1*"
$+\sqrt{x+y}$	„*QW (X1+X2)*"
$\lvert x \rvert$	„*ABS X1*"

Wollen wir eine nicht im Übersetzungsprogramm des Nürnberger Trichters enthaltene Funktion neu einführen, so geschieht dies mit Hilfe einer „*Erklärung*". Wir geben einen Ausdruck an, der eine Rechenvorschrift für die Bildung der in Frage stehenden Funktion darstellt, und ordnen diesen Ausdruck mit Hilfe der Buchstabenfolge EQU (äquivalent) die ins Auge gefaßte Bezeichnung der Funktion zu. Dann löst jedes Auftreten der Bezeichnung im Programm den Ablauf der äquivalenten Rechenvorschrift aus.

Nehmen wir als Beispiel an, wir wollten für den Ausdruck

$$\frac{\sin x}{1 + x^2}$$

ein eigenes Funktionszeichen $T(x)$ einführen, dann hätten wir zu schreiben

$$\text{„}SIN\ X1\text{“} \mid (1 + X1 \times X1)\ EQU\ \text{„}T\ X1\text{“}$$

Da wir nunmehr die Erläuterung der Ausdrücke abgeschlossen haben, können wir uns den eigentlichen **Befehlen** zuwenden. Wir unterscheiden hier:

a) Zuordnungen
b) Sprünge
c) Bedingungen
d) Iterationen
e) Halt
f) Ein- und Ausgabe

Jeder dieser Befehle, ganz gleich, welcher angeführten Type er angehört, wird innerhalb des Programms mit einer fortlaufenden Nummer versehen, um das Bezeichnen und Wiedererkennen bestimmter Befehle zu erleichtern. Eine Besprechung der angeführten Kategorien im einzelnen ergibt folgendes:

Zuordnungsbefehle treten am häufigsten auf; sie ordnen einer Größe eine Rechenvorschrift (einen Ausdruck) zu ihrer Berechnung zu und entsprechen in ihrem Aufbau somit dem Sachverhalt

$$\text{Ausdruck} \Rightarrow \text{Größe}$$

Da das Zeichen $\Rightarrow$ im Maschinenalphabet nicht zur Verfügung steht, ersetzen wir es durch die Kombination „=:“. Ein Beispiel für einen solchen Zuordnungsbefehl ist

Mathematische Formelsprache	Nürnberger Trichter
$\dfrac{x\,(a+b)}{a^2+b^2} \Rightarrow y$	$Nr.\quad X1 \times (Z1+Z2)\mid(Z1 \times Z1+Z2 \times Z2)=:X2)$[1]

---

[1] Bei TEICO muß jeder Befehl durch Hinzufügen von Zwischenräumen z auf die volle Satzlänge von 88 Zeichen ergänzt werden. Wir lassen diese z zur besseren Übersicht hier weg.

Die Befehle eines Programms, das im Nürnberger Trichter geschrieben ist, werden gewöhnlich in der Reihenfolge ausgeführt, in der sie sich in der Eingabe befinden. Ausnahmen werden durch den *Sprungbefehl* „gehe nach sowieso" herbeigeführt, der als nächstes den Befehl mit der angegebenen Nummer zur Ausführung bringt. Ein Beispiel für einen Sprungbefehl ist durch

$$Nr. \quad GEHE \; NACH \; 27$$

gegeben.

Bedingungen können dazu verwendet werden, den Programmablauf in Abhängigkeit von Rechenergebnissen zu ändern. Sie beginnen mit dem Wort „Wenn", gefolgt von zwei Ausdrücken, die mit Hilfe der Relationen

Mathematische Formelsprache	Nürnberger Trichter
$>$	GR
$=$	GL
$<$	KL

in Beziehung gebracht werden. Ist die angegebene Beziehung richtig dann führt das Programm den nächsten Befehl aus. Ist die angegebene Beziehung falsch, dann wird der nächste Befehl übersprungen und der übernächste gelangt zur Durchführung. Ein Beispiel für eine Bedingung ist:

$$14. \quad WENN \; X1 \; GR \; X2$$
$$15. \quad GEHE \; NACH \; 27$$
$$16. \quad GEHE \; NACH \; 37$$

Unser Beispiel bewirkt folgendes: Wenn $X1 > X2$, dann wird Befehl *15* ausgeführt, das Programm springt also nach *27*. Wenn dagegen $X1 \leq X2$, dann wird Befehl *15* übersprungen und Befehl *16* ausgeführt, so daß das Programm nach *37* gelangt.

Eine andere Möglichkeit, Bedingungen anzuwenden, findet sich im Beispiel am Schluß dieses Unterabschnitts.

Iterationen erleichtern das Bilden von Schleifen. Sie beginnen mit „setze" und geben an, welche Werte eine (ganzzahlige) Veränderliche durchlaufen soll. Ein typischer Iterationsbefehl lautet

$$10. \quad SETZE \; IN \; 11 \; BIS \; 12 \; Z7 = 10 \; (DIFF \; 2) \; 98$$

Er bewirkt, daß in den Befehlen Nr. 11 und 12 die Veränderliche $Z7$ der Reihe nach die Werte 10, 12, 14, . . ., 96, 98 annimmt. Anschließend wird der nächste Befehl (in unserem Fall 13) ausgeführt.

Ein Programm, das zum augenblicklichen Inhalt von $Z9$ die Quadrate aller geraden zweistelligen Zahlen addiert, könnte demnach so lauten:

> *11. SETZE IN 12 BIS 12[1] Z7 = 10 (DIFF 2) 98*
> *12. Z7×Z7 + Z9 =: Z9*

Der Befehl *Halt* bringt die Maschine zum Stehen. Falls mehrere Halt-befehle innerhalb eines Programms Verwendung finden, können diese indiziert werden und nehmen dann z. B. die Form

> *37. HALT 777*

an, was sich beim Programmprüfen als vorteilhaft erweist.

Für die *Eingabe* steht der Befehl „lese" mit nachfolgender Angabe der gelesenen Größen zur Verfügung. Die eingelesenen Größen müssen dabei in genau der Reihenfolge angegeben werden, in der sie sich im Eingabemedium befinden.

Haben wir z. B. Sätze von der Form

> Wort 1 .... $X1$
> Wort 2 .... $X2$
> Wort 3 bis 8 ...... leer

so lautet der zugehörige Lesebefehl

> *LESE X1, X2*

(leere Worte am Ende des Satzes müssen nicht angegeben werden). Lautet das Format der Eingabe dagegen

> Wort 1 .... leer
> Wort 2 .... $X1$
> Wort 3 .... $X2$
> Wort 4 bis 8 ...... leer

dann lautet der Befehl etwa:

> *LESE Z77, X1, X2*

wobei $Z77$ eine im Programm sonst nicht verwendete Variable darstellt. Der Befehl *LESE X1, X2* dagegen hätte zur Folge, daß das Programm der Variablen $X1$ den Inhalt des (leeren) Wortes 1 zuordnet.

Bei der *Ausgabe* ist der Befehl „schreibe" mit Angabe der gewünschten Größen vorhanden. Beispiele sind

> *SCHREIBE Z1*
> *SCHREIBE X2, X3, X4*

---

[1] Die Formulierung „*12 bis 12*" zeigt an, daß $Z7$ nur in e i n e m Befehl verändert werden soll.

Jeder Schreibbefehl bewirkt, daß ein voller Satz ausgegeben wird. Leere Plätze werden dabei durch Nullen ausgefüllt. Mehr als acht Größen können bei TEICO nicht auf einmal ausgegeben werden. Unter den Erklärungen finden sich Möglichkeiten, den Nürnberger Trichter auch von dieser individuellen Einschränkung zu befreien. Wir wollen aber auf eine detaillierte Erläuterung dieser Möglichkeiten verzichten.

Unsere Kenntnisse des Nürnberger Trichters reichen nunmehr aus, das bereits in F 1 verwendete Beispiel zu programmieren. Es handelt sich dabei um die Aufgabe, $\sqrt{x + iy}$ in der Form $u + iv$ anzugeben, wobei das Flußdiagramm in Abb. 18 zu finden ist. Wir verwenden folgende Bezeichnungen:

$$x \; \ldots \ldots \; X1$$
$$y \; \ldots \ldots \; X2$$
$$u \; \ldots \ldots \; X3$$
$$v \; \ldots \ldots \; X4$$

In der Eingabe befinden sich Sätze mit dem Format

$$\text{Wort 1} \ldots \ldots \ldots \; X1$$
$$\text{Wort 2} \ldots \ldots \ldots \; X2$$
$$\text{Wort 3 bis 8} \ldots \ldots \; \text{leer}$$

Die Ausgabe ist in der Form

$$\text{Wort 1} \ldots \ldots \ldots \; X1$$
$$\text{Wort 2} \ldots \ldots \ldots \; X2$$
$$\text{Wort 3} \ldots \ldots \ldots \; X3$$
$$\text{Wort 4} \ldots \ldots \ldots \; X4$$
$$\text{Wort 5 bis 8} \ldots \ldots \; \text{leer}$$

gewünscht. Das Programm beginnt mit dem Befehl

$$1. \quad LESE \; X1, X2$$

Darauf wird die Größe

$$X5 = {}_{+}\sqrt{(X1)^2 + (X2)^2}$$

durch einen einzigen Befehl gebildet:

$$2. \quad \text{,,} QW \; (X1 \times X1 + X2 \times X2) \text{``} = : X5$$

Jetzt läßt sich $X3$ angeben

$$3. \quad \text{,,} QW \; ((X1 + X5) \,/\, 2) \text{``} = : X3$$

$X4$ — zunächst mit positivem Vorzeichen — wird mit dem Befehl

$$4. \quad \text{,,} QW \; ((-X1 + X5 \,/\, 2) \text{``} = : X4$$

gebildet. Die Entscheidung über das Vorzeichen wird durch den Befehl

> 5. *WENN X2 KL 0*

herbeigeführt. Befehl *6* wird jetzt nur ausgeführt, wenn $X2$ tatsächlich kleiner als Null ist, andernfalls aber übersprungen. Er muß daher

> 6. $-X4 =: X4$

lauten, da dadurch im Fall $X2 < 0$ die Vorzeichenumkehr von $X4$ bewirkt wird, andernfalls aber nicht. Der Ausgabebefehl

> 7. *SCHREIBE X1, X2, X3, X4*

beendet das Programm, das durch den Sprung

> 8. *GEHE NACH 1*

an den Beginn zurückgebracht wird. Zusammenfassend besteht das Programm lediglich aus den acht Zeilen

> 1. *LESE X1, X2*
> 2. „$QW\ (X1 \times X1 + X2 \times X2)$" $=: X5$
> 3. „$QW\ ((X1 + X5)\,/\,2)$" $=: X3$
> 4. „$QW\ ((-X1 + X5)\,/\,2)$" $=: X4$
> 5. *WENN X2 KL 0*
> 6. $-X4 =: X4$
> 7. *SCHREIBE X1, X2, X3, X4*
> 8. *GEHE NACH 1*

Wir bemerken, daß die Aufstellung der Befehlsliste nicht viel mehr Schreibarbeit erfordert als das Ausfüllen der Blöcke im Flußdiagramm. Andererseits erkennen wir, daß Pseudoprogramme zwar das Codieren, nicht aber das Formulieren einer Aufgabe erleichtern.

Literaturverzeichnis

ADAMS, C. W. und LANING, H. J.: The Massachusets Institute of Technology Systems of Automatic Coding, in: Symposium on Automatic Programming for Digital Computers. Washington: Office of Naval Research. 1954.

ALGOL Report 1960 (13 Verfasser): Numerische Mathematik **2**, 106—136 (1960).

ALT, F.: Electronic Digital Computers. New York: Academic Press. 1958.

AUTOMATIC Coding for the Univac Scientific System. Philadelphia: Remington Rand. 1955.

BAUER, F. L. und SAMELSON, K.: Optimale Rechengenauigkeit bei Rechenanlagen mit gleitendem Komma. ZAMP **4**, 312—316 (1953).

BAUER, F., HOUSEHOLDER, A., OLVER, F., RUTISHAUSER, H., SAMELSON, K., SAUER, R. und STIEFEL, E.: Handbook for automatic computation. Berlin: Springer. In Vorbereitung.

BAUER, F.: siehe SAUER.

BEDIENUNGSANLEITUNGEN: Für alle Rechenanlagen existieren von den Erzeugerfirmen herausgegebene Bedienungsanleitungen.

BELL-System. Form 79762. Sindelfingen: IBM. 1958.

BERKELEY, E.: Giant Brains, or Machines That Think. New York: Wiley. 1949.

BERKELEY, E. und WAINWRIGHT, L.: Computers, Their Operation and Applications. New York: Reinhold Publ. Comp. 1956.

BILLETER, E.: Der praktische Einsatz elektronischer Rechenautomaten. Wien: Springer. 1961.

BOOTH, A. D.: siehe LOCKE.

BOOTH, R. H. V.: Programming for an Automatic Digital Calculator. London: Butterworths Sc. Pub. 1958.

BOWDEN, B. V. (Herausgeber): Faster than Thought. London: Pitman. 1953.

BROOKS, F. P. Jr., HOPKINS, A. L. Jr., NEUMANN, P. G. und WRIGHT, W. V.: An Experiment in Musical Composition. Transactions of the IRE, **EC 6**, 175—181 (1957).

BURKS, A. W., GOLDSTINE, H. H. und NEUMANN, J. v.: Planning and Coding of Problems for an Electronic Computing Instrument. Princeton: The Institute of Advanced Studies. 1947/48.

CANNING, R.: Electronic Data Processing for Business and Industry. New York: Wiley. 1956.

CHAPIN, N.: An Introduction to Automatic Computers. New York: van Nostrand. 1957.

COBOL Report. Washington: US Government Printing Office. 1961.

DINEEN, G. P.: Programming Pattern Recognition. Proc. Western Joint Comp. Conf. 1955.

ERSHOV, A. P.: Programming Programme for the BESM-Computer. London: Pergamon Press. 1959.

FIRST GLOSSARY of Programming Terminology. New York: Association for Computing Machinery. 1954.

FORSYTHE, G. E.: Contemporary State of Numerical Analysis. New York: Wiley. 1958.

FORTRAN Programmers Reference Manual. IBM. 1956.

GOLDSTINE, H. H.: siehe BURKS.

GRABBE, E., RAMO, S. und WOOLRIDGE, E. (Herausgeber): Handbook of Automation, Computation and Control. New York: Wiley. Bd. 1: 1958. Bd. 2: 1959.

GÜNTSCH, F. R.: Einführung in die Programmierung digitaler Rechenautomaten. Berlin: de Gruyter. 1960.

HAAS, G.: Grundlagen und Bauelemente elektronischer Ziffernrechenmaschinen. Eindhoven: Philips Technische Bibliothek. 1961.

HANDEL, P. v. (Herausgeber): Electronic Computers. Wien: Springer Verlag. 1961.

HAYWARD, J. T.: siehe HASTINGS.

HASTINGS, C., HAYWARD, J. T. und WONG, J. P.: Approximations for Digital Computers. Princeton: University Press. 1955.

HEINHOLD, J. (Herausgeber): Fachbegriffe der Programmierungstechnik. München: Oldenbourg. 1959.

HOPKINS, A. L. Jr.: siehe BROOKS.

HOUSEHOLDER, A.: Principles of Numerical Analysis.

HOUSEHOLDER, A.: siehe BAUER.

INTEGRATED DATA PROCESSING and Computers. OEEC/EPA. 1960.

JEENEL, J.: Programming for Digital Computers. McGraw-Hill. 1959.

JONES, R.: siehe ECKERT.

KÄMMERER, W.: Ziffernrechenautomaten. Berlin: Akademie Verlag 1960.

KISTER, J., STEIN, P., WALDEN, W. und WELLS, M.: Experiments in Chess. Journ. of the Ass. for Comp. Machinery 4, 174—177 (1957).

KNÖDEL, W.: Zahlsysteme und Zahlzeichen sowie ihre Verschlüsselung in Rechenanlagen und Büromaschinen. MTW 6 (1959).

KNUTH, D. E.: siehe SOAP III.

LANING, H. J.: siehe ADAMS.

LARGE SCALE DIGITAL COMPUTERS — An Annotated Bibliography. Remington Rand Univac Division EL 335.

LARRIVEE, J.: siehe STIBITZ.

LEDLEY, R. S.: Digital Computer and Control Engineering. New York: McGraw-Hill. 1960.

LEE, T. H.: siehe MCCRACKEN.

LOCKE, W. N. und BOOTH, A. D.: Machine Translation of Languages. New York: Wiley. 1956.

MCCRACKEN, D. D.: Digital Computer Programming. Wiley. 1957.

MCCRACKEN, D. D., WEISS, H. und LEE, T. H.: Programming Business Computers. Wiley. 1959.

MAEHLY, H.: Methods for fitting rational approximations. Journ. of the Ass. for Comp. Machinery 7, 150—162 (1960).

MATH-MATIC und ARITH-MATIC für Univac I und II (7 Verfasser). Philadelphia: Remington Rand. 1957.

METROPOLIS, M. und ULAM, S.: The Monte Carlo Method. Journ. of the Am. Stat. Ass. 44, 335—341.

MEYER, H. A. (Herausgeber): Symposium on Monte Carlo Methods. New York: Wiley. 1956.

MEYER, G.: Elektronische Rechenmaschinen. Würzburg: Physica Verlag. 1960.
MITCHELL, G.: siehe SOAP II.

NASLIN, P.: Aufbau und Wirkungsweise von Ziffernrechenautomaten. Düsseldorf: VDI-Verlag. 1961.
NEUMANN, J. v.: Die Rechenmaschine und das Gehirn. München: Oldenbourg. 1960.
NEUMANN, J. v.: siehe BURKS.
NEUMANN, P. G. und SCHAPPERT, H.: Komponieren mit elektronischen Rechenautomaten. Nachrichtentechnische Zeitschrift **12**, 403—407 (1959).
NEUMANN, P. G.: siehe BROOKS.
NEWELL, A., SHAW, J. C. und SIMON, H. A.: Empirical Explorations of the Logic Theory Machine. Proc. of the Western Joint Comp. Conf. 218—229 (1957).

OETTINGER, A.: Programming a Digital Computer to Learn. Phil. Mag. **43**, 1243—62 (1952).
OLVER, F.: siehe BAUER.

PANOV, D. Yu.: Automatic Translation. Oxford: Pergamon Press. 1960.
PERLIS, A. J., SMITH, J. W. und VAN ZOEREN, H. R.: Internal Translator (IT). Pittsburgh: Carnegie Institute of Technology. 1956.
POLEY, S.: siehe SOAP II.
POYEN, J.: Autoprogrammation pour Gamma 60. Chiffres **1959**, 123—138.
PROCEEDINGS of a Second Symposium on Large Scale Digital Calculating Machinery. Cambridge (Mass.): Harvard University Press. 1949.
PROCEEDINGS of the International Conference on Information Processing. München: Oldenbourg. 1960.

RADEMACHER, H.: On the Accumulation of Errors in Processes of Integration on High-Speed Calculating Machines. Proc. Symp. Dig. Calc. Mach. Cambridge (Mass.): Harvard University Press. 1948.
RALSTON, A. und WILF, H. (Herausgeber): Mathematical Methods for Digital Computers. New York: Wiley. 1960.
RUNCIBLE I. Cleveland: Case Institute of Technology Computing Center.
RUSSEL, B. siehe WHITEHEAD.
RUTISHAUSER, H.: Automatische Rechenplanfertigung bei programmgesteuerten Rechenmaschinen. Mitteilungen aus dem Institut für angewandte Mathematik der ETH Zürich **3** (1952).
RUTISHAUSER, H.: Über die Instabilität von Methoden zur Integration gewöhnlicher Differentialgleichungen. ZAMP **3** (1952).
RUTISHAUSER, H.: siehe BAUER.

SAMELSON, K.: Probleme der Programmierungstechnik. Nachrichtentechnische Fachberichte (Beihefte der Nachrichtentechnischen Zeitschrift) **4**, 141—142 (1956).
SAMELSON, K.: siehe BAUER.
SAMUEL, A. L.: Some Studies in Machine Learning, Using the Game of Checkers. Journal of Research and Development **3** (1959).
SAMUEL, A. L.: Programming Computers to play games. Advances in Computers **1**, 165—192 (1960).
SAUER, R. und BAUER, F. L.: Einführung in die Numerische Verfahrenstechnik für Rechenautomaten. MTW **3**, 8—14 und 42—47 (1956).
SAUER, R.: siehe BAUER.
SCHAPPERT, H.: Programmierverfahren. Darmstadt: Dissertation TH. 1959.

SCHAPPERT, H.: siehe NEUMANN, P. G.

SHANNON, C. E.: Programming a Computer for Playing Chess. Phil. Mag. **41**, 256—275 (1950).

SHARE Program Distributions. New York: IBM.

SHAW, J. C.: siehe NEWELL.

SIMON, H. A.: siehe NEWELL.

SOAP II (Symbolic Optimum Assembly Programming) von POLEY, S. und MITCHEL, G. New York: IBM form 22-6285-1.

SOAP III (Symbolic Optimum Assembly Programming) von KNUTH, D. E. Cleveland: Case Institute of Technology Computing Center. 1958.

SMITH, J. W.: siehe PERLIS.

STEIN, P.: siehe KISTER.

STIBITZ, G. und LARRIVEE, J.: Mathematics and Computers. New York: McGraw-Hill. 1956.

STIEFEL, E.: Einführung in die numerische Mathematik. Stuttgart: Teubner. 1961.

STIEFEL, E.: siehe BAUER.

THÜRING, B.: Einführung in die Methoden der Programmierung kaufmännischer und wissenschaftlicher Probleme für elektronische Rechenanlagen. Baden-Baden: Göller-Verlag. 1957.

THÜRING, B.: Automatische Programmierung, dargestellt an der Univac-Factronic. Baden-Baden: Göller-Verlag. 1958.

ULAM, S.: siehe KISTER.

ULAM, S.: siehe Metropolis.

UNICODE preliminary Reference Manual. New York: Remington Rand.

VAN ZOEREN, H. R.: siehe PERLIS.

WAINWRIGHT, L.: siehe BERKELEY.

WALDEN, W.: siehe KISTER.

WEISS, H.: siehe MCCRACKEN.

WELLS, M.: siehe KISTER.

WHITEHEAD, A. N. und RUSSEL, B.: Principia Mathematica, Band I. Cambridge: University Press. 1910.

WILF, H.: siehe RALSTON.

WILKES, M. V.: Automatic Digital Computers. New York: Wiley. 1956.

WILKES, M. V., WHEELER, D. J. und GILL, S.: Programs for an Electronic Computer, 2. Aufl. Reading: Addison-Wesley. 1957.

WONG, J. P.: siehe HASTINGS.

WRIGHT, W. V.: siehe BROOKS.

X 1 Assembly System. New York: Remington Rand Univac Division, Sperry Rand Corporation. 1956.

ZUSE, K.: Über den allgemeinen Plankalkül als Mittel zur Formulierung schematisch kombinativer Aufgaben. Arch. Math. **1** (1948).

Zeitschriften

Automatic Programming, Annual Review in A. P. Brighton Technical College, Computing Laboratory.

Bulletin of the Provisional Computation Centre. Rome.

Chiffres, Grenoble: Institut Fourier.

Communications of the Association for Computing Machinery (ACM). New York.

Computer Journal, The C. J. London. British Computer Society.

Computers and Automation. Newtonville (Mass.), Berkeley.

Computing News. Seattle.

Data Processing Digest. Los Angeles.

Elektronische Datenverarbeitung. Braunschweig: Vieweg.

Elektronische Rechenanlagen. München-Wien: Oldenbourg.

IBM-Journal of Research and Development. New York: IBM.

Journal of the Association for Computing Machinery. New York.

Lochkarte, Die L. Frankfurt/Main: Remington Rand.

Mathematics of Computation; früher: Mathematical Tables and Other Aids to Computation. Baltimore: Nat. Acad. of Sc.

Mathematik, Technik, Wirtschaft (MTW). Graz: Stiasny.

Nachrichtentechnische Zeitschrift und Nachrichtentechnische Fachberichte. Braunschweig: Vieweg.

Numerische Mathematik. Berlin: Springer.

Phil. Mag.

Proceedings of the Association for Computing Machinery. Pittsburgh.

Proceedings of the Institute of Radio Engineers (IRE). New York.

Systems. Philadelphia: Remington Rand.

Transactions of the Institute of Radio Engineers (IRE). New York.

Zeitschrift für Angewandte Mathematik und Mechanik (ZAMM). Berlin: Akad. Verlag.

Zeitschrift für Angewandte Mathematik und Physik (ZAMP). Basel: Birkhäuser.

Namen- und Sachverzeichnis

Abbe 15
Abkürzung 55, 66
Ablaufschema 62 f.
Absolutbetrag 97
Addition 54 f., 63 f.
Additionszeit 17, 19, 21, 102 f.
Adresse 19, 21, 46, 54, 88, 175, 179
Adresse, absolute A. 179
Adresse, blanke A. 180
Adresse, relative A. 146
Adresse, symbolische A. 179
Adreßmodifikation 122
Adreßregister 53
Adreßteil eines Befehls 50
Aiken 8
AKU siehe Arbeiterkammerumlage
Algol 177
Alphamerisch 17
Alphanumerisch 40
Anschluß eines Unterprogramms 138 f.,
   150 f.
Äquivalent 181, 188
Arbeiterkammerumlage 78
Archimedes 91
Arithmetik 19, 21, 49 f.
Arithmetischer Ausdruck 187
Ausdruck 185 f.
Ausgabe 2, 3, 18, 20, 35 f., 55 f., 70,
   85, 191
Ausgabepuffer 108
Ausgabezone 47, 69
Auslöschung 163
Autocoder 175
Automatic Sequence Controlled Cal-
   culator 8

Babbage 7
Bauer 163
Bedingter Sprung 79 f., 190
Bedingung 190
Befehl 50 f., 185, 189 f.
Befehlsadresse 54, 66
Befehlsliste 50 f., 65 f.
Befehlsregister 53
Bell-Code 168 f.

Besk 15, 44
Besm 20
Bestzeitprogrammieren 107 f., 176
Binär 12
Block 64, 66
Bull 9, 12, 13, 15, 18
Bull Gamma siehe Gamma
Bull Serie *300* 43
Burroughs 15
Burroughs *205* 18
Burroughs E *101* 12

Case Institute of Technology 177, 184
Cobol 178
Code 19, 21
Codieren 4, 165, 193
Compagnie des Machines Bull siehe Bull
CPC-Anlage 11

Darmstadt, Technische Hochschule D.
   14
Darstellung 73, 160
Daten 50 f.
Datenadresse 54
Datenverarbeitung 12
DERA 14
Dezimal 12
Diode 13
Division 55 f., 58, 83, 91, 96, 104 f.
Doppelte Genauigkeit 74, 164
Dreiadreßmaschine 52
Drucker 18, 20, 37

Eckert 9
EDSAC 15
EDVAC 10, 12
Eidgenössische Technische Hochschule
   14
Einadreßmaschine 52
Eingabe 2, 3, 18, 20, 27, 35 f., 55 f.,
   65, 85, 191
Eingabepuffer 108
Eingabezone 47
Einwortdarstellung 159
ELEA 15

Electrologica X *1*   18, 147
Electronic Discrete Variable Automatic Computer 10
Electronic Numerical Integrator and Computer 9
Elektronengehirn 5
Elliot *803*   18, 44
ENIAC 9
Entscheidung 78 f.
Equ 181, 188
ER *56*   15, 44
Ergibtzeichen 64, 189
Erklärung 185, 188
Erläuterung 66
ERMETH 14
Ersetzen 96
ETH 14
Exponent 159

Facit 15
Facit EDB 18
Fehler 12, 13, 66
Fehlersuche siehe Programmprüfen
Ferranti 11, 15
Ferranti Pegasus 18
File Computer 12
Flowmatik 177
Flußdiagramm 59 f.
Formelübersetzer 176, 184 f.
Formulieren 4, 193
Fortran 167, 176
Funktion 188

G *1* bis G *3*   14
Gamma 9, 12, 13, 15, 18, 44
Genauigkeit, doppelte G. 74, 164
Gepuffert 16
Geschichte 7 f.
Geschlossenes Unterprogramm 144 f.
Gleitkomma 19, 21, 77, 156 f.
Göttingen, Universität G. 14
Grundrechnungsarten 54 f.

H 186
Halblogarithmisch 159
Harvard Universität 8, 11
Hauptprogramm 133, 138
Hoch 186
Hochzahl 159

IBM 8, 15, 27
IBM *305* RAMAC 18, 44, 91

IBM *604*, *628*   12
IBM *650*   17, 18, 42, 43, 52
IBM *704*   18
IBM *1620*   13, 18, 43
IBM *1400*er Serie 13, 16, 17, 18, 43, 52, 91
IBM *7000*er Serie 13, 16, 18, 42
Index setzen und Springen 55 f., 155
Indexregister 19, 21, 55 f., 127 f., 153 f.
Indizieren 128
Informationsträger 12, 37
Internationale Büromaschinen Gesellschaft siehe IBM
Interpretierend 167 f.
IT 177
Iteration 190
Iterationsverfahren 91 f.

Kaufpreis 19, 21
Kernspeicher 11, 18, 20, 45, 50, 107
Kijev 20
Komma 50, 72 f., 95, 97, 160; siehe auch Gleitkomma
Kommandowerk 2, 3, 19, 21, 50 f.
Kompilieren 167, 175 f.
Konnektor 81 f.
Konnektor, variabler K. 148
Konsol 49, 119 f.
Konstante 89, 181, 186
Kristalldiode 13

Laden 55 f.
Ladeprogramm 118 f.
LEIBNIZ 1
Lesegeschwindigkeit 18, 20, 44
Lesekopf 107
LGP *30*   20, 42
Literaturverzeichnis 194 f.
Lochkarte 9, 18, 20, 36, 37, 44, 45
Lochkartenanlage 17
Lochstreifen 7, 9, 18, 20, 36, 37, 44, 45
Löschen 55 f., 68, 122 f., 129 f.

M Register 49, 54 f., 97
M/Q Register 49, 54 f., 97
M *3*, M *20*   20
Magnetband 9, 18, 20, 36, 37, 43, 44, 45
Magnetkernspeicher siehe Kernspeicher
Magnettrommel 11, 18, 20, 45, 50, 107, 176
Mailüfterl 15

Makrobefehl 184
Mantisse 159
Mark 8, 11, 43
Maschinencode 55 f., 59 f.
Maschinenkomma siehe Komma
Maschinenorientiert 165
Maschinensprache 4, 59
Massachusetts Institute of Technology 11
MAUCHLY 9
Mehradreßmaschine 52
Miete 19, 21
Mikrobefehl 184
Mikrosekunde 102
Millisekunde 102
Modifizierte Einadreßmaschine 52
Monitor 177
Monte Carlo Methode 6
Moore School 9, 10
Multiplikation 54, 55 f., 87, 91, 103 f.
Multiplikationszeichen 187
Multiplikatoren/Quotienten Register 49, 54 f., 97
München, Technische Hochschule M. 14

N 186
National NCR *315* 18
Negative Zahlen 77
NEUMANN 11
Nieder 186
Normalisiert 160
Numerisch 40
Numerisches Beispiel 66 f.
Nürnberger Trichter 185

Off line 37
Offenes Unterprogramm 134 f.
Olivetti 15
On line 37
Operandenadresse 179 f.
Operationsteil eines Befehls 50 f., 175
Operationszeit 102 f.
Oprema 15
Optical Character Reader 27
Organisationsbefehl 165

Parallelmaschine 101
PASCAL 1
Pegasus 18
PERM 14
Problemorientiert 59, 165
Programm 3

Programm in Umgangssprache 178
Programmbeschreibung 121
Programmbibliothek 133
Programmfolge 55 f.
Programmieren 4
Programmprüfen 35, 66, 90, 98, 175, 176
Programmpunkt 180
Programmschleife 11, 91 f.
Programmsteuerung 3, 5, 7
Programmzweig 80
Pseudoadresse 54, 88
Pseudocode 165 f.
Puffer 16, 106

Quadratwurzel 91 f.
Quadratwurzel als Unterprogramm 134 f.
Quecksilbertank 10
Quotient 58
Quotientenregister 49, 54 f., 97

RAMAC 18, 44, 91
Rechenbefehl 55 f.
Rechenfehler 12, 13
Rechenkomma siehe Komma
Rechenwerk 2, 3, 48 f.
Rechenzeit 77, 101 f.
Register 53
Relais 7, 13
Relative Adresse 146
Remington 10, 12, 13, 15
Remington UNIVAC und UCT siehe UNIVAC und UCT
Röhre 8, 13
Rückkehradresse 140
Runcible 177
Runden 55 f., 84, 88
RUTISHAUSER 72, 166

Satz 39, 41, 42
Schalttafel 11, 12
Schleife 11, 94 f., 116, 190
Schnellspeicher 11, 48, 107
Schoppe & Faeser 20
Schreibgeschwindigkeit 18, 20, 44
Schreibkopf 107
Selbstladend 121
Serienmaschine 101
Serienparallelmaschine 102
Setun 20
Siemens *2002* 13, 15, 20, 38

Simulator 177
Sonderoperationen 55 f.
Speicher 2, 3, 18, 20, 44 f., 168
Speicher, äußerer oder externer S. 45
Speicher, elektrostatischer S. 11
Speicher, innerer oder interner S. 10, 45
Speicher löschen 122 f., 129 f.
Speicherbelegungsplan siehe Speicher-
  plan
Speicherkapazität 19, 21, 44 f.
Speichermedium 17, 19, 21
Speichern 55 f.
Speicherplan 59 f., 62 f., 73, 84, 184
Speicherprogrammiert 12
Springen 55 f.
Sprung 55 f., 71, 79 f., 190
Spur 107
Standard Electric 15
Standard Electric ER *56* 20
Start 121
Startzeit 44
Stellenversetzen 55 f., 76, 83, 87, 162
Subtraktion 55 f., 86
Symbolisches Programm 175, 179 f.
Symboltabelle 181, 184

TEICO 35
Telefunken TR *4* 15
Test siehe Programmprüfen
Transistor 13, 19, 21
Trommel siehe Magnettrommel

Überlauf 76
Überschreiben 96
Übersetzungsprogramm 166
Übertrag 75
UCT 13, 18, 52
UdSSR 16, 20
Ultraschallstrecke 10, 44
Umgangssprache, Programm in U. 178
Unityper 36
UNIVAC 10, 12, 13, 16, 20, 44, 153
Unterprogramm 132 f.
Unterprogramm, geschlossenes U. 144 f.

Unterprogramm, offenes U. 134 f.
UP siehe Unterprogramm
Ural 20

Variable 186
Variabler Konnektor 148
Verschiebeprogramm 139
Verzögerungsstrecke 10, 44
Vorzeichen 40, 77
Vorzeichen bei halblogarithmischer Dar-
  stellung 159 f.

Wartezeit 109 f.
Whirlwind 11, 43
WILKES 15
Williamsröhre 11, 44
Wort 39, 40, 41, 46
Wortlänge 19, 21, 43, 101
Wortmarke 43
Wortzeit 108 f.
Wurzel 91 f.

X *1* 18, 147

Z *4* 14
Z *11* 14, 91
Z *22* 14, 20, 91, 133
Z *23* 20
Z *31* 20
Zahlenbeispiel 66 f.
Zähler 48 f.
Zeichen 39, 42
ZEISS 15
Zeitschriftenverzeichnis 198
Zeitsparendes Programm 107 f.
Zugriffszeit 19, 21, 44 f., 107
Zuordnungsbefehl 189
ZUSE 8, 14
Zweiadreßmaschine 52
Zweig 80
Zweiwortdarstellung 159
Zwischenraum 39, 40
Zyklisches Programm 91 f.